·白青山财经系列·

典藏版
第7集

民间股神

白青山 著

草根英杰 惊世奇迹

深圳出版社

图书在版编目（CIP）数据

民间股神：典藏版. 第7集, 草根英杰　惊世奇迹 /
白青山著. -- 深圳：深圳出版社, 2024.2
　　ISBN 978-7-5507-3842-3

　　Ⅰ. ①民… Ⅱ. ①白… Ⅲ. ①股票投资－经验－中国
Ⅳ. ①F832.51

中国国家版本馆CIP数据核字(2023)第100031号

民间股神：典藏版·第7集　草根英杰　惊世奇迹
MINJIAN GUSHEN: DIANCANGBAN · DI 7 JI　CAOGEN YINGJIE　JINGSHI QIJI

出 品 人　聂雄前
责任编辑　涂玉香
责任校对　万妮霞
责任技编　陈洁霞
封面设计　元明设计

出版发行　深圳出版社
地　　址　深圳市彩田南路海天综合大厦（518033）
网　　址　www.htph.com.cn
订购电话　0755-83460239（邮购、团购）
设计制作　深圳市斯迈德设计企划有限公司（0755-83144278）
印　　刷　深圳市希望印务有限公司
开　　本　787mm×1092mm　1/16
印　　张　24.25
字　　数　346千
版　　次　2024年2月第1版
印　　次　2024年2月第1次
定　　价　78.00元

谨以此书　献给那些

在中国证券市场上

奋力搏击的

万千投资者

1 | 2 | 3
4

图1：采访李旭东（左）

图2：采访黄志伟（左）

图3：采访安农（右）

图4：采访冯刚（左一）和邹刚（右一）

图 5：采访硝烟（左）

图 6：采访李华军（左）

图 7：采访张斌（右）

图 8：采访李永强（左）

难忘那，
23年的流金岁月……
—— 写在《民间股神》（典藏版）出版之际

　　这是《民间股神》（典藏版）的总序言，也是我发自内心，向热爱《民间股神》的千万读者，吐露我23年来采写"民间股神"系列心路历程的告白书！

　　当凝聚着万千投资者多年企盼和我23年的艰苦历程，伴随着沪深股市风雨在证券一线采写的《民间股神》（典藏版）由深圳出版社精心编辑并面市时，我驻足南海之滨，面对波涛汹涌的大海，激越的心潮如海浪一般翻滚着，久久不能平静……

　　23年了，弹指一挥间！

　　自1999年1月开始采写第一本《民间股神》至今，我在中国证券采访一线整整耕耘了23个春秋。

　　当年，我从一个脱下"战袍"的新华社军事记者、解放军大校，到如今已近耄耋之年的"老兵"，在这条原本陌生、充满荆棘和"硝烟"的征途上，已艰难奋进了23年！

　　23年的流金岁月啊！

　　那是一条多么坎坷的路！它充满着无数的艰辛，洒满了我辛劳的汗水，也留下了我终生难忘的记忆——

　　23年前的1999年年初，我刚脱下"戎装"准备安享军休生活，新华社江苏分社的一位好友见我还"年轻",想让我发挥余热,便邀请我到新华社主办的《经济早报》(现《现代快报》)当编审。那时,恰逢沪深股票市场最低迷的时刻,熊途漫漫,万千股民伤痕累累。好友邀请我为报纸上的证券专版撰写稿件,以激励投资者,并专门为我开辟一个专栏《走进大户室》,每周写一个专访,报道一位投资高手。为了给迷茫中的股民寻觅到一些股市赚钱制胜的本领,我,一个曾上过前线的战地记者,背负着广大投资者的希望与信任,在中国证券这片新生的沃土上,开始了默默而艰难的耕耘之旅。从那时起,我决意把自己的"夕阳红"岁月全部挥洒在这条艰难的"淘金"路上。

当时,许多采访对象还比较保守,不愿出名,更不愿把自己炒股制胜的"绝招"和"看家本事"公布于众——那可是他们多年来用金钱和智慧换来的宝贵经验啊。

我已记不得多少次碰壁,多少次采访遭拒绝。那种尴尬、难受的滋味,并不亚于保险公司的跑单员上门推销被人拒之门外的境况。有多少次,我真的想打退堂鼓了。但,新兴的证券业对我的吸引力实在太大了。一想到千千万万可敬可爱的投资者在股海搏杀的艰难情景,想到我采写的《民间股神》出版后,他们爱不释手、争相阅读的感人场面,我的内心就禁不住在震颤!我多么想为他们多做点事,若能通过自己的努力,从成功的高手那里多淘到一点"真经"奉献给他们,纵有千难万难,也是我一个老新闻工作者最大的快乐和追求。

就这样,怀揣着这种信念,我一直默默地坚守在中国证券一线进行采访。一年又一年,不论风急浪险,我从未间断。

回首往事,8300多个昼夜,我的一颗心,无时不环绕着沪深股市在跳动。没有星期天,没有节假日,23个中秋佳节,我没有一个是与家人团聚的。为了取得高手的"真经",我与他们同吃同住同操作,常常一"泡"就是一两个月,有的甚至跟踪数年,艰辛与困苦时时伴随着我。几乎每出一集书,我都累得住一次医院。记得《民间股神》第4集出版首发后,我出国探亲期间,日积月累的疲劳一下子暴发了,让我躺在床上起不来,原定的旅游之行变成了无奈的养病之旅……

"都古稀之人了，这样卖命，图啥？"不少人这样问我。

"中国股民太苦了。为了多给他们送点'经'，我累点，也认了，因为值得！"

基于此，23年来，我迎着困难，足迹踏遍大江南北：从鸭绿江畔到西北黄土高坡，从东海之滨到南疆的金融之都，我竭力寻觅着一个又一个的民间高手，真诚地和他们交朋友，亲眼见证他们博弈股海创造的"奇迹"，分享他们的快乐。同时，我也为我在艰苦采访中能给千万投资者提供更多的操盘技艺而感到欣慰。"民间股神"系列，多次获得"全国优秀畅销书"等奖项，这是千万投资者对我长年付出的一种回报。一位热心的读者在一封感谢信中这样写道："念君辛苦，故为君作诗《可爱青山》一首，望继续为中国股民服务。"

> 民间高手多如是，潜入江湖无处寻。
> 神龙见首不见尾，默默操盘默默赢。
> 幸有青山发宏愿，不忍散户血淋淋。
> 心诚所至群英动，惊天绝技世方闻。

深圳的廖先生在微信上说："白老师，您好！今天一口气读完您的《民间股神之冰海奇迹》至凌晨，真是受益匪浅。书里既有技术分析的高手，又有价值投资少年，更有征战华尔街的中国选手，真的是丰富多彩、精彩纷呈，实在是沪深股市的一本难得的经典之作，特别是对价值投资理念和具体方法的分享，您用生动活泼、深入浅出并附以成功实战图表的形式展示出来，让股民朋友们深切体会到价值投资的魅力，真正给广大股民上了一堂生动的启蒙课，可谓功德无量。我实在佩服白老师深邃的思想，感谢您的辛勤付出！"

成都一位姓王的读者，也曾给我发微信："白老师，您好！前几天刚拜读完您的'股神'系列，也看了您的《股票投资高手100招》。虽然已经时隔多年，但放在今日来说，依然让人受益匪浅。10多年了，市场在变，热点在变，轮回在变，而这些博弈的智慧却从来没有变过。您在书中如同朋友一般讲述，隐含了大道至理。透过书本，我真心能感受到您在落笔写书时的真诚与真心，以及您对市场的一腔热忱和无比眷念。感谢您的书写，记录了这个时代。感谢您的付出，成就了经典。祝您身体健康，万事如意！祝经典永流传！"

…………

千万读者的拥戴，无时不在激励着我。可以说，他们的热爱和呼唤，是支撑我多年坚持前行的唯一动力。2007年《民间股神》第3集出版之后，有不少读者来信说，他们希望我能把已出版的几集书中关于民间高手炒股的绝技提炼精编一下，以方便他们学习应用。但由于紧张的采访一直没有停歇，直到2008年《民间股神》第4集出版后，我趁着赴美探亲的半年时间，才开始做这件事。然而不久，在世界金融风暴中惨烈下跌的股市和无数伤痕累累的投资者的呼唤，再次把我召回了寻找熊市高手的采访一线。这一拖，几年又过去了。我在2013年春节后下决心着手完成自己和读者多年的心愿时，却意外地病了，而且，这一病，似乎"无法回头"了。

3月，本是最美丽的季节，然而，我却在2013年的3月同时被几家医院确诊得了"重症"。短短20天，我3次躺在了手术台上。老伴一直向我隐瞒真相，但我从她脸上无法掩饰的泪痕中，读懂了一切。

人生如梦。没料到前几天还风风火火赴深圳采访的我，这么快就进入了人生的"倒计时"。无影灯下，我眼里噙满泪水：不知能否再醒来？是否能平安逃出死神的魔掌？

多年未了的夙愿——尚未整理完的书稿，成了我当时最大的一桩憾事！

…………

老天似乎明白我的心，也眷顾着我，让我与死神擦肩而过。当重新获得自由后，我似飞出笼的小鸟，又欢快地翱翔在证券一线采访的蓝天里。为了把市场变化新形势下高手们的经验奉献给广大读者，我珍惜生命中的一分一秒，飞深圳，赴上海，下杭州，奔茂名……在搁笔几年之后，先后出版了《民间股神：传奇篇》《民间股神：绝招篇》《民间股神：冠军篇》和《民间股神：短线交易系统》，并于2018年和2020年又相继出版了《寻找中国巴菲特》（"民间股神"系列第8集）和《民间股神之冰海奇迹》（"民间股神"系列第9集）。

与此同时，由于"民间股神"系列前4集近年一直没有再版，几乎处于绝版状态，许多读者无法买到并学习，他们不断打来电话询问，想系统学习民间高手的智慧与操作技艺。为满足读者的要求，深圳出版社与我沟通，希望对已出版的各集内容进行修订，出版一套《民间股神》（典藏版），尽快奉献给广大读者。

10多年过去了，我再次叩响昔日采访过的高手的"家门"，并在重访沟通中，请他们尽量增补一些近年来的新理念、新案例和新技艺，以满足读者多年的殷殷盼望。

如今与读者见面的这套《民间股神》（典藏版），收录了我从23年来采访过的数百位民间高手中，精选出的近60位各路证券英杰的传奇故事。其中有痴迷巴菲特投资理念、业绩创造千倍甚至万倍奇迹的价投成功高手，也有追逐强势股的短线"擒龙"猎手和被众多投资者津津乐道的"涨停王""黑马王"，以及"波段王"等股林各路绝顶"杀手"。书中真实地再现了他们在股海风云中博弈的翔实过程，展现了众英杰一招一式的神奇操盘技艺，其精彩纷呈，令人难忘。

在近两年的修订过程中，作为作者的我，尽力寻访当年的民间高手。尽管如此，由于时间逝去已久，加上通信方式的不断变化，书中高手已无法全部联系到，不能在此次修订时做到对全部高手都增补新的内容，这是让我略感遗憾的一点。另外，也有少数采访过的高手在《民间股神》出版之后，经历了一些变故，遭到了一些挫折。但考虑到他们当年在股市风浪中博弈的"撒手锏"如今依然有效，不少投资者在实战中仍然在应用他们当年独创的一些操盘绝技，为尊重历史，在修订过程中，我们仍将其保留在册，以飨读者。

当你捧读这套《民间股神》（典藏版）图书时，面对众多的证券英杰，许多读者可能会感到有点"目不暇接"。"白老师，您采访了这么多股林高手，究竟哪位的'武艺'最为高强？"23年来，我不知听到多少读者这样问我。我听后，只能笑答："通向成功的方法，各人有各人的秘招绝技。而适合你的，应该说，就是最好的。"

在这里，就涉及一个"我们向高手学什么"以及"如何学习"的问题。其实，这个问题，在之前出版的各集图书的《序言》和《后记》以及多次的"投资报告会"中，我曾不止一次重点提及。

如果说，众多高手都有什么共同特征的话，我认为有4点最为突出：一是他们都有一个正确的投资理念；二是都有一套自己独特的盈利模式；三是都有一种执着追求、永不言败的精神；四是都有一个投资的好心态。

在23年的漫长岁月里，我和书中采访的对象同吃同住同操作，天天"泡"在一起，少则二三十天，多则追访数月甚至长达几年时间。如果问，高手们最让我感动的是什么？我的亲身感受是：不仅是他们在股市博弈中创造的那惊人的"辉煌"，更是他们在任何"势道"中，都表现出的对股市的那份执着追求。尤其是在极其艰难惨烈的逆境中，他们往往以坚强的毅力和韧性，经受着常人无法忍受的考验，甚至在失败面前，他们也从不言败。记得当年《金陵晚报》记者在了解到我采写《民间股神》的历程后，发表了一篇对我的长篇专访，大标题就是《失败造就民间股神》。那正是我的心声。

股市风雨飘摇，险浪滔滔。没有人会一帆风顺，也没有人不曾经历过失败。对于战绩卓著的高手，也是如此。在采访中，他们从不讳忌失败。在他们看来，成功是财富，失败同样是一笔难得的巨大财富！

投资是一辈子的事。也许有的人过去经历了失败才走向了成功；也许有的人走向成功后，会再次遭受挫折。这一点并不奇怪，因为市场是无情的，是无时无刻不在变化的。高手们要做到一劳永逸保持成功，都是一件很难的事，更何况普通投资者了。

关键是面对失败，投资者应持有什么样的态度？我认为，重要的是，"步子乱了时，要停下来调整好再走！"在投资失利时，应该冷静地审视自己的投资理念是否正确，投资方法是否适合自己和适应时代的潮流。切不可在向高手学习时，抱着急功近利的心态，一门心思想着走捷径，想学个一招半式来实现一夜暴富的幻想。多年来，有不少投资朋友在经历挫折后，向我显露出这种"急切扳回损失"的心态。其实，凡事欲速则不达。如果没有端正好心态，没有正确的投资理念支撑，只图快速致富，只会适得其反。有高手说，投资是一个做人和修炼心性的过程，我们只有付出巨大努力，不断追求，长期修炼，才会一步步走向成功！

…………

一晃，23年过去了。取"经"之途，路遥坎坷，一言难尽。年复一年采访时的一幕幕、一桩桩，如在眼前，那么令我难忘。那是流金的岁月啊！也是无悔的岁月！

"路曼曼其修远兮，吾将上下而求索。"如今，时代在变迁，金融改革在向深度发展，市场也正在走向国际化。未来十年将是中国财富管理行业全面提速、走向成熟的关键阶段；银行、资管、保险、券商、信托、第三方财富管理平台等机构纷纷基于自身资源参与竞争。随着A股市场制度的不断完善及注册制的推广普及，机构参与市场的占比将逐渐加大，对大中小投资者而言，有限的交易经验将面临巨大挑战！以往的绝招和经验，也因市场格局、大数据时代的来临已经或即将面临是否有效的考验！总而言之，投资者要与时俱进，顺势而为，不断探索出适应新形势的投资道路！这里，我真诚希望投资者们顺应时代发展的趋势，多层次、多维度探索，找到属于自己的盈利模式，资产天天收大阳！

在《民间股神》（典藏版）隆重出版之际，我要再次向我书中采访过的民间高手们真诚地说声"谢谢"！是你们无私的奉献和超人的智慧，铸就了《民间股神》的灵魂，也是多年来这套书得以长销的一个重要原因。同时，我要向一直厚爱着我的千万读者表示真诚的感谢！没有你们的鞭策和激励，我走不到今天。在23年的流金岁月里，有你们的企盼，有你们的支持和无尽的关爱！尽管在漫长的日子里我做了一些事，吃了不少苦，但一切都是值得的。由于自己能力和涉猎的范围有限，所采写作品可能不尽完美，会有不少瑕疵和错误，还望广大读者多多指正。

伟大强盛的中国在飞速发展，中国的资本市场正迎来无限的生机。在此，我向《民间股神》的忠实读者和千万投资朋友庄重承诺：我，作为在中国投资界采访一线上耕耘了23年的"老兵"，一定会"老骥伏枥，壮心不已"，把自己的毕生心血，毫不保留地挥洒在中国证券这块沃土上，把更多的精彩献给千万读者，献给股市更加美好的春天！

白青山

2022年12月于深圳

可别说不可能

—— 写在本集图书出版之际

股市又是凄风苦雨时。

然而，在那一片风雨飘摇之中，在千千万万投资者博弈股海艰难前行的行列中，却有一桩桩感动中国股市的奇人奇事：

一个名不见经传、时年仅28岁的中原小散户，6年间竟创造了从3万元到数亿元的惊世奇迹，轰动整个华夏股坛。

一个种田的湖南农民投资者，短短3年，竟变魔术般将手中的10万元变成了1000多万元。

一个刚毕业的大学生，怀着一腔热血叩响股市大门，像农民那样在中国股市这片沃土上辛勤劳作，神奇地把自己仅有的1.8万元积蓄"滚"到了500多万元。

一个隐居在小岛上的神秘新疆人，不显山，不露水，躲在小小渔村中，净捕"大鱼"，资产在弱市中不断翻番。

一个"军工黑马专业户"，从2009年至2011年，一头扎在"军工"这片绿色的天地里，光靠"军工粮"，就赚得钵满盆满，收益成倍增长。

一个身怀绝技的江浙"期市奇人"，不鸣则已，一鸣惊人，以"气吞山河"之势，4年间连夺7次实盘大赛冠军，并创造了3个月盈利940.63%的惊人战绩。

一对酷似"双胞胎"的江城"草根双杰"，都开过出租车，都当过饭店老板，又都从20万元起步，一同叱咤股海风云，4年间资金增长30多倍。

还有一个身怀"逃顶"绝技的"背包客"，每当股市顶部来临，他都无一例外地实现"胜利大逃亡",背着行囊去享受名山大川带来的惬意与快乐……

一个人,一个传奇,一粒珍珠,一颗钻石,璀璨!耀目!八颗"钻石"呢?如果集合在一起,会怎么样?

答案不用我告诉你,那是无价的财富、无尽的智慧!

这,就是我历时近7个月的艰辛采访,奉献给全国投资朋友的一份浸透着心血的"礼物"——"民间股神"系列第7集。

也许有读者会问,这些传奇人物的背后,有些什么共同的"成功密码"呢?我可以向你揭秘:

他们都是风险控制的高手。他们尤其深深地懂得,"把钱留住"对于"活着",是何等重要。

他们勤奋、执着,都拥有一套适合自己的操作方法和"独门暗器"。

他们都经历过失败,但他们从不言败。从某种意义上说,正是失败造就了他们今日的成功。

他们都有一颗超乎常人的淡定之心。这,就是本书几位高手"八大奇迹"发生的核心机密!

如果你能细细地品味出其中的奥妙并执行,你照样可以复制他们的成功,同样可以享受到他们付出艰辛创造奇迹的那份快乐!

你摇头,不信,觉得太难?

其实,只要真的做到了以上几点,哪怕你经历过再多再大的失败与磨难,你的心血与汗水都不会白流,智慧之神一定会引领你到达胜利的彼岸,去实现你金色的梦想!

可千万别说不可能哟。

这,就算是我送给亲爱的读者朋友的一句贴心赠语吧。

白青山

2011年7月于河南郑州　初稿

2022年12月　修订

第1章 从3万元到数亿元

——"中原股神"李旭东6年多创造惊世奇迹的神奇密码 /003

他，一个名不见经传、时年仅28岁的中原小散户，从3万元艰难起步，凭着过人的智慧和独特的操作绝技，仅用6年多的时间，创造了"从3万元到数亿元"的惊世奇迹，轰动整个华夏股坛。他那传奇的故事里，究竟隐藏着什么样的秘密？本文将为你真实地还原6年多在中原大地发生的这一神话……

第2章 "股市农民"滚雪球
——记黄志伟从1.8万元"滚"到500万元的传奇故事 /057

2003年，他怀揣1.8万元踏入股市。7年间，他自谦为"股市农民"，在中国证券这块土壤上默默地辛勤耕耘，用"滚雪球"的方法，将自己的资金"滚"到了500万元。本文揭示的，正是他多年来如何将雪球滚大的秘密……

第3章　守望"田园"的投资奇人
——记一位农民投资大师安农的传奇故事/113

在那块贫瘠的土地上，他怀揣着儿时当富翁的梦想，从股市到期市，从"毁灭"到"重生"，从十万元到千万元，不断创出"田园"

奇迹。他为何能在险恶丛生的市场"平安幸福"地生存？他为何能把高风险做成低风险，年年获取稳健收益？一位农民投资大师那独特的理念和他的操作系统，将向你揭秘……

第4章 "草根双杰"的赚钱"尖板眼"
——记江城投资人"二刚"组合的超短线技艺/135

在风雨飘摇的股市，他们以极强的风险控制意识，恪守着"把钱留住"的第一信条，运用"跟风"龙头股的超短线战法，叱咤股海风云。4年间，这对"草根双杰"从一贫如洗到资金增长30多倍，在江城股坛上传出一段佳话。

第5章　军工黑马猎手
——广州职业投资人硝烟捕捉"军工重组黑马"纪实/183

他像一只猎鹰，近年来，一直翱翔在"军工"这片浩瀚的海天。他以一个价值投资者的智慧与战略目光，在"军工"这个独特行业中，深度挖掘出一只只具有重大重组题材的超级黑马股，并长期持有，战绩骄人，被羊城投资人誉为"军工黑马猎手"。

第6章　小岛"欧奈尔"

——记民间高手李华军捕捉强势龙头股的传奇故事 / 217

他长年隐居在远离大都市的偏僻小岛渔村，秉承华尔街顶尖投资大师威廉·欧奈尔倡导的追逐市场"领导股"的选股思路，潜心研究强势高成长股票，并以战略投资的锐利目光与不凡气概，勇擒高价成长股，在2006年至2011年上半年，他的业绩增长30多倍，被当地投资人誉为小岛"欧奈尔"。

第7章 一个"背包客"的"逃顶"绝技
——记长沙市职业投资人张斌的"逃顶"技艺/273

他，一个快乐的"背包客"，历经"磨难"之后，总结出一套"逃顶"的护身绝技。多年来，每逢大盘见顶，他都能实现"胜利大逃亡"，在外享受着旅游的欢乐……

第8章 冠军，从"崖"边走来
——中国期货奇才李永强凤凰涅槃夺得7次实盘大赛冠军的传奇/311

他从"毁灭"的悬崖边缘浴火重生，在人生的最低谷崛起，以正确的交易理念和娴熟的交易技巧，4年间连夺7次实盘大赛冠军，并创造了3个月盈利高达940.63%的惊人战绩，在中国的期坛上树立了一个标杆！

李旭东：

> 安全第一，盈利第二。
> 不赚钱可以，但绝不能赔钱！

他，一个名不见经传、时年仅28岁的中原小散户，从3万元艰难起步，凭着过人的智慧和独特的操作绝技，仅用6年多的时间，创造了"从3万元到数亿元"的惊世奇迹，轰动整个华夏股坛。他那传奇的故事里，究竟隐藏着什么样的秘密？本文将为你真实地还原6年多在中原大地发生的这一神话……

 投资简历

个人信息

李旭东，别名：诚。男，1977 年生，硕士研究生学历。

入市时间

1999 年。

投资风格

快进快出，短线为王。没有 90% 的胜算，决不出手。一旦出手，就一定实行"稳、准、狠"的"精确打击"，没有半点犹豫。极端自信时，资金倾巢而出，不留一兵一卒。

投资感悟

追求复利，每次只赚一点点。积小胜为大胜，将无数只小黑马组合起来就是大黑马。正如爱因斯坦所说的一句名言："世界上最强大的力量不是核武器爆炸的威力，而是复利！"

第 1 章

△

从3万元到数亿元

——"中原股神"李旭东6年多创造惊世奇迹的神奇密码

【篇首按语】

2022年盛夏，当我再度审视和精编《从3万元到数亿元》这篇记录着"中原股神"李旭东创造惊世奇迹的稿件，将其编入即将出版的《民间股神》（典藏版）奉献给读者时，多年前在母亲河畔采访李旭东的情景如现眼前。抑不住的激情，一直涌动在我心间。深夜，我拨通远在千里之外的李旭东和他助手小孟的电话，再次与他们在电话和QQ上进行了长时间沟通和畅谈。在得知他一直坚守自己的理念、不断谱写新传奇后，我感到十分欣慰。

与此同时，一直关注和见证李旭东成长的河南《大河报·大河财富》李副主编，也把李旭东近年在郑州作的几场具有轰动效应的投资报告发言稿转发给了我。在这些稿件中，李旭东向热爱他的百万投资者毫无保留地揭示他成功的秘诀，字里行间溢满深情，令人感动。

在此，让我将多年前亲临河南郑州首次采访李旭东的实录和近年来追访他的最新内容，一并奉献给全国的读者朋友！

从3万元到数亿元！

仅仅用了6年零6个月！

这是一个惊世的奇迹，也是发生在中国证券史上一个真实而美丽的神话！世界日报发行量百强的《大河报》见证了这一旷世奇迹的诞生全程。

这部神话，不仅铭刻在河南省百万投资者的心中，也必将镌刻于中国证券的史册上！

让人们意想不到的是，创造这一奇迹的主人公，不是什么"股市大鳄"，而是河南省郑州市一位年轻的"草根英雄"，一个名不见经传的小散户。

他的名字叫李旭东，时年34岁，被河南省的百万投资者赞誉为"中原股神"。几年前，在他开始创造这一奇迹时，年仅28岁。

引子：神秘的"中原股神"，你在哪儿？

整整5年了。

从2006年至2011年，我已记不清有多少回，有多少个来自祖国母亲河黄河之畔那些热心的河南读者，通过"伊妹儿"、电话、QQ向我一次次地发出恳切而热烈的请求：

"白老师，写写我们中原的股神李旭东吧。"

"他可是中国股市一个真正的传奇人物啊！"

有的热心读者还把当地的《大河报》报道李旭东"从10万元15个月变成1000万元创造沪深股市神话"的新闻通过网络传给我。

李旭东，就这样走进了我的视线。接下来，只要一上网，有关李旭东的传奇故事就会铺天盖地涌来：

"李旭东执掌的中瑞基金成立不到一年净值翻番！"

"李旭东延续牛市中赚钱的财富神话，在2008年这样的'超级熊市'中，大盘跌了66%，他亲自操刀的中瑞投资基金却在10个月内赚取了74.8%！这是令众多所谓专家理财的公募基金经理都汗颜的战绩呀！"

2011年更爆出了一则震动股坛的网络新闻：

"中原股神"李旭东，用5年时间把3万元"不可思议地"炒到了 ×

亿元！……

多少年，多少次，那一声声真切的呼唤、一则则令人震撼的传奇，让我这个古稀之年的老财经记者为之怦然心动。

但几年过去了，因种种原因，我通过多种途径都没能寻找到中原这个神秘的投资奇人。

就这样，从2006年至2011年，"民间股神"系列书已出版了6集，震惊华夏股坛多年的李旭东，却被"遗忘"了。面对向我热情举荐的无数河南读者，我忐忑不安，无言以对。

难道我不想写一写中原顶尖的股林高手李旭东吗？不，绝不是！

李旭东，是河南，也是那片曾生我养我的故土上冒出来的一颗璀璨的证券之星。故乡的情结，在我心中萦绕了多年，我真想早早见到家乡的这位高手。尽管我付出了多年心血的"民间股神"系列书畅销多年，但其中却没有李旭东的名字，这一直是我心中的一大憾事。

中原的股林骄子，你在哪里？中华大地万千股民在呼唤，我的心底里也一次次在呼唤着！

我没有灰心。近年来，在郑州，在上海，在深圳……我一刻都没有停止过寻找他的脚印，渴望能亲眼见证和探索他成功的秘密。

欣喜的是，2011年6月，就在我的《民间股神》第7集即将截稿时，深圳的朋友小赵来电话，兴奋地告诉我，他帮我找到李旭东了。

我一时激动不已。虽是深夜了，但我还是控制不住内心的激动，立即发短信给千里之外仰慕多年的"中原股神"李旭东。

不想，我手机军歌铃声很快响起，李旭东回复："您好，白老师，我也很期待很高兴和您见面。以后你叫我旭东就行了，白老师，不要那么客气！我也不是什么股神，我也经常赔钱，呵呵……"

我看后，反复揣摩他最后的一句话："我也不是什么股神，我也经常赔钱。"说得那样纯朴，那样无华，那样直白！

第二天，我们又通过电话、QQ，相隔千里用家乡话交流了许久，句句乡音，激荡在胸。李旭东谈吐平实，没有丝毫炫耀自己的惊人战绩。这使我感受到远处中原的他，是个实在人，谦虚而低调，正如他的网名一样"诚"。

我期待着与他面对面、心碰心地深入交流，我想把一个朴实无华、震撼中国股坛的李旭东，给以"复原"，将他多年来屡创神话的绝技以及清澈透亮做人的风采，一并奉献给全国的投资朋友！

艰难的起程

他从"赔钱"迈出股市征战的第一步。熊市中，他初试短线神刀，屡夺冠军与擂主。在2005年的股市严冬中，他从3万元赚到9万元，一人创下4宗佳绩。

"逼"出来的"短线冠军"

"股民最苦""散户最难"，这是我在证券一线采访十余年感受最深切的一点。每一位高手走向成功的路，都是充满坎坷的。

几年前的李旭东，也同样处在"水深火热"的散户行列中，他也像无数的散户投资者一样，在赔钱的痛苦中经历过数年的煎熬。

1999年，刚刚走出校门不久的李旭东，在一家安装公司当技术员，那年沪深股市如火如荼的"5·19"行情，让他心潮澎湃，激起了他对股票市场的一腔热情。

走进证券公司开户时，他并没有多少证券知识和操作技术，更不知道以后的路有多难走。

"你一入市，也赔过钱？"采访伊始，我问他。

"那会儿，啥也不懂，赔钱是常事。由于一年经常有半年被派到国外工作，买的股票在手里一捏就是几个月，等回来一看，套得一塌糊涂。"李旭东回忆炒股的初始岁月，感觉苦不堪言。

"入市就做长线，这种状况持续了多久？"我问。

"这种被动做长线的局面持续有年把吧。后来我想，拿着股票老赔钱，这不中。得跑了再走！"李旭东说，"打这以后，我买了股票，拿的时间越来越短，出国前一定兑现了再走，手里不再捏股票，用现在的说法，就是空仓。"

"你现在坚持做短线，就是当年这种工作环境给'逼'出来的吗？"我问李旭东。

"一个是常在外出差给逼的，再就是我改成做短线后，发现这种方法效果不错，一来跑得快风险小，二来不坐'过山车'，赚一点是一点，效率高！"李旭东答道。

"后来改做短线就开始赚钱了吧？"

"股市哪有那么轻松赚钱的美事。"李旭东笑答，"那时，虽然意识到了，也改变了方法，但是毕竟没有娴熟的技能。今天买了股票，不知明天是涨还是跌，一点数都没有。另外，一年到头在外出差，也分心，为了自己热爱的证券事业，我把工作给辞了，一门心思投入股市。那些年，行情不好，技术不到家，真是赔了不少钱。后来，我为了练技术，把单位分的房卖了，资金全搭到股市里了！"

"你的短线技术是什么时候开始磨砺出来的？"

"应该说是在2001年6月下跌以后的那段熊市。虽然股市的绵绵下跌是痛苦的，但我很感谢那段苦难岁月带给我的收获。我正是在那时候，学会了控制风险，并慢慢地看懂了大盘。"李旭东说，"特别是从2004年开始，我参加了河南和福建东南卫视举办的炒股模拟大赛，这对我锻炼极大。"

"哦，成绩咋样？"

"2004年8月，我在河南首届模拟炒股比赛中获得亚军；9月，在河南模拟炒股比赛中获得冠军。2005年7月，在福建东南卫视模拟炒股比赛中获得预赛前3名，8月，获得决赛冠军。2005年11月，在河南股弈实盘大赛中指导4位客户，包揽前4名。"

"真不错呀，你这么快就赛出这么好的成绩，参赛高手挺多，几千人呢！"

"说实在的，这些成绩对于我来说，并不重要。我更看重的是两点：一是与众高手角逐，可以向他们学习；二是逼着自己练过硬的功夫，尤其是短线技艺。你想，比赛那么激烈，容不得闪失。你更不可能买入一只股票拿它十天半月的，大都是今天买，明天卖，要事先下功夫选好多只短期有上涨潜力的股票，第二天在盘中还要根据大盘走势选一个好的买点。想做到'一买就涨'，难度很大呀！"

"模拟大赛，你还那么上心？"

"虽然不是用真金白银做，但我还是一心想把技术练精。"

"当时，有什么抱负？"

"那会儿，年纪轻，没想多远，当时听人说'操盘手'挺神秘的，自己就想，等技术练好了，我也去当一名操盘手多好呀，呵呵……"李旭东说到这，爽朗地笑了。

熊市初试短线神刀：从3万元到9万元

李旭东如今已具亿万身家，在他的公司里，仍然珍藏着一摞已经发黄的交易清单。那是几年前他在熊市里的一段美好记忆，记录着这位年轻草根英雄当年鏖战熊市、从3万元到9万元的一段佳绩。

这，也是李旭东决胜股市关键的一役，是他迈向成功的第一个脚步。这一战绩，发生在股市"熊气"冲天的2005年。

这年元旦刚过，开盘后的第一个交易日，即2005年1月4日，延续2004年年终1245.62点收盘的跌势，大盘一个跳空低开，将一根开年的大阴棒耸立盘中，新年伊始就给万千投资者以"脸色"。

然而，已经具有娴熟短线技艺的李旭东，却并不惧怕这一切。在"熊气"弥漫的行情里，他非常冷静地盯着大盘，瞅准机会，快进快出，很快得手。

这年，他开始操作多个账户。

在他的历史交易账户上，清楚地记载着：2005年1月10日，他的账户上只有区区的3万元资金。

他当年正是靠着这不起眼的一点"小本钱"起家的。

他企盼着在股市里能"小钱致富"，但是大势不配合。大盘一直在狂泻着，直到2005年6月6日创下了998.23点的最低点。

千千万万的中小投资者伤痕累累，而短线杀手李旭东，却凭着在前几年练成的一身短线神功，在"寒冬"中顽强地"活着"。

他的账户在不断地"翻红"。2005年7月1日到7月29日，他账户上的13只股票，交易量累计达158万元，账户资金也从5万多元疯涨到7万多元，单月股票收益高达53%，而当月大盘的涨幅仅为0.19%，形成了悬殊的对比，他跑赢了大盘。

与此同时，他操作的其他账户也都"硕果累累"：

2005年11月1日到12月22日，在他的操作下，一个账户资金从6万多元飙升至12万多元，38个交易日内资金翻番，累计交易额达到515万元。

细看他的交易记录，我发现有两大特点：

一是他操作的次数虽多，但成功率极高。这一年，他曾连续买卖56次权证均没有发生过亏损。

二是"每次只赚一点点"就跑，甚至有时只赚一两分钱把股票卖掉的也有。一次盈利超过10%的，几乎很少看到。

在大盘一片惨绿之中，他正是靠着"吃一口就溜"的战法，一点点地博，到2005年年末，他原来3万元的小账户上居然达到了9万元，资金涨了2倍。一年时间，他的累计交易额达到860万元，资金账户年收益率达到200%。

《大河报》对李旭东在熊市中初试短线神刀，创造中原股市的"神奇之作"给予了报道。（图1.1）

3万变9万元，年交易量860万元

一个小股民的神奇2005

口记者 王鲁峰 文 刘梦涛 图

一人创下四宗佳绩

资金账户年收益200%；

38个交易日资金翻番；

单月股票交易收益53%（不含权证）；

连续买卖56次权证没有发生过亏损。

以上所列事实，随便挑出哪一个都会让炒股的人眼红一阵子——毕竟，2005年的股市依旧低迷，80%甚至更多的股民依然在品尝"深度套牢"的苦涩滋味。

但这些不俗战绩，却是由同一个人创造。当李旭东拿出厚厚一沓交割单，如数抖出2005年度其实盘账户上的交易资料时，记者也才相信这是真的。

记者在其交易资料上看到，2005年1月10日时，他的账户上只有3万元资金，2005年年末已经达到9万元。一年时间，累计交易量达到860万元，资金账户年收益达到200%。

"壮观"的交易明细记录着李旭东2005年的神奇

平均每3天交易2把。"一只股票持有时间最长没超过一个星期。"他称。

同时，他的单笔交易获利都不大。综合来看，其单笔交易获利在10%以上的非常少，多为2%至8%之间。记者甚至还发现，有只股票，他买时3.59元，卖时3.61元，虽然只赚了2分钱就跑

功的人却有相似的成功经验。

一个半小时的采访中，记者把李旭东的炒股心得总结如下，希望能给读者提供一些借鉴——

买卖股票时坚决不能犹豫，不要想像某只股票明天可能还会上涨。

敢于追龙头股，也敢于选质地不错的弱势股垫底，但其太上

图1.1 《大河报》对李旭东的报道

从10万元到1000万元

从10万元到1000万元，仅仅用了15个月，308个交易日，他的收益率就高达10064.3%，他谱写出了震撼中国证券史的传奇。在财富裂变的过程中，他充分展露出超人的智慧与才华……

冬去春来。

2006年，大盘一扫熊市的冷清，一场火红的牛市行情在华夏大地缓缓展开。

在熊市中战绩"辉煌"的李旭东，前进的脚步一刻都没有停止。在大牛市燃烧的岁月里，他再次创造出了惊世奇迹。他用308个交易日，谱写了一个"从10万元到1000万元"的旷世神话。

2011年6月中旬，我刚刚飞抵河南郑州市，《大河报·大河财富》专版的李副主编得知我要采访李旭东，热情地把一份他珍藏多年的、耗尽他心血对"中原股神"所做的详细的"研究报告"当作见面礼给我看。

这真是一部罕见的证券"史诗"！一幅完美惊艳的"股市清明上河图"！它让我彻夜不眠，激动不已。

在这幅"股市清明上河图"中，对李旭东从10万元搏击到1000.16万元的308个交易日所发生的一切，《大河报》都无比详细地记录在上面。虽然几年时间过去了，但李旭东博弈股海、创造惊世奇迹的一幕幕，仍如在我的眼前。

让我们根据《大河报》当年真实记录的史料，还原这一奇迹发生的全过程。

用数据说话

2006年3月

上证指数月涨幅为–0.06%，深证成指月涨幅为4.92%。

李旭东股票单月盈利25.30%。23个交易日平均日增1100元，日均增幅为1.10%。

3月上证指数涨幅与李旭东所持股票市值增幅比较图见图1.2。

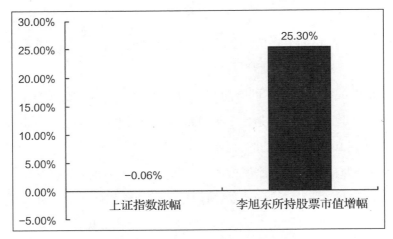

图1.2　上证指数涨幅与李旭东所持股票市值增幅比较图1

2006年4月

上证指数月涨幅为10.93%，深证成指月涨幅为9.49%。

李旭东的股票单月盈利-6.64%，没能跑赢大盘。20个交易日日均增415.75元，日均增幅为0.33%。

4月上证指数涨幅与李旭东所持股票市值增幅比较图见图1.3。

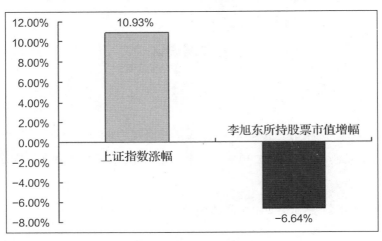

图1.3　上证指数涨幅与李旭东所持股票市值增幅比较图2

2006年5月

上证指数月涨幅为13.96%，深证成指月涨幅为11.48%。两市前半月涨幅较大，后半月处于调整中。

李旭东5月所持股票市值增加105192.61元，达到222178.66元，增幅为89.92%；日均增加5844元，日均增幅为4.95%。

5月上证指数涨幅与李旭东所持股票市值增幅比较图见图1.4。

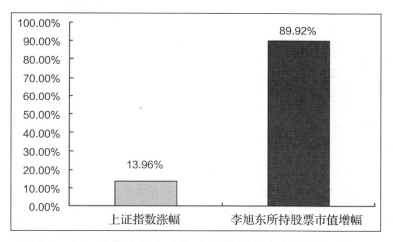

图1.4 上证指数涨幅与李旭东所持股票市值增幅比较图3

2006年6月

6月22个交易日，大盘先抑后扬，上证指数上涨1.88%，深证成指上涨0.22%。

李旭东所持股票6月市值为328413.73元，较5月的222178.66元增长106235.07元，增幅为47.82%。

6月上证指数涨幅与李旭东所持股票市值增幅比较图见图1.5。

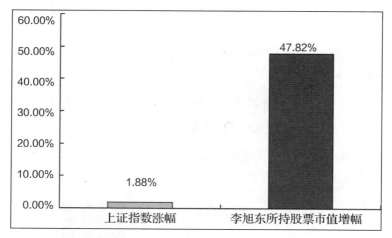

图1.5　上证指数涨幅与李旭东所持股票市值增幅比较图4

2006年7月

7月大盘震荡下行，共21个交易日，上证指数7月涨幅为−3.56%，深证成指7月跌幅为8.25%。

李旭东所持股票7月底的总市值为544841.99元，较6月底的328413.73元增加216428.26元，增幅为65.90%。

7月上证指数涨幅与李旭东所持股票市值增幅比较图见图1.6。

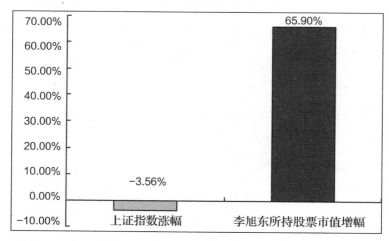

图1.6　上证指数涨幅与李旭东所持股票市值增幅比较图5

2006年8月

大盘8月先抑后扬，上证指数月涨幅为2.85%，深证成指月涨幅为5.88%。

李旭东所持股票市值674610.62元，较上月末的544841.99元增加129768.63元，月增幅为23.82%；平均日增23688.78元，平均日增幅为1.04%。

8月上证指数涨幅与李旭东所持股票市值增幅比较图见图1.7。

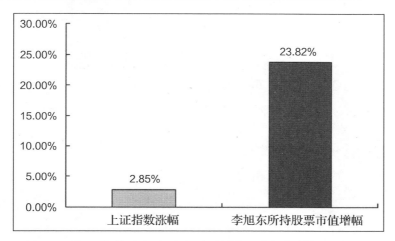

图1.7　上证指数涨幅与李旭东所持股票市值增幅比较图6

2006年9月

9月21个交易日，大盘总体趋势是震荡走高。上证指数月涨幅为5.65%，深证成指月涨幅为3.54%。

李旭东所持股票9月底市值776816.50元，比上月底的674610.62元增加102205.88元，平均日增4866.95元；月增幅为15.15%，平均日增幅为0.72%。

9月权证板块没有给李旭东太多机会，但他在等待中躲过了下跌。

9月上证指数涨幅与李旭东所持股票市值增幅比较图见图1.8。

2006年10月

10月17个交易日，大盘在盘整中温和走高，上证指数月涨幅4.88%，深

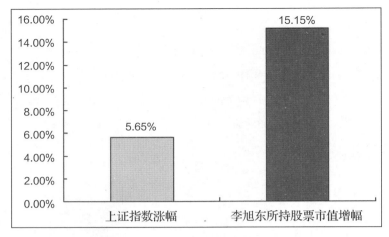

图1.8　上证指数涨幅与李旭东所持股票市值增幅比较图7

证成指月涨幅6.82%，深强沪弱。

　　李旭东所持股票10月市值833715.10元，比9月底的776816.50元增加56898.60元，平均日增3346.98元；月增幅为7.32%，平均日增幅为0.43%。

　　10月上证指数涨幅与李旭东所持股票市值增幅比较图见图1.9。

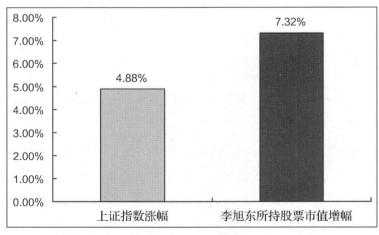

图1.9　上证指数涨幅与李旭东所持股票市值增幅比较图8

2006年11月

11月大盘涨幅较大，上证指数月涨幅为14.22%，深证成指月涨幅为22.61%，成交总量也明显放大。

李旭东所持股票到11月底的市值为1286945.21元，较10月底的833715.10元增加453230.11元，增幅为54.36%；22个交易日日均增加20601.37元，日均增幅为2.47%。

11月上证指数涨幅与李旭东所持股票市值增幅比较图见图1.10。

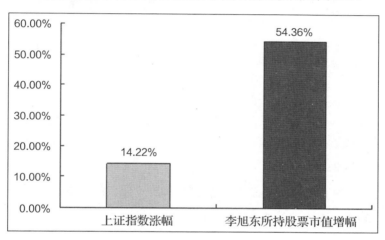

图1.10　上证指数涨幅与李旭东所持股票市值增幅比较图9

2006年12月

12月21个交易日，大盘稳步走高，上证指数月涨幅为27.45%，深证成指月涨幅为17.30%。

李旭东所持股票12月底总市值达到1996418.09元，较11月底的1286945.21元增加709472.88元，平均日增33784.42元；月增幅为55.13%，平均日增幅为2.63%。

12月上证指数涨幅与李旭东所持股票市值增幅比较图见图1.11。

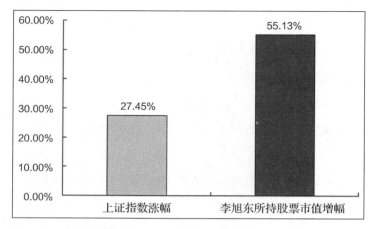

图1.11　上证指数涨幅与李旭东所持股票市值增幅比较图10

2007年1月

　　1月20个交易日，大盘属于震荡行情，上证指数月涨幅为4.14%，深证成指月涨幅为14.83%。

　　李旭东所持股票1月底总市值为2714885.97元，较2006年12月底的总市值1996418.09元增加718467.88元，平均日增35923.39元；月增幅为35.99%，平均日增幅为1.80%。

　　1月上证指数涨幅与李旭东所持股票市值增幅比较图见图1.12。

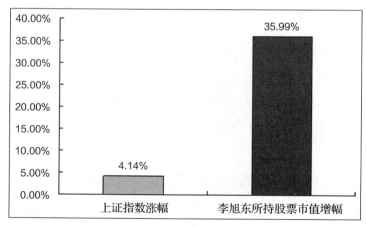

图1.12　上证指数涨幅与李旭东所持股票市值增幅比较图11

2007年2月

2月仅15个交易日，大盘一波三折：先抑，后扬，月末再抑。上证指数月涨幅为3.40%，深证成指月涨幅为5.33%。

李旭东所持股票到2月底总市值为3768056.66元，较2007年1月底的总市值2714885.97元增加1053170.69元，平均日增70211.379元；月增幅为38.79%，平均日增幅为2.59%。

2月上证指数涨幅与李旭东所持股票市值增幅比较图见图1.13。

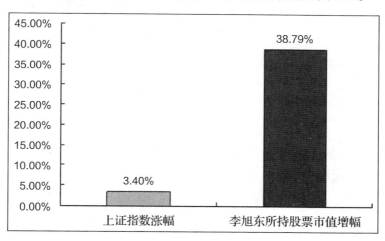

图1.13　上证指数涨幅与李旭东所持股票市值增幅比较图12

2007年3月

3月22个交易日，大盘呈稳步上涨之势，上证指数月涨幅为10.51%，深证成指月涨幅为6.34%。

李旭东所持股票3月底总市值为4246715.72元，较2月底的3768056.66元增加了478659.06元，平均日增21757.23元；月增幅为12.70%，平均日增幅为0.58%。

3月上证指数涨幅与李旭东所持股票市值增幅比较图见图1.14。

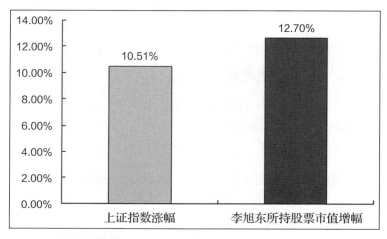

图1.14　上证指数涨幅与李旭东所持股票市值增幅比较图13

2007年4月

4月21个交易日，大盘前半程稳步上涨，深证成指更是连续出现11阳。上证指数月涨幅20.64%，深证成指月涨幅27.10%。

李旭东所持股票4月末总市值5508947.53元，较3月末的4246715.72元增加1262231.81元，日均增加60106.28元；月增幅为29.72%，日均增幅为1.42%。

4月上证指数涨幅与李旭东所持股票市值增幅比较图见图1.15。

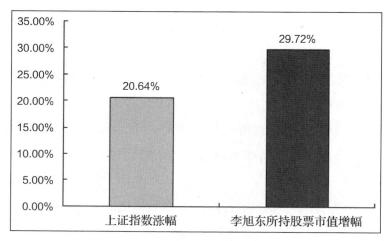

图1.15　上证指数涨幅与李旭东所持股票市值增幅比较图14

2007年5月

5月22个交易日，大盘总体上呈强势上涨态势，最后两天大跌。上证指数月涨幅6.99%，深证成指月涨幅19.13%。

李旭东所持股票5月末总市值为7437429.17元，较4月末的5508947.53元增加1928481.64元，平均日增87658.26元；月增幅为35.00%，日均增幅为1.59%。

5月上证指数涨幅与李旭东所持股票市值增幅比较图见图1.16。

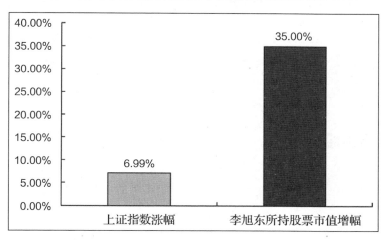

图1.16　上证指数涨幅与李旭东所持股票市值增幅比较图15

2007年6月

6月李旭东操作的4个交易日中，大盘大跌，上证指数6月6日收于3776.32点，较5月末的4109.65点下跌333.33点（如此巧合的数字），上证指数跌幅为8.11%；深证成指6月6日收于12338.18点，较5月末的12944.23点下跌606.05点，跌幅为4.68%。

李旭东所持股票的总市值6月6日为10164320.93元，较5月末的7437429.17元增加2726891.76元，增幅36.66%；平均日增681722.94元，日均增幅为9.17%。

6月4个交易日上证指数涨幅与李旭东市值增幅比较图见图1.17。

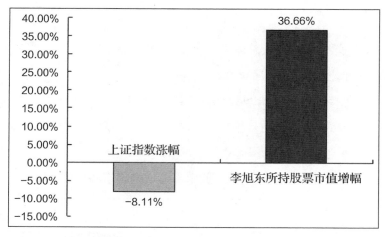

图1.17　上证指数涨幅与李旭东所持股票市值增幅比较图16

唱响熊市凯歌

2008年，在沪深股市万千投资者心中是痛苦的记忆，他为何却能高唱凯歌？在严寒的"冰雪"中，他是怎样生存的？他操作的基金在熊市中翻倍的秘诀又在哪里？

"严寒"中显英雄本色

根据李旭东与报社"市值达1000万元即退出大赛"的约定，从第二天起，他的实战操作历程退出公众视线，见证他创造辉煌的百万读者无不感到惋惜。

但是，虽退出大赛，李旭东前行的脚步却并未停止，他财富裂变的传奇仍在续写着。

2007年11月底，面对"跌跌不休"的大盘，众多股民亏损累累。此时，中原股民心目中的"中原股神"李旭东，是否也伴随着大盘"潮涨潮落"呢？《大河报》再次采访李旭东时，他坦然地说："我账户上的数字还在以以前的速度稳步增长。"李旭东谆谆教导股民：在弱势的行情里，要多看少动。

时间跨入2008年，随着世界金融风暴来袭，沪深股市遭受到一场前所未有的毁灭性灾难。"冰雪皑皑"中，千千万万的投资者遍体鳞伤，哀鸣四起。

这时，《大河报》又想起了在牛市中曾给中原投资者带来极大鼓舞的李旭东。在百万读者的一再盛邀下，李旭东再度在《大河报》亮相。

与上次亮相不同，这次他要以基金的形式走进百万读者的视线。基金的名字为"中瑞基金"（后改名为"金字塔基金"）。采访中我曾问他，基金起名"中瑞"何意？他说"中"的意思是地处中原，"瑞"为吉祥。后来改名为"金字塔"，则彰显了他们稳定盈利的操作理念。

2008年3月3日，中瑞基金正式通过《大河报》走进公众视线，原始价为1元。《大河报》不公布它的资金规模，不公布其操作的股票，但每天都会像开放式基金那样公布基金净值和仓位。

李旭东操作股票的风格是快进快出。当你看到报纸时，或许他已经卖出了前一天买入的股票，所以公布股票没什么意义。而仓位说明了他对大盘的看法，具有参考价值。

然而，"中瑞"生不逢时。"熊步"沉沉，"疯牛"的行情早已不在。在牛市中曾创造了"10万元到1000万元"惊世奇迹、无限风光的李旭东，在突如其来的"熊市"中，命运会怎么样呢？在熊气弥漫的暴风雪中，"中瑞"还能像李旭东所期盼的那样"吉祥"地生存吗？

答案是肯定的。李旭东没有让仰慕他的百万读者失望。他仍然继续创造着股市传奇。《大河报》的百万读者又一次有幸地见证了他在熊市续写辉煌的过程。

自2008年3月4日李旭东所操作的基金正式公示开始，至2008年年底，历时仅10个月，他以盈利74.8%的战绩，出人意料地在漫漫熊途中又一次创造出了惊人的奇迹。

当时报载：对于A股市场的众多投资者来说，2008年注定是令人难忘的一年，沪深股市出现史上罕见的暴跌，从年初的5272.81点，到12月31日收盘的1820.81点，上证指数的跌幅达到65.47%。

在此期间，大多数股票价格遭遇腰斩，市场上所有的偏股型基金净值均大幅下挫，2008年以来，开放式基金净值最大跌幅超过67%。在市场上的全部360多只基金当中，净值跌幅在50%以上的超过200只。

与此形成鲜明对比的是，成立只有10个月的中瑞基金却逆势上扬，截至当年12月31日，这只基金自成立以来的净值增长率超过74.8%，足以傲视群雄。（图1.18）

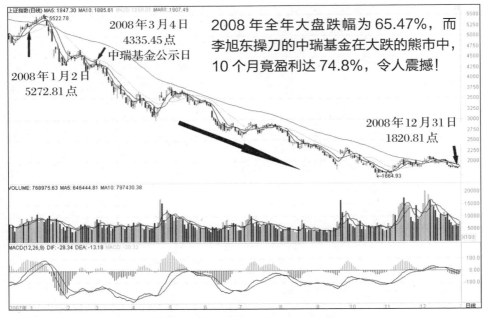

图1.18　上证指数走势图1

看到李旭东在熊市中的这一骄人战绩，人们又一次惊呆了：这怎么可能？熊市中能"活着"就已经不容易了，何以有如此奇迹发生？他战胜熊市有哪些绝招呢？

"三把利剑"助熊市称雄

一天晚上，李旭东邀我和他一起到咖啡厅，聊这些年股市的起起落落。聊着聊着，我们不由得又把话题转到了2008年那场不堪回首的大熊市上。

"旭东，2008年那么多人赔钱，你能说说那时你的感受吗？"

"现在回头看，提起从10万元到1000万元，我并未感到太大的兴奋。而要说起我操作的基金在熊市里10个月赚了将近翻倍的钱，那种经历和经验，我感到是投资生涯中应该永远珍藏的。说老实话，我对熊市，当时并没有一点点的惧怕。"

"为啥？"

"你别忘了，我和我们团队的几个伙伴，可都是冬天出生的，'熊市'里长大的，呵呵……"李旭东笑答，"我们在熊市里磨砺那么多年，熊市中打播，熊市中夺冠，战胜熊市有一定经验和技巧。"

"沧海横流，方显英雄本色。危难之中，方知功夫高低。你操作的基金在下跌那么惨重的环境中，10个月竟能取得高达74.8%的收益，真是奇迹啊！"我说，"你一定要讲讲这里面的道道呀！"

"哈哈，我们喝茶聊天儿，你还不忘你的使命呀？"

"沪深股市熊长牛短，中小投资者赔钱的滋味好苦呀！你也经历过那个岁月，你把制胜熊市的经验和操盘绝技多讲一些，给更多的投资者借鉴一下，他们以后会少走不少弯路的。"

"好的。"李旭东喝了口茶，很淡定地说，"算不上是什么熊市操盘绝技，但有三条对我能取得好的战绩起了关键作用，也可说是三把利剑吧。"

"哪三把呢？"

"一是精确判断和把握大盘；二是仓位控制；三是快进快出抢反弹。这可谓熊市制胜的三把利剑。"

"就拿这一年最具影响力的奥运会前后的大盘来说吧。"李旭东回忆道，"世界瞩目的奥运会，凝聚着中华民族多少代人的期盼呀。谁不想8月8

日涨个红彤彤的，可我判断在这个非常重要的日子，一定有个突破，但这个突破不是向上，而是往下。所以当人们一窝蜂地都在抢奥运股时，我们一直很冷静，保持极少的仓位，基本没什么动作。你从当时报上刊登的股市在大跌中和奥运前后的几个操盘手记便可看出我们当时对大盘的判断与看法。"

操盘手记

时间：2008年6月19日　星期四

基金净值：1.420元

持仓比例：0

盘面观察：星期四大盘在获利盘的打压下，跌势不断蔓延，上证再次跌穿2800点关口，个股呈现出普跌的态势，近千只股票跌停。

蓝筹股巨大的跌幅令市场相信机构投资者亦在积极抛售。实际上，在星期三的长阳反弹中，多数基金再次出现了净卖出。机构的抛售应该是受到当时不利传闻的影响。

从基本面来看，面对即将公布的6月份CPI（居民消费价格指数）、上市公司半年报、南方水灾等利空因素，理性的投资者似乎缺乏任何继续持股的理由。星期四的长阴对投资者信心来说无疑是一个灾难性的打击，市场非理性杀跌已经演绎到不可思议的局面，投资者心态极度悲观。因为此举将令"技术性反弹"这个唯一的做多理由也宣告无效。4年熊市，绝大部分股民亏损超过50%；逾九成股民亏损，近60%亏一半。

这波暴跌和上一轮熊市已有很多共同点，通过这两轮暴跌的教训，我们也应学会如何去寻找一个行之有效的投资方法。在这种暴跌的行情中，我们只有选择空仓。

操盘手记

时间：2008年8月6日　星期三

基金净值：1.411元

持仓比例：2%

盘面观察：上证指数前二十大权重股仅有两只下跌，金融股对大盘的企稳起了定海神针的作用。中国石化、工行等权重股尾盘放量拉升，怪异走势令人迷惘，什么资金在护盘？虚伪面子永远是沪深股市发展的症结。

经过上半年挤压估值泡沫，A股市场整体市盈率和市净率已大幅降低，但对宏观经济的悲观预期仍对市场造成较大压力，市场情绪笼罩在浓厚的熊市思维之中，近期紧缩预期放松、国际油价回落、周边市场反弹等内外部利好因素均未能有效调动市场热情。

奥运期间政策面趋暖，股市大幅下跌是大家不愿见到的，但大幅上涨的基础还不存在。保险基金当年一路做空，其他基金在趋势不明朗的情况下也不敢主动出击。大盘蓝筹股对2008年上半年的股市热点缺乏引领能力，拖累指数不断创出新低，原因显然在此。维稳背景下的市场可能会保持指数的相对稳定，但机会是很有限的。市场逼迫你不得不做短线投资或者空仓。

操盘手记

时间：2008年8月7日　星期四

基金净值：1.411元

持仓比例：2%

盘面观察：当天大盘低开，全天窄幅震荡整理，星期五奥运会开幕，中国石化、工商银行的护盘资金将再次显现。北京奥运会不仅是中国的喜事，也是全世界的喜事，股市也需要以阳线的形式来祝贺。然而下周将公布的7月份经济数据可能成为另一个引发抛售的导火索，当时市场的忧虑已从通货膨胀转为经济衰退，7月份PPI（英文producer price index首字母缩写，指生产价格指数。它是衡量工业企业产品出厂价格变动趋势和变动程度的指数，是反映某一时期生产领域价格变动情况的重要经济指标。——作者注）可能高达惊人的两位数，同时GDP（国内生产总值）增速将进一步放缓。

统计数据显示，8月份沪深两市将迎来全年大小非解禁的高潮，可能有超过120家上市公司的近344亿股限售股解禁，解禁市值接近3000亿元，相当于50个南车在A股发行所募集的资金。但大小非解禁高潮之时，也正值奥运会开幕之际。股民更希望通过奥运之火使管理层以实际行动让整个中国的资本市场稳定健康发展。

操盘手记

时间：2008年8月18日　星期一

基金净值：1.410元

持仓比例：0

盘面观察：星期一大盘破位调整，两市双双创出本轮调整新低，深证成指自2007年调整以来，首次收市击穿8000点，上证指数20个月来首次考验2300点大关，上证指数以长阴收在2319点。

上证指数前二十大权重股全线大跌，两市九成股收跌，近500只跌停。市场心理崩溃，大盘再次跳水，股指单边下挫，刷新两个月来最大跌幅纪录，中国股民欲哭无泪。从8月8日到18日，短短6个交易日，沪深股市最大跌幅分别达到15%和13.3%，创出调整以来的新低。

7月份PPI及CPI的剪刀差大幅扩大，意味着第三季度上市公司利润将受到大幅挤压，如果没有政策性实质利好，大盘凭自身的能量根本改变不了下跌的趋势，会像银行股一样，超跌反弹后继续下跌。对于基金来讲，在6000点建仓失误后，在3500点附近亏损出局，其对应的个股筹码，股价若不再次折半，主力是不会补进的。

此时最好的策略就是空仓。

"正是基于对市场的这种判断和分析，在庆祝奥运举办的热潮中，我们一直按兵不动。8月1日至7日，我们的仓位均在8%以下。8月11日至18日，仓位均为零。其间大盘下跌285.85点，我们没有遭受损失。"李旭东说。

（图1.19）

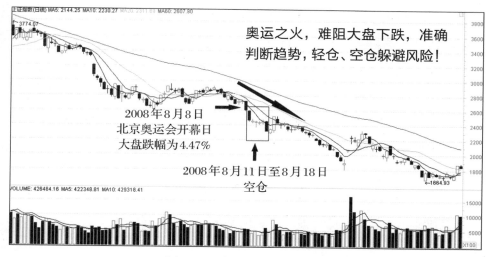

图1.19　上证指数走势图2

"趋势是大盘的脉搏，只有明确判断，才能有效规避风险，这是制胜股市最重要的。在此基础上，就是控制好仓位，这是第二条制胜熊市的重要利器。"李旭东说，"我在熊市操作的仓位非常轻，一般是10%，即使有把握的，仓位都不会超过30%。手里握着现金比什么都重要。一遇机会就能很快出击，熊市中手里抓一堆股票，那就死定了。"

"当时报上只登你们基金的净值和仓位，听说不少读者早晨拿到报纸的第一件事，就是看你们的仓位，能给他们很好的借鉴，这都成了《大河报》读者的一道风景了。是吗？"我问。

"是。那段日子，我们金字塔网的热线电话几乎天天被打爆。"

"除了分析判断大盘、控制仓位，再讲讲第三把利剑吧！"

"第三把利剑，就是抢反弹。"李旭东说，"熊市中也不是天天跌，大盘跌久了，会反弹，这种机会一定要紧紧地抓住。我们基金于2008年3月初在《大河报》公示后一直到年底，大盘大大小小有80多次反弹，我几乎都抓住了。即使有几次抓不住，我的心态也很平静，因为股票市场最不缺的就是机会，不必为有赚钱的机会没抓住而耿耿于怀。"

"在抢反弹中，你们的仓位如何？都做哪一类的股票？"

"遇到大的机会，我们的持仓会很快变化。像2008年4月24日，大盘受管理层下调印花税重大利好刺激，上证指数飙涨了9.29%，创自1996年以来第二大单日涨幅，个股呈现井喷态势。我们的仓位也由前一日的20%，立马激增到了52%；再如，2008年9月18日当天，我们的仓位仅为2%，但随着单边征收印花税、支持中央企业控股上市公司回购股份和中央汇金公司决定将在二级市场自主购入工、中、建三行股票的三大利好的出台，我们后三天仓位快速增加到50%以上。三大银行连续两天涨停，熊市中的利好，逢高就快速出货。短暂的反弹后，我们基金的仓位又迅速由半仓变成了几乎空仓。

"至于抢反弹中做股票，主要在于追逐强势板块的龙头股。我炒股不听消息，也不刻意去抓黑马，但在弱市里有飙涨的强势股，我也不会放过。只是在熊市中它们上涨速度快，行情较短。我还是一贯的快进快出，从不恋战。再就是找那些实在跌不动的股票买。股票涨多了，会跌；跌多了，一定会涨。这是规律。"

"制胜熊市除了你讲的以上三点，在操作中你认为还有什么值得注意的？"采访中，我问李旭东。

"说到底，还是要控制好风险，特别是纠错要快，这点很重要。尤其是在熊市中，纠错不快，一着不慎，便会酿成大祸。一看不行，就要果断撤退。"

熊市中的部分历史交易实录

在采访中，为了彻底揭开这只"战无不胜"的基金的"面纱"，我向李旭东提出："能否把《大河报》没有公布的买卖股票的交易单'晒'一下，让投资者看看你在熊市中是怎么做的。大家都在赔钱，你为何还能赚那么多钱？就帮大家解开心中的谜团吧！"

"中。那没啥，又不保密。"当天，李旭东就让助手、金字塔基金研究部经理小孟把2008年至2011年操作的全部交易单调来。小孟还对当年的交易作了简要点评。但由于交易单太多太长，在此无法全部显示，只能选取部分交易单展现给读者。但只要你细心揣摩，一定会从中领悟到李旭东操作的一些技巧。

2008年3月4日，基金开始公示，大盘在4350点构筑平台后开始破位下行。3月份大盘单边下跌875点，上涨9天。图1.20为李旭东在此期间的成交记录截图。

委托日期	委托时间	委托编号	证券代码	证券名称	买卖标志	委托价格	委托数量	成交价格	成交数量	成交金额	成交日期	成交时间
2008-03-05	09:34:50	14548434	580017	赣粤CWB1	卖出	6.826	200000	6.826	200000	1365255.20	2008-03-05	09.34.58
2008-03-05	14:53:57	14550961	600345	长江通信	买入	13.610	200000	13.603	128456	1747337.60	2008-03-05	14.54.06
2008-03-05	14:55:31	14550987	600776	东方通信	买入	8.400	300000	8.400	300000	2520000.00	2008-03-05	14.55.39
2008-03-05	14:59:28	14551054	600345	长江通信	买入	13.800	1000000	13.780	1500	20670.00	2008-03-05	14.59.37
2008-03-06	09:30:47	14551739	600776	东方通信	卖出	8.480	100000	8.481	86889	736884.72	2008-03-06	09.30.57
2008-03-06	10:18:25	14552073	600776	东方通信	卖出	8.640	113111	8.640	113111	977279.04	2008-03-06	10.18.46
2008-03-06	10:19:47	14552095	600345	长江通信	卖出	14.240	69956	14.246	53201	757887.25	2008-03-06	10.19.57
2008-03-06	10:21:36	14552122	600776	东方通信	卖出	8.630	100000	8.631	100000	863072.00	2008-03-06	10.21.45
2008-03-06	10:21:41	14552125	600345	长江通信	卖出	14.180	60000	14.190	36951	524335.18	2008-03-06	10.22.22
2008-03-06	10:58:29	14552725	600345	长江通信	卖出	14.180	39804	14.180	19900	282182.00	2008-03-06	10.58.39
2008-03-06	11:08:16	14552835	601390	中国中铁	买入	9.050	1000000	9.050	1000000	9050000.00	2008-03-06	11.08.25
2008-03-06	13:36:42	14553545	580019	石化CWB1	买入	2.475	1000000	2.475	1000000	2475000.00	2008-03-06	13.36.56
2008-03-06	13:40:44	14553591	580019	石化CWB1	卖出	2.490	1000000	2.490	1000000	2490000.00	2008-03-06	13.40.54
2008-03-06	13:49:16	14553675	580019	石化CWB1	买入	2.530	1000000	2.529	1000000	2529167.70	2008-03-06	13.49.26
2008-03-06	13:50:53	14553692	580019	石化CWB1	买入	2.510	1000000	2.510	1000000	2510000.00	2008-03-06	13.51.04
2008-03-06	14:16:22	14553918	580019	石化CWB1	卖出	2.480	1000000	2.480	893800	2217070.10	2008-03-06	14.16.42
2008-03-06	14:18:08	14553937	580019	石化CWB1	卖出	2.465	1000000	2.465	181900	448383.50	2008-03-06	14.18.27
2008-03-06	14:19:59	14553963	580019	石化CWB1	卖出	2.465	924300	2.452	924300	2266396.80	2008-03-06	14.20.08
2008-03-06	14:39:29	14554139	600345	长江通信	卖出	13.920	19904	14.200	14200	197664.00	2008-03-06	14.39.39

图1.20 李旭东成交记录截图（2008年3月）

2008年4月份大盘下跌到2990点开始反抽到3705点，当月最大振幅715点，上涨10天。图1.21为李旭东在此期间的成交记录截图。

委托日期	委托时间	委托编号	证券代码	证券名称	买卖标志	委托价格	委托数量	成交价格	成交数量	成交金额	成交日期	成交时间
2008-04-30	13:57:35	14571066	600015	华夏银行	买入	14.510	200000	14.510	200000	2902000.00	2008-04-30	14.02.56
2008-04-30	14:12:31	14571282	600811	东方集团	买入	12.800	200000	12.800	200000	2559934.00	2008-04-30	14.12.52
2008-04-30	14:14:19	14571320	600811	东方集团	买入	12.860	200000	12.857	121599	1563390.15	2008-04-30	14.14.39
2008-04-30	10:34:19	14569509	600776	东方通信	买入	5.650	200000	5.646	102000	575853.00	2008-04-30	10.34.40
2008-04-30	09:24:26	14568355	601899	紫金矿业	买入	10.400	300000	10.310	300000	3093000.00	2008-04-30	09.25.00
2008-04-30	11:06:37	14569914	600028	中国石化	买入	12.560	100000	12.560	100000	1256000.00	2008-04-30	11.07.58
2008-04-30	11:16:08	14570058	580010	马钢CWB1	买入	4.150	1000000	4.150	1000000	4150000.00	2008-04-30	11.16.28
2008-04-30	11:17:12	14570079	580013	武钢CWB1	买入	6.800	1000000	6.800	1000000	6800000.00	2008-04-30	11.17.32

图1.21 李旭东成交记录截图（2008年4月）

2008年5月、6月大盘分别继续单边下跌260点和697点，分别上涨8天和5天。图1.22、图1.23为李旭东在此期间的成交记录截图。

起始日期: 2008- 5- 5 ▼	终止日期: 2008- 6-30 ▼										
委托日期	委托时间	委托编号	证券代码	证券名称	买卖标志	委托价格	委托数量	成交价格	成交数量	成交金额	成交日期	成交时间
2008-05-13	09:31:33	14513176	600887	伊利股份	买入	21.920	32300	21.920	32300	708016.00	2008-05-13	09.31.46
2008-05-13	09:31:36	14513188	510050	50ETF	买入	2.920	243200	2.918	243200	709657.60	2008-05-13	09.31.47
2008-05-13	09:31:32	14513175	601111	中国国航	买入	13.680	56800	13.680	56800	777024.00	2008-05-13	09.31.47
2008-05-13	09:31:32	14513178	600567	山鹰纸业	买入	5.680	125000	5.680	47100	267528.00	2008-05-13	09.31.49
2008-05-13	09:31:34	14513181	600029	南方航空	买入	11.490	62000	11.490	62000	712380.00	2008-05-13	09.31.49
2008-05-13	09:31:35	14513184	600221	海南航空	买入	7.750	91700	7.750	20600	159650.00	2008-05-13	09.31.49
2008-05-13	09:31:35	14513180	600591	上海航空	买入	7.910	14500	7.910	14500	114695.00	2008-05-13	09.31.50
2008-05-13	09:31:38	14513191	601919	中国远洋	买入	28.900	24700	28.900	17102	494247.80	2008-05-13	09.31.56
2008-05-13	09:31:35	14513186	600015	华夏银行	买入	12.890	55200	12.876	55200	710768.00	2008-05-13	09.31.56
2008-05-13	09:31:34	14513179	600115	东方航空	买入	10.080	70700	10.080	25000	252000.00	2008-05-13	09.32.05
2008-05-13	10:58:32	14514554	580010	马钢CWB1	买入	4.490	1000000	4.490	1000000	4490000.00	2008-05-13	10.58.51
2008-05-13	11:04:14	14514617	580010	马钢CWB1	卖出	4.490	500000	4.490	500000	2245000.00	2008-05-13	11.04.24
2008-05-13	11:05:31	14514633	580010	马钢CWB1	卖出	4.495	500000	4.495	191600	861242.00	2008-05-13	11.05.51
2008-05-13	11:06:20	14514646	580010	马钢CWB1	卖出	4.495	308400	4.495	308400	1386263.00	2008-05-13	11.06.30
2008-05-13	09:24:48	14513041	600488	天药股份	买入	9.400	100000	9.380	100000	938000.00	2008-05-13	09.25.00

图1.22 李旭东成交记录截图（2008年5月）

起始日期: 2008- 5- 5 ▼	终止日期: 2008- 6-30 ▼										
委托日期	委托时间	委托编号	证券代码	证券名称	买卖标志	委托价格	委托数量	成交价格	成交数量	成交金额	成交日期	成交时间
2008-06-03	13:45:43	14556326	600386	北巴传媒	卖出	14.480	100000	14.480	100000	1448017.00	2008-06-03	13.46.16
2008-06-03	13:53:23	14556402	600832	东方明珠	买入	12.600	100000	12.600	29966	377571.60	2008-06-03	13.53.37
2008-06-03	09:42:21	14556667	510050	50ETF	卖出	2.840	561000	2.840	561000	1593240.00	2008-06-03	09.42.34
2008-06-03	14:14:55	14556600	510050	50ETF	卖出	2.810	500000	2.810	260200	731166.90	2008-06-03	14.15.26
2008-06-03	14:16:09	14556613	510050	50ETF	卖出	2.805	500000	2.805	500000	1402545.11	2008-06-03	14.16.22
2008-06-03	14:59:35	14557050	580010	马钢CWB1	买入	4.116	1000000	4.116	22330	91786.80	2008-06-03	14.59.53
2008-06-03	14:59:41	14557084	580010	马钢CWB1	买入	4.118	1000000	4.118	204910	843801.08	2008-06-03	14.59.54
2008-06-04	13:26:23	W9446874	031006	中兴ZXC1	卖出	14.255	133409	14.262	133409	1902641.88	2008-06-04	13.26.31
2008-06-04	13:27:29	W9446888	031006	中兴ZXC1	卖出	14.350	100000	14.350	42071	603718.85	2008-06-04	13.27.42
2008-06-04	13:27:37	W9446891	031006	中兴ZXC1	卖出	14.320	100000	14.320	52302	748964.64	2008-06-04	13.27.53
2008-06-04	13:28:17	W9446898	031006	中兴ZXC1	卖出	14.260	105627	14.260	105627	1506241.02	2008-06-04	13.28.34
2008-06-04	14:39:44	W9447185	000625	长安汽车	买入	7.040	10000	7.040	37700	265408.00	2008-06-04	14.40.11
2008-06-04	14:58:56	W9447298	031006	中兴ZXC1	买入	13.830	100000	13.825	100000	1382500.00	2008-06-04	15.00.20
2008-06-04	09:43:47	14557457	580010	马钢CWB1	卖出	4.163	227210	4.163	227210	945884.93	2008-06-04	09.44.02
2008-06-04	14:36:32	14559496	580010	马钢CWB1	买入	4.190	1000000	4.188	1000000	4187643.59	2008-06-04	14.36.47
2008-06-04	14:41:14	14559566	580010	马钢CWB1	卖出	4.205	1000000	4.205	1000000	4205009.01	2008-06-04	14.41.30
2008-06-04	14:59:22	14559801	580019	石化CWB1	买入	2.086	1000000	2.086	1000000	2086000.01	2008-06-04	14.59.39
2008-06-05	09:37:01	W9447379	031006	中兴ZXC1	卖出	14.450	100000	14.450	100000	1446250.00	2008-06-05	09.37.10
2008-06-05	14:25:11	W9448127	000625	长安汽车	卖出	7.120	171387	7.120	120686	859284.32	2008-06-05	14.28.43
2008-06-05	10:29:24	14560627	600676	交运股份	买入	7.300	82290	7.301	82290	600787.00	2008-06-05	10.29.46
2008-06-05	10:30:16	14560635	600676	交运股份	买入	7.300	64700	7.300	64700	472310.00	2008-06-05	10.30.33
2008-06-05	09:24:26	14559913	580019	石化CWB1	卖出	2.060	1000000	2.083	1000000	2083000.00	2008-06-05	09.25.00
2008-06-05	14:11:22	14561660	580013	武钢CWB1	买入	6.370	1000000	6.370	1000000	6370000.00	2008-06-05	14.11.40
2008-06-05	14:15:37	14561699	580013	武钢CWB1	卖出	6.353	1000000	6.355	1000000	6354985.00	2008-06-05	14.15.54
2008-06-05	13:59:57	14561555	601169	北京银行	买入	14.900	100000	14.900	100000	1490000.00	2008-06-05	14.21.35
2008-06-05	14:23:27	14561769	600676	交运股份	卖出	7.400	35300	7.402	35300	261288.00	2008-06-05	14.23.52
2008-06-05	14:24:04	14561787	600104	XD上海汽	卖出	12.250	44600	12.250	44600	546351.00	2008-06-05	14.24.31
2008-06-05	14:24:42	14561787	600676	交运股份	卖出	7.430	100000	7.430	79000	586999.00	2008-06-05	14.25.00
2008-06-05	14:46:00	14561988	600676	交运股份	卖出	7.460	100000	7.460	37030	276243.80	2008-06-05	14.46.18
2008-06-05	14:36:37	14561884	600832	东方明珠	买入	12.500	100000	12.500	30231	377886.77	2008-06-05	14.46.39
2008-06-05	14:48:23	14562015	600676	交运股份	卖出	7.430	83970	7.431	83970	623979.11	2008-06-05	14.48.40

图1.23 李旭东成交记录截图（2008年6月）

　　2008年7月大盘微涨39点，当月最大振幅则达385点，上涨9天。图1.24为李旭东在此期间的成交记录截图。

　　2008年8月上证指数下跌378点，上涨6天。图1.25为李旭东在此期间的成交记录截图。

起始日期: 2008- 7- 1 ▼　终止日期: 2008- 8-30 ▼

委托日期	委托时间	委托编号	证券代码	证券名称	买卖标志	委托价格	委托数量	成交价格	成交数量	成交金额	成交日期	成交时间
2008-07-03	13:58:36	14523253	601111	中国国航	买入	8.340	149700	8.340	149700	1248498.00	2008-07-03	13.58.50
2008-07-03	13:58:38	14523255	600115	东方航空	买入	6.490	168500	6.490	138320	897696.80	2008-07-03	13.58.56
2008-07-03	13:58:37	14523254	600591	上海航空	买入	5.470	200000	5.470	27241	149008.27	2008-07-03	13.58.58
2008-07-03	13:58:38	14523257	600029	南方航空	买入	7.000	156200	7.000	156200	1093400.00	2008-07-03	13.58.59
2008-07-03	13:58:39	14523260	600104	上海汽车	买入	8.010	136600	8.010	136600	1094166.00	2008-07-03	13.59.16
2008-07-03	13:58:39	14523259	600221	海南航空	买入	4.710	232200	4.710	25069	118074.99	2008-07-03	13.59.26
2008-07-03	14:04:58	14523327	601186	中国铁建	买入	9.470	200000	9.470	20490	194040.30	2008-07-03	14.05.21
2008-07-03	14:05:12	14523329	601186	中国铁建	买入	9.480	300000	9.480	96700	916716.00	2008-07-03	14.05.39
2008-07-03	14:06:19	14523342	601186	中国铁建	买入	9.520	100000	9.518	100000	951823.80	2008-07-03	14.06.32
2008-07-03	14:19:40	14523490	580013	武钢CWB1	卖出	4.391	117400	4.394	117400	515863.70	2008-07-03	14.19.54
2008-07-03	14:45:16	14523716	600115	东方航空	买入	6.460	495400	6.460	174300	1125978.00	2008-07-03	14.45.25
2008-07-03	14:45:16	14523718	600221	海南航空	买入	4.720	678000	4.720	31720	149718.40	2008-07-03	14.45.31
2008-07-03	14:45:16	14523717	600029	南方航空	买入	7.070	453200	7.070	56900	402283.00	2008-07-03	14.45.42
2008-07-03	14:45:15	14523715	600591	上海航空	买入	5.490	582900	5.490	36800	202032.00	2008-07-03	14.45.52
2008-07-03	14:45:14	14523714	601111	中国国航	买入	8.380	477300	8.380	177640	1488575.80	2008-07-03	14.45.59
2008-07-03	09:58:49	14521782	580019	石化CWB1	卖出	1.720	1000000	1.720	1000000	1720296.23	2008-07-03	09.59.02
2008-07-03	09:58:49	14521783	580019	石化CWB1	卖出	1.720	1000000	1.720	1000000	1720296.00	2008-07-03	09.59.02
2008-07-03	09:59:05	14521786	580010	马钢CWB1	卖出	2.880	1000000	2.881	1000000	2880830.56	2008-07-03	09.59.19
2008-07-04	10:21:09	W9467944	000625	长安汽车	卖出	5.090	17260	5.090	17260	87853.40	2008-07-04	10.21.33
2008-07-04	10:21:17	W9467948	000800	一汽轿车	卖出	8.120	58739	8.120	58739	476960.68	2008-07-04	10.21.47

图1.24　李旭东成交记录截图（2008年7月）

委托日期	委托时间	委托编号	证券代码	证券名称	买卖标志	委托价格	委托数量	成交价格	成交数量	成交金额	成交日期	成交时间
2008-08-26	13:40:03	14522168	601766	中国南车	买入	3.200	500000	3.200	500000	1600000.00	2008-08-26	13.45.23
2008-08-26	13:41:44	14522185	601872	招商轮船	买入	5.000	100000	5.000	100000	500000.00	2008-08-26	13.47.37
2008-08-26	13:52:41	14522242	601872	招商轮船	买入	4.930	100000	4.930	100000	493000.00	2008-08-26	14.03.14
2008-08-26	14:59:41	14522596	580019	石化CWB1	买入	1.237	1000000	1.237	574500	710656.50	2008-08-26	14.59.55
2008-08-26	09:30:36	14521332	580024	宝钢CWB1	买入	1.220	1000000	1.220	927700	1131794.00	2008-08-26	09.30.37
2008-08-26	09:32:12	14521352	580024	宝钢CWB1	卖出	1.225	927700	1.225	927700	1136432.51	2008-08-26	09.32.13
2008-08-27	10:29:31	14523014	601872	招商轮船	买入	5.050	100000	5.050	100000	505000.00	2008-08-27	10.29.34
2008-08-27	10:44:46	14523077	601872	招商轮船	买入	5.050	100000	5.050	94500	477225.00	2008-08-27	10.44.48
2008-08-27	14:52:17	14523941	510050	50ETF	买入	1.982	1000000	1.982	215910	427933.62	2008-08-27	14.52.20
2008-08-27	09:30:56	14522649	580019	石化CWB1	买入	1.247	574500	1.247	574500	716401.50	2008-08-27	09.30.58
2008-08-27	09:59:31	14522813	601766	中国南车	卖出	3.270	200000	3.270	200000	654000.00	2008-08-27	09.59.57
2008-08-27	09:33:25	14522679	601766	中国南车	卖出	3.240	300000	3.240	300000	972000.00	2008-08-27	09.34.35
2008-08-28	11:22:15	14524745	510050	50ETF	卖出	2.013	215910	2.013	215910	434626.83	2008-08-28	11.22.25
2008-08-28	14:00:40	14525062	580024	宝钢CWB1	买入	1.208	1000000	1.208	592227	715410.22	2008-08-28	14.00.46
2008-08-28	14:01:13	14525064	580024	宝钢CWB1	买入	1.211	1000000	1.211	109340	132410.74	2008-08-28	14.01.18
2008-08-28	14:03:54	14525085	580024	宝钢CWB1	卖出	1.218	701567	1.218	701567	854508.61	2008-08-28	14.04.00
2008-08-28	14:15:16	14525137	580024	宝钢CWB1	买入	1.211	1000000	1.211	586850	710675.35	2008-08-28	14.15.38
2008-08-28	14:18:29	14525149	580024	宝钢CWB1	卖出	1.219	586850	1.219	586850	715370.15	2008-08-28	14.18.33

图1.25　李旭东成交记录截图（2008年8月）

2008年9月上证指数下跌103点，上涨5天。图1.26为李旭东在此期间的成交记录截图。

起始日期: 2008- 8- 1 ▼　终止日期: 2008- 9-30 ▼

委托日期	委托时间	委托编号	证券代码	证券名称	买卖标志	委托价格	委托数量	成交价格	成交数量	成交金额	成交日期	成交时间
2008-09-09	14:55:43	14535868	601872	招商轮船	买入	4.720	100000	4.720	94500	446040.00	2008-09-09	14.55.42
2008-09-09	14:58:51	14535886	601872	招商轮船	买入	4.730	1000000	4.730	31200	147576.00	2008-09-09	14.58.57
2008-09-09	14:59:50	14535895	580024	宝钢CWB1	买入	1.157	1000000	1.157	1000000	1157000.00	2008-09-09	14.59.49
2008-09-09	09:51:40	14534907	600832	东方明珠	买入	6.840	100000	6.840	44637	305317.08	2008-09-09	09.55.28
2008-09-10	10:47:01	14536349	580013	武钢CWB1	买入	2.285	1000000	2.285	833100	1903633.50	2008-09-10	10.47.06
2008-09-10	10:49:28	14536359	580013	武钢CWB1	卖出	2.313	833100	2.313	833100	1927024.90	2008-09-10	10.49.06
2008-09-10	10:54:27	14536406	601872	招商轮船	卖出	4.850	81200	4.853	27700	134427.00	2008-09-10	10.54.38
2008-09-10	09:37:55	14536017	580024	宝钢CWB1	卖出	1.153	1000000	1.153	1000000	1153000.00	2008-09-10	09.37.55
2008-09-10	14:34:25	14537062	601872	招商轮船	卖出	4.770	103500	4.770	99795	476042.05	2008-09-10	14.34.25
2008-09-10	14:46:16	14537122	580013	武钢CWB1	买入	2.258	500000	2.258	500000	1128942.10	2008-09-10	14.46.16
2008-09-10	14:50:18	14537156	580013	武钢CWB1	卖出	2.265	500000	2.265	245100	555151.50	2008-09-10	14.50.28
2008-09-10	14:52:26	14537175	580013	武钢CWB1	卖出	2.267	254900	2.267	254900	577858.30	2008-09-10	14.52.46
2008-09-10	14:56:52	14537215	580013	武钢CWB1	买入	2.260	500000	2.260	500000	1130000.00	2008-09-10	14.57.02
2008-09-10	14:58:25	14537229	580013	武钢CWB1	买入	2.260	1000000	2.260	127300	287698.00	2008-09-10	14.58.36
2008-09-10	09:55:21	14536108	600832	东方明珠	卖出	6.880	44637	6.880	44637	307102.56	2008-09-10	09.55.31

图1.26　李旭东成交记录截图（2008年9月）

2008年10月上证指数下跌564点，上涨7天。图1.27为李旭东在此期间的成交记录截图。

起始日期：2008-10- 1 ▼　终止日期：2008-11-30 ▼

委托日期	委托时间	委托编号	证券代码	证券名称	买卖标志	委托价格	委托数量	成交价格	成交数量	成交金额	成交日期	成交时间
2008-10-23	13:51:09	14508017	580019	石化CWB1	卖出	1.504	1000000	1.504	1000000	1504000.00	2008-10-23	13.52.34
2008-10-23	13:57:11	14508050	580024	宝钢CWB1	买入	1.278	1000000	1.278	157400	201157.20	2008-10-23	13.59.03
2008-10-23	14:00:37	14508063	580024	宝钢CWB1	卖出	1.283	157400	1.283	157400	201944.20	2008-10-23	14.00.46
2008-10-23	14:28:27	14508261	580026	江铜CWB1	买入	1.400	1000000	1.400	1000000	1400000.00	2008-10-23	14.28.28
2008-10-23	14:28:27	14508262	580026	江铜CWB1	买入	1.400	1000000	1.400	1000000	1400000.00	2008-10-23	14.28.28
2008-10-23	14:29:40	14508272	580026	江铜CWB1	买入	1.403	1000000	1.403	1000000	1403000.00	2008-10-23	14.29.44
2008-10-23	14:29:40	14508273	580026	江铜CWB1	买入	1.403	1000000	1.403	591650	830084.95	2008-10-23	14.29.56
2008-10-23	14:30:00	14508279	580026	江铜CWB1	买入	1.404	1000000	1.404	1000000	1404000.00	2008-10-23	14.30.10
2008-10-23	14:30:00	14508280	580026	江铜CWB1	买入	1.404	1000000	1.404	1000000	1403999.99	2008-10-23	14.30.11
2008-10-23	14:30:00	14508281	580026	江铜CWB1	买入	1.404	1000000	1.404	412394	579001.18	2008-10-23	14.30.36
2008-10-23	14:50:46	14508427	580026	江铜CWB1	卖出	1.413	1000000	1.413	1000000	1413000.00	2008-10-23	14.50.46
2008-10-23	14:50:46	14508428	580026	江铜CWB1	卖出	1.413	1000000	1.413	1000000	1413000.00	2008-10-23	14.50.48
2008-10-23	14:59:52	14508533	580026	江铜CWB1	卖出	1.416	1000000	1.416	1000000	1416000.00	2008-10-23	14.59.54
2008-10-24	10:18:58	14509028	580026	江铜CWB1	卖出	1.414	1000000	1.414	1000000	1414000.00	2008-10-24	10.19.01
2008-10-24	10:18:58	14509029	580026	江铜CWB1	卖出	1.414	1000000	1.414	1000000	1414000.00	2008-10-24	10.19.10
2008-10-24	10:19:10	14509031	580026	江铜CWB1	卖出	1.415	1000000	1.415	1000000	1415000.00	2008-10-24	10.19.15
2008-10-24	10:19:10	14509032	580026	江铜CWB1	卖出	1.415	4044	1.415	4044	5722.26	2008-10-24	10.19.23
2008-10-28	10:43:24	14512103	580019	石化CWB1	买入	1.420	1000000	1.420	1000000	1420000.00	2008-10-28	10.43.58
2008-10-28	10:43:24	14512104	580019	石化CWB1	买入	1.420	1000000	1.420	1000000	1420000.00	2008-10-28	10.43.58
2008-10-28	10:43:24	14512105	580019	石化CWB1	买入	1.420	1000000	1.420	1000000	1420000.00	2008-10-28	10.43.59

图1.27　李旭东成交记录截图（2008年10月）

2008年11月上证指数反弹142点，上涨12天。图1.28为李旭东在此期间的成交记录截图。

起始日期：2008-10- 1 ▼　终止日期：2008-11-30 ▼

委托日期	委托时间	委托编号	证券代码	证券名称	买卖标志	委托价格	委托数量	成交价格	成交数量	成交金额	成交日期	成交时间
2008-11-12	14:37:37	14534365	601186	中国铁建	买入	9.090	300000	9.090	180854	1643962.86	2008-11-12	14.37.44
2008-11-12	14:38:30	14534375	601186	中国铁建	买入	9.100	500000	9.100	366282	3333166.20	2008-11-12	14.38.37
2008-11-12	14:42:13	14534429	600115	东方航空	买入	3.100	529200	3.100	111000	344100.00	2008-11-12	14.42.21
2008-11-12	14:42:14	14534430	600029	南方航空	买入	2.980	550500	2.980	465380	1386832.40	2008-11-12	14.42.21
2008-11-12	14:42:14	14534426	601111	中国国航	买入	3.760	498700	3.760	117849	443112.24	2008-11-12	14.42.22
2008-11-12	14:42:14	14534433	601872	招商轮船	买入	3.980	412200	3.980	62458	248582.84	2008-11-12	14.42.22
2008-11-12	14:42:15	14534432	600104	上海汽车	买入	5.370	305500	5.370	13220	70991.40	2008-11-12	14.42.43
2008-11-12	14:42:15	14534434	601866	中海集运	买入	2.660	616800	2.660	463140	1231893.63	2008-11-12	14.42.43
2008-11-12	09:29:15	14532370	580024	宝钢CWB1	买入	1.424	1000000	1.424	1000000	1424000.00	2008-11-12	09.30.03
2008-11-12	09:44:23	14532605	580024	宝钢CWB1	买入	1.426	1000000	1.426	292000	416392.00	2008-11-12	09.44.34
2008-11-12	14:56:28	14534659	580026	江铜CWB1	买入	1.475	1000000	1.475	1000000	1475000.01	2008-11-12	14.58.36
2008-11-12	14:56:28	14534660	580026	江铜CWB1	买入	1.475	1000000	1.475	1000000	1475000.00	2008-11-12	14.58.56
2008-11-12	14:56:28	14534661	580026	江铜CWB1	买入	1.475	1000000	1.475	1000000	1475000.01	2008-11-12	14.59.21
2008-11-12	09:29:15	14532374	580024	宝钢CWB1	买入	1.424	1000000	1.424	1000000	1424000.00	2008-11-13	09.30.29
2008-11-13	10:01:20	14535265	580026	江铜CWB1	卖出	1.458	1000000	1.458	1000000	1458000.00	2008-11-13	10.01.29
2008-11-13	10:01:20	14535266	580026	江铜CWB1	卖出	1.458	1000000	1.458	1000000	1458000.00	2008-11-13	10.01.34
2008-11-13	10:01:20	14535267	580026	江铜CWB1	卖出	1.458	1000000	1.458	1000000	1458000.00	2008-11-13	10.01.47
2008-11-13	10:01:41	14535271	601186	中国铁建	卖出	9.230	581236	9.230	581236	5364824.28	2008-11-13	10.01.50

图1.28　李旭东成交记录截图（2008年11月）

2008年12月上证指数微跌20点，当月最大振幅266点，上涨9天。图1.29为李旭东在此期间的成交记录截图。

从统计的数据看，大盘从2008年3月4日的4454点到12月31日的1820点，上证指数下跌2634点，但市场仍有80天的上涨。对于重仓或套牢的筹码，会与这80次机会擦肩而过。李旭东的仓位一直在空仓与轻仓之间转换，

委托日期	委托时间	委托编号	证券代码	证券名称	买卖标志	委托价格	委托数量	成交价格	成交数量	成交金额	成交日期	成交时间
2008-12-19	09:25:19	14533278	601872	招商轮船	卖出	4.420	532667	4.420	278000	1228760.00	2008-12-19	09.30.07
2008-12-22	13:00:16	W9427194	000157	中联重科	卖出	13.890	18400	13.890	18400	255576.00	2008-12-22	13.00.05
2008-12-22	13:36:24	W9427352	000528	柳　工	卖出	11.060	25210	11.061	25210	278858.60	2008-12-22	13.36.20
2008-12-22	13:36:24	W9427350	000338	潍柴动力	卖出	20.680	64871	20.680	13600	281248.00	2008-12-22	13.36.28
2008-12-22	13:36:25	W9427353	000680	山推股份	卖出	9.150	175800	9.150	175800	1608570.00	2008-12-22	13.36.58
2008-12-22	13:36:24	W9427351	000425	徐工科技	卖出	16.850	8900	16.850	2000	33700.00	2008-12-22	13.38.23
2008-12-22	13:43:51	W9427398	000338	潍柴动力	卖出	20.590	51271	20.590	51271	1055669.89	2008-12-22	13.44.18
2008-12-22	13:43:51	W9427399	000425	徐工科技	卖出	16.780	6900	16.780	6900	115782.00	2008-12-22	14.01.04
2008-12-22	10:10:38	14536218	600320	振华港机	卖出	8.650	189600	8.650	160404	1387531.64	2008-12-22	10.12.09
2008-12-22	13:01:39	14536969	600031	三一重工	卖出	16.460	97900	16.460	1300	21398.00	2008-12-22	13.01.37
2008-12-22	13:36:25	14537201	580013	武钢CWB1	卖出	2.598	100	2.598	100	259.80	2008-12-22	13.36.15
2008-12-22	13:36:25	14537203	600169	太原重工	卖出	15.620	12600	15.621	12600	196830.00	2008-12-22	13.36.16
2008-12-22	13:36:26	14537207	600815	厦工股份	卖出	5.260	19330	5.260	19330	101675.80	2008-12-22	13.36.17
2008-12-22	13:36:25	14537202	600031	三一重工	卖出	16.450	96600	16.450	23589	388039.05	2008-12-22	13.36.17
2008-12-22	13:36:25	14537204	600320	振华港机	卖出	8.580	29196	8.580	29196	250501.68	2008-12-22	13.36.20
2008-12-22	13:36:26	14537206	600761	安徽合力	卖出	8.070	53400	8.070	19057	153789.99	2008-12-22	13.36.36
2008-12-22	13:36:25	14537205	600710	常林股份	卖出	3.970	208796	3.970	121200	481164.00	2008-12-22	13.37.01
2008-12-22	13:43:51	14537254	600710	常林股份	卖出	3.960	87596	3.960	87596	346880.16	2008-12-22	13.43.55
2008-12-22	13:44:15	14537262	600031	三一重工	卖出	16.400	73011	16.401	22750	373131.50	2008-12-22	13.44.06
2008-12-22	13:43:51	14537257	600761	安徽合力	卖出	8.030	34343	8.030	34343	275774.29	2008-12-22	13.44.12
2008-12-22	14:01:25	14537393	600031	三一重工	卖出	16.390	50261	16.390	50261	823777.79	2008-12-22	14.01.16

图1.29　李旭东成交记录截图（2008年12月）

无数次下跌风险被规避，即使买进的品种第二天遇到大盘调整也是在早盘快速平仓，把风险降到最低。这80次机会一次次被李旭东充分利用，复利的巨大效应在大盘下跌、震荡、反弹中被充分体现。特别是在震荡调整期间，利用大盘日间内的波段及权证T+0的良机，使资金得以充分利用。而其个股操作基本采取了速战速决的策略。

其实，通过研读李旭东的交易单，就可以看到他猎豹出击的迅捷身影。这里，我们仅拿他2008年3月5日至6日这两天的操作做个粗略解读：

2008年3月5日，李旭东共操作交易了三次：

以13.603元买入长江通信（600345）128456股，成交时间是14：54：06。

以13.780元买入长江通信1500股，成交时间是14：59：37。

以8.400元买入东方通信（600776）300000股，成交时间是14：55：39。

2008年3月6日，李旭东在上午一开盘时，进行了如下操作：

分别以8.481元、8.640元、8.631元的价格全部卖出东方通信，成交时间分别是09：30：57、10：18：46、10：21：45。

分别以14.190元、14.180元、14.246元、13.920元的价格卖出长江通信。

结合大盘当时走势，细读这些盘中交易，你会发现几个特点：

特点1：当时大盘在4300点一线震荡，3月5日这天微跌0.99%。

特点2：2008年3月5日，当天大盘探底后，尾盘拉高，买入股票。

特点3：2008年3月6日，大盘反弹，当日涨幅为1.59%。趁上午大盘冲高，卖出股票，获利了结。

图1.30～图1.32为在此期间上证指数走势图与分时走势图。

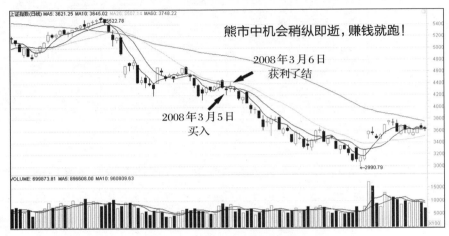

图1.30　上证指数走势图3

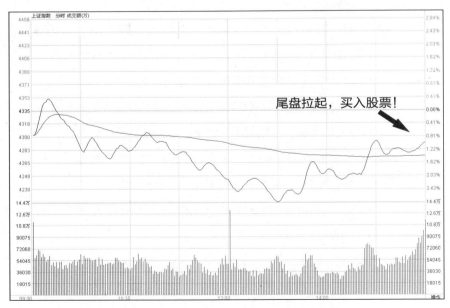

图1.31　上证指数分时走势图1

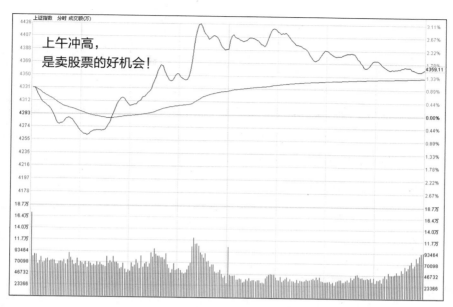

图1.32　上证指数分时走势图2

如果进一步探究，你便会发现李旭东短线操盘的获利"玄机"：

> 看大盘做个股。这是李旭东在接受采访时，反复强调的一个要诀。
>
> 赚一点就跑。从上述交易中可看出，他每股只赚两三毛钱就走人。
>
> 在下午两点以后和收盘前买入。开盘就买，有时大盘一天走势不明朗，买入股票风险很大；而尾盘买股，风险小，即使没买好，第二天卖出，损失也很小。

辉煌的"金字塔"

从2008年3月4日至2011年6月30日，3年零3个月，大盘几经起落，而他操作的基金却一直稳步上涨着，从1元涨到5.238元，一座耀眼的"金字塔"耸立在中原大地上。

稳步增长，3年5倍

李旭东操刀的基金自打在熊市中诞生后，就一直创造着奇迹。2008年10月28日，大盘见底。之后，走出了一波反弹行情。随着这波反弹的上涨行情，李旭东的金字塔基金到2009年2月12日，净值达到2.072元，实现翻番。

接着，大盘于2009年8月4日创出3478.01点的高点后，开始下跌。之后，进入了漫长的震荡调整，一直没有大的起色。

然而，无论大盘涨跌，李旭东操作的基金净值一直在稳步增长。2009年年底，在大盘震荡调整中，金字塔基金净值从年初的2元猛增到3.866元，年增幅高达120.82%。

2010年上证指数依旧徘徊不前，没有任何作为，全年涨幅为-14.3%，而金字塔基金却远远跑赢了大盘，净值达到了4.913元，年增幅为27.1%。

2011年1月至6月30日，上证指数自1月4日的2852.65点至6月30日的2762.08点（均为收盘价），涨幅为-3.2%；而同期，金字塔基金的净值从4.913元变为5.238元，涨幅为6.6%，远超大盘涨幅。

从2008年3月金字塔基金成立之日起，到2011年6月30日，其净值的变化走势与上证指数涨跌的一组数字对照如图1.33，表1.1。

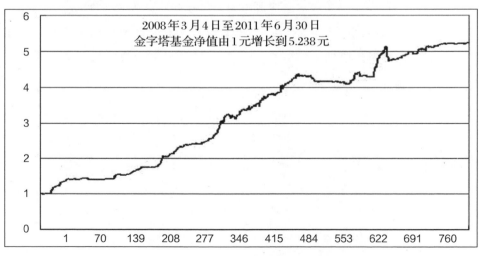

图1.33　金字塔基金净值变化走势图

表1.1　金字塔基金与上证指数年度数据对照表（2008年3月～2010年12月）

年　　份	到年底基金净值	日均仓位	基金年增幅	同期上证涨幅
2008 年（3 月始）	1.748	13.79%	74.80%	−58.30%
2009 年	3.866	35.96%	120.82%	79.98%
2010 年	4.913	26.83%	27.08%	−14.30%

接着，让我们再看一下自2009年1月至2011年6月，金字塔基金与大盘的一组逐月对照的统计数字：（表1.2～表1.4）

表1.2　金字塔基金与大盘月度数据对照表（2009年）

月　　份	1月	2月	3月	4月	5月	6月	7月	8月	9月	10月	11月	12月
大盘上涨数（点）	178	96.7	304	109.9	162.9	343	475	−782	117	227	207.6	85.97
大盘涨幅（%）	9.32	4.63	13.91	4.41	6.27	12.41	15.3	−21.84	4.19	7.79	6.6	2.57
基金净值（元）	1.78	2.07	2.325	2.395	2.401	2.570	3.095	3.130	3.357	3.458	3.720	3.885

表1.3　金字塔基金与大盘月度数据对照表（2010年）

月　　份	1月	2月	3月	4月	5月	6月	7月	8月	9月	10月	11月	12月
大盘上涨数（点）	−302	65.3	59.9	−250.6	−290.9	−204.2	250.2	0.24	17.42	338.7	−167.4	−13.08
大盘涨幅（%）	−8.81	2.08	1.87	−7.69	−9.67	−7.51	9.95	0.01	0.63	12.18	−5.37	−0.44
基金净值（元）	4.41	4.298	4.282	4.15	4.15	4.136	4.198	4.328	4.305	4.933	4.758	4.913

表1.4　金字塔基金与大盘月度数据对照表（2011年上半年）

月　　份	1月	2月	3月	4月	5月	6月
大盘上涨数（点）	−18.42	119.9	24.15	−16.73	−176	20.47
大盘涨幅（%）	−0.63	4.11	0.79	−0.55	−5.78	0.71
基金净值（元）	4.932	5.05	5.14	5.216	5.207	5.238

从金字塔基金成立3年多的净值曲线图与大盘走势对照的数据，读者会发现，无论大盘的涨或跌，李旭东带领他的团队操作的金字塔基金净值都一直呈现出一条逐渐走高的曲线，没有出现大的、向下的波动，且年年都远远跑赢了大盘。

注重稳健，追求复利

仅仅3年零3个月，金字塔基金何以能实现增长收益5倍多？采访中，又一个疑团在我脑际闪现着：如果说在2008年之前，权证的操作对李旭东的市值贡献很大，那么，2009年以后的两年多里，尤其是大盘处在震荡行情中，投资者包括许多基金都大呼行情难做之时，他操作的金字塔基金已转向了以操作股票为主，又何以能继续谱写辉煌呢？

当我在采访中问及此问题时，李旭东回答："注重稳健，追求复利，是我这几年保持高收益的关键。现在资金规模比以前大了，我们的投资策略也在变，相比高业绩，现在我更看重的是稳健，不让业绩出现大的滑坡，以保证基金净值稳健增长。"

"近几年，你在投资策略和操作方法上有哪些变化？"

"根据不同的市场环境，定出不同的投资策略，可以说是金字塔基金成立以来取得较好成绩的主要原因。纵观沪深股市近几年的变化，2007年、2008年、2009年的股市，主流资金完成了8、6、4的转换，已经形成了一个新的市场。2009年～2011年开始了新的一轮股市行情。2007年是中国沪深股市疯狂的一年，中国的新增股民、基民增加了一半（有效的），资金也增加了一半以上。然而，新的主流资金并没有在2007年捞到好处。在2007年赚钱的，是2005年以前进入股市的。2007年进来的各类基金和主力，在2008年都损失惨重。然而，主流资金是不会看着自己的资金损失的，这就上演了2008年、2009年的股市大戏——'8、6、4自救大戏'。'8、6、4自救'是指主力套在'8'的位置，由于来不及出货，就把大部分的筹码出在'6'的位置，之后就开始故意打压到'4'的位置，在'4'的位置进货，然后拉升到

'6'，此时主力已经获利了结。整个过程主力盈利20%以上。从2009年公布的基金盈利数据看，其间的模式就是：'4'～'6'盈利的近50%的空间分摊了'8'～'6'主动打压形成的25%的亏损。

"由于2008年整体呈现单边调整之势，在调整过程之中没有一次像样的反弹。市场在2008年底企稳后必然展开技术性反弹，这种反弹会在2009年展开，按技术分析及自由落体的弹性原理，从6124点到1664点中有4400多点空间，其反弹的空间位置应在3368点、3894点和4420点。按最小的反弹空间到3368点附近也有2700多点的空间。而在这期间，很多个股已经跌得面目全非，更有被错杀的个股。

"在做出2009年市场大跌之后展开技术性反弹及主力自救策略的判断后，我把操作重点转移到个股上，采取中短结合的方法，进行波段操作，部分资金仍然以短线形成滚动操作。其间，中小板已经走出牛市上涨格局，由于资金量的约束及账户的监管限制，我们更多的是在主板上寻找机会。经过2009年的反弹之后，我认为2010年开始的沪深股市必然会经历更多的磨难，并延续2009年的主力自救行情后展开新的调整。基于这种分析，2010年上半年，我在策略上重新采取2008年速战速决的战法。进入2010年下半年，随着市场的回暖，我重新调整策略，实行了'波段+短线滚动'的操作模式。"

从这些年李旭东带领金字塔基金走过的稳健获利的历程看，可以得出这样的结论：在不同时期采取不同的策略是制胜的关键；结合大盘环境操作个股、严格执行纪律是制胜的法宝；资金的合理调配使用是实现利润最大化的基石。

神奇密码

从3万元到9万元，从10万元到1000万元，再从1元到5.22元，6年间，牛熊转换，风雨无常，他为何能连创佳绩，奇迹不断，其秘诀在哪儿？十二

一定要看大盘的"脸色"

一天夜里，我和李旭东散步。我问他："旭东，这些年，你一路走来，取得这么好的战绩，我想问你，要用一句话来说，有什么秘诀呢？"

"有啥秘诀？真没啥。"李旭东笑答，"要说没有吧，人家可能不信。没啥秘诀，咋能年年翻番？其实，要说，有一点很重要，就是做股票一定要看大盘的'脸色'，也就是说跟随大盘的涨跌买卖股票。大盘好了，就做；不好，就空。就这么简单。"

控制风险永远排在第一位

著名的嵩山少林寺内一座明代碑碑文上，有这样一句话："百家一理，万法一门。"做股票，控制风险是所有高手成功的一个共同点。在控制风险上，李旭东同样具有非常高的素质和坚定的执行力。多年来，他一直把防范风险放在第一位。他在郑州和上海公司所操作的电脑上，都贴有"控制风险"的字样。连他的同事见了都有点惊异："真想不到，李老师这么老练的顶尖高手了，还这么警惕，这样要求自己。"

对此，李旭东如是说："一个炒手的好与孬，不在别的，而在于他控制风险的能力如何。好的炒手，风险控制能力一定很强。在这个市场上，我从来没想过要挣多少钱，而是时刻警惕风险，不要赔钱。"

关于风险控制，李旭东有这样几句"名言"：

◆在资本市场投资中，始终是风险和收益并存的。就像孪生兄弟，它们同时站在你两边。你远离了风险，就接近了收益；你靠近了风险，就远离了收益。

◆风险很大，看不懂时我就不做。我不能把挣的钱亏出去。

◆宁愿错过十次机会，也不会进行一次没把握的交易。

◆确保每次交易都在自己的掌握之中，不在自己的能力和预见范围之外冒险交易，这才是股市中规避风险和获得收益的关键。

◆作为专业的投资者，如果在熊市的时候不能有效规避风险，在牛市到来时就会失去机会。

◆退却，是为了更好地进攻；活着，是一切的基础。

在实战中，为防范风险，李旭东长年坚持两点：

◆一是买股票的时间，大部分选择在下午两点以后，这在他提供的大量交易单中显而易见。

◆二是严格控制仓位。

《大河报》对李旭东从10万元到1000万元的308个交易日的仓位做过一个统计：

李旭东在开赛的前期是满仓进出。要么空仓，要么满仓，几乎没有半仓的。中后期，半仓、轻仓的次数逐渐增多。说明大盘越涨，市值越大，可能出现的风险就越大。在308个交易日中，李旭东空仓次数为98天，占总天数的31.8%；50%以下的轻仓44天，占14.3%；超过50%小于满仓的38天，占12.3%；满仓128次，占41.6%。

在此期间，李旭东交易比较活跃，常常一天操作几个来回。但是仍然以空仓来减少风险。他常说："经常保持空仓，保持资金的流动性，这是盈利的基本条件，也是控制风险的最佳方法。"

《大河报》还对李旭东操作的金字塔基金自2008年3月至2010年年初的456天的仓位有一个统计数据。这些数据显示，仓位小于10%的天数为35.5%，小于20%的天数为53.3%，小于30%的天数为66.2%，小于40%的天数为77.6%，小于50%的天数为83.5%；仓位超过一半的天数仅占16.5%。其中100%满仓仅4天，占0.9%。（表1.5）

表1.5　李旭东操作金字塔基金的仓位

仓位区间	天数（天）	所占比例（%）
0	53	11.6
1%～10%	109	23.9
11%～20%	81	17.8
21%～30%	59	12.9
31%～40%	52	11.4
41%～50%	27	5.9
51%～60%	19	4.2
61%～70%	21	4.6
71%～80%	10	2.2
81%～90%	12	2.6
91%～100%	13	2.9

由此，足可以看出李旭东对资金管理的绝佳表现。这可谓他创造奇迹的一个"秘诀"。

2011年至2014年，李旭东应广大投资者的要求，先后在郑州、上海、北京等地举行投资报告会。他几乎每次都会把控制风险放在第一要点来讲。记得2011年8月，在北京国际会议中心举办的有全国众多民间高手参加的一次隆重的报告会上，李旭东作为第一个上台发言的嘉宾，面对会场千余名渴望聆听他透露从3万元到数亿元的"绝招"的投资者，没想到，他开宗明义仍然是重点讲述在股市中如何防范风险。

他说："在十多年的投资生涯中，我一直忘不了'股神'巴菲特的教诲：在他的投资名言中，最著名的无疑是：'成功的秘诀有三条：第一，尽量控制风险，保住本金；第二，仍然是控制风险，保住本金；第三，坚决牢记第一、第二条。'在多年的股市征战中，我真切地感悟到牢记和控制风险是最重要的。我的操作理念是：安全第一，盈利第二。不赚钱可以，但绝不能赔钱。"

那么如何控制风险呢？他解释说，具体有四点：

要学会空仓。很多股民不会空仓，整天持有股票。这是不正常的。当遭遇股指大跌时，若手中仍有仓位那将面临较大的风险。在下跌过程中，空仓是唯一能保住本金的方法。在做股票时，李旭东空仓的时间占大部分，发现机会，果断介入，获利退出，仍旧保持空仓。

要控制好仓位。根据行情处在不同阶段，要有不同的操盘方法。很多投资者在资金量有限的情况下，却买了很多股票，这其实是很不恰当的。一般来说，100万元以下买一到两只就可以了，1000万元以内也不要超过4只。

从心理上控制风险。买卖股票，切忌冲动。若因为当天股指大涨就冲动买入，第二天大盘却很有可能是大跌的开始。越是行情不稳定，越是要保持稳定的心态，不能过于急躁。切记：暴跌是大赚的开始，大涨是赔钱的开始。

从操作上控制风险。在市场中的保守和谨慎应是投资人一贯的作风，不要让风险来改变你的投资策略，而应该用你的投资策略来有效地控制风险。操作上一定要有计划性，遇到什么情况，该做什么决定必须要做什么决定。波段操作、中线操作、短线操作都要制订好计划。

报告会当晚，我与李旭东在宾馆同居一室。聊天儿中，我对他说："旭东，我听有的投资者反映，听了你报告会上的发言，好像还不太过瘾，他们总想让你透露一些制胜的'绝活'，你却讲了不少防风险的话题，是不是有所保留？"

"白老师，我们在一起那么多天，你是了解我的。我不保留，我说话做事，都是一滴水，一个泡，实实在在，绝不诳人。你想，在投资中，风险和获利一直是绑在一起的，如果你真的学会了控制风险，剩下的不就是盈利了吗？"李旭东坦诚地回答。

我听着李旭东中肯的话语，再想想他在熊市中坚持"只赚一点点，积小胜为大胜"和严格控制仓位以及大部分选择两点以后买股票的做法，不正是看似"平常""简单"，实则是真正的"绝活"吗？以我看，它的至关重要性，绝不亚于某些纯技术上的"一招半式"！

锁定利润，挖到篮子里的才是"菜"

采访期间的一个傍晚，我在河畔散步，与郑州的一个老股民相识。当他得知我来郑州采访李旭东时，伸出大拇指说："李旭东那是俺中原地区真正的高手，俺们在报上天天看着他的操作，真是厉害。"

"怎么个高法？"我随口问。

"他的理念比俺好。"那位老股民说。

"你咋样？"

"不中，不中，"讲起炒股，他连连摆手，"炒股票，谁都赚过钱。我在40块买过华兰生物，涨到70多块，一股都赚30多块钱了还没舍得走，后来它除权又涨到赚59块，我还不走。开始，账户上还赚几十万块，现在倒亏四五万块了，还在里面泡着。不像李旭东，人家是赚一个是一个，用老百姓的话说，就像在地里头挖野菜一样，挖到篮子里的才是菜。李旭东是今儿个买，明儿个卖，挖一棵，是一棵。我这是没挖到菜，到头来反倒把篮子里的菜往外丢啦！"

我揣摩着这位老股民的一番话，发现他道出了一些投资者的通病——不能见好就收，一味地贪婪，使到手的利润最后丧失。

我给李旭东讲起这件事，他说："股民们在股市挣点钱不容易，而破财却很容易。过去我们的老祖宗，希望辛辛苦苦创造的财富别再跑了，就创造了只进不出的吉祥物——貔貅。我们做投资，也要像貔貅那样，一定要在控制风险的前提下，锁定利润，见好就收，及时获利了结，绝不能让煮熟的鸭子又飞了。"一个"锁"字，十分形象地道尽了他炒股制胜的奥秘。

快进快出，视短线为"钻石"

"快进快出"的超短线手法，是李旭东多年来制胜股市的一个重要法宝，也是他止损的利器。"快进快出"，重在一个"快"字，要干脆、果断，不拖泥带水，不优柔寡断，只看当下，不对后市抱有任何幻想。

对于股票，李旭东一般是头一天买入第二天卖出。对于权证，他一般是当天一次或多次交易，每次持有时间都很短，常常以分秒计，多数时候权证不过夜，以减少不确定性带来的风险。

谈及他多年屡试不爽的超短线手法，李旭东说："人们常说短线是银，我却视它为钻石。在我手中，一只股票很少能拿3天，权证几乎不过夜，但交易的成功率在90%左右。在多年的征战中，我深切地体会到，在风险极大的股票市场，真正值得投资的品种并不多，只有采取快进快出的投机手法，才能更好地保全自己，获取利润。"

追求高成功率，没有90%以上的把握不出手

较高的成功率，是李旭东取得惊世奇迹的又一个重要因素。一般情况下，李旭东认为有90%的胜算时才果断出手。据统计，几年来，他操作的总体成功率约为75%。李旭东认为，"胜算"重在一个"算"字，《孙子兵法·始计篇》有云："夫未战而庙算胜者，得算多也；未战而庙算不胜者，得算少也。多算胜，少算不胜，而况于无算乎？"李旭东在实战中始终坚持"谋算在前"，从不打无准备之仗。

他说，做什么事情都要有个计划，有个好的计划是成功的一半。购买一只股票前，要首先考虑风险，想想在某个点位是否安全，大盘环境、个股行业环境如何等。如果没有80%至90%的把握，就不会出手，一旦出手，就一定要"快、准、狠"。操作中要追求高成功率，如果看不准，看不懂，没有把握时坚决不可进场。具体而言，要做到以下几点：

◆每天分析当日大盘和判断第二天大盘的走势，跟随大盘去买卖股票。

◆判断大盘在强势中还是弱势中，两者买卖股票的方法不同。

◆结合大盘分析当日市场的热点及持续性，分析手中个股，做好第二天个股买卖的计划及出现不同情况时的应对策略。

◆每天关注成交量大和涨幅靠前的个股。这些股票在短期市场中比较活跃，标示着一段时间内大盘的热点和趋势。

◆记录每天操作的得失并做好经验总结，要养成每天写投资日记的习惯。

追求复利，每天只赚一点点

几年间李旭东虽创出了惊世奇迹，但纵观他的所有战绩，一次操作赚百分之四五十的却极少。采访中，我看到一张统计表，上面呈现着他交易获利的详细分类，他盈利的"密集区"集中在1%至3%之间。也就是说，他每次赚得并不多，他追求的是"每次只赚一点点"和复利的效应。在从10万元到1000万元的征途中，他的日均盈利为1.5%。

采访中，李旭东多次说过："要培养常赚比大赚重要的观念。积小胜为大胜，是我多年来形成的一个理念。不要小看只赚这一点点不起眼，可是复利的作用是巨大的。一年247个交易日，以10000元本金计算的话，如果你每天赚1%，一年后的资产是11.5万元。如果每天赚2%，那一年后资产就是130.5万元。如果每天赚3%，那一年后的资产就是1438万元。正如爱因斯坦所说的一句名言：'世界上最强大的力量不是核武器爆炸的威力，而是复利！'几乎所有的成功人士，都是这样积每天的小赚至最后的大赚的。"

超强的盘感

这是一条只可意会，不可言传的绝技。他的操盘助手这样评价他："他的脑子里有台计算机。盘中遇到情况，他会在脑子里闪电般地过一遍，左看右看，上看下看，综合判断后，最后迅速做出决断。战机稍纵即逝，是买是卖，往往在一念之间，没有超强的盘感、丰富的操盘经验和非常扎实的功底，是很难做到的。"

谈到他的成功，李旭东说，神枪手都是打出来的，实战中上千次上万次的磨砺，给了他丰富的应对经验和超强的盘感。

在大盘不同环境下如何把握机会

在不同时期采取不同的策略是制胜的关键。结合大盘环境，在操作中采取灵活的战略战术，也是李旭东多年制胜的法宝之一。

在牛市中的操作技巧。在牛市中要找那些成交量大，表现活跃，资金进入较多的板块去操作。牛市中要敢于追高，不要怕高，牛市中以持股为主，要拿得住股票。

在平衡市中的操作技巧。在平衡市中，上涨行情通常具有局部性，要以短线操作为主，适当控制仓位，坚决不追高。

在熊市中的操作技巧。在熊市中要轻仓和空仓操作，一定要有轻仓超短线的操作思维，否则宁可不做。不要轻易去抢反弹，熊市中每一次的上涨都是抛出良机。熊市中不要想着抄底，因为这就好比从八楼到二楼再到一楼，到地下室，地下室还有十八层地狱。

如何捕捉黑马。寻找黑马只能选择在牛市中操作。某一个板块会有一只个股是这个板块的领头羊，在牛市中领头羊涨幅是最大的。在牛市中的黑马基本上会贯穿牛市的始终。但在行情末期，领头羊可能会先于大盘见顶。在强势过程中，一般要买入这些率先涨停的个股，最好是开盘5分钟以内涨停的个股。要看涨幅榜前几名是什么概念的一些股票，要去深度挖掘相关概念、题材以及形态类似的个股和买10送10的股票。关注大盘跌它却不跌的股票。

做独行侠，坚持反市场操作

李旭东炒股从不听消息，不探"内幕"，坚持独立思考。他说，在股市中真理不一定站在多数人一边，众人皆看好，则行情未必继续好；众人皆看坏，行情未必就坏下去。高明的技术操作者必须做独行侠，须对行情保持独立的判断，注重反市场操作，不能跟随别人，不要有从众心理。大家都知道的利空，就不再是利空。同样，公开的利好并非利好，熊市中的利好往往都是出货的好机会。

股市里每天必须坚持学习

这是李旭东于2014年9月13日在河南报业集团举行的一次投资报告会上，重点谈及的一个内容，也是他入市十多年来锲而不舍、坚持学习最终走向成功的神奇密码之一。他说，随着股市的不断发展，股指期货、期权、融资融券、股票收益互换、股票质押回购等创新品种以及股市中的各种新概念不断地涌现，作为一个优秀的投资者，应具备以下素质：

善于学习。一个优秀的交易者应该具备很强的学习能力。做投资核心是要有看对未来的认知能力，看谁更具有前瞻性，也就是观察股市中的比较前沿的概念，比如柔性电路、智能穿戴、大数据概念、O2O、P2P、全息手机、特斯拉概念股等。这就要求你应当持续学习。所以李旭东认为，学习能力是投资人员基本素质里面很重要的一面。不仅仅是你读了多少书，学历背景怎么样，这只是一个方面。行动也很重要，要多看，多了解，把视野打开。投资大师巴菲特在投资生涯之初，每天要读六七百甚至一千页书或资料。他至今也将80%的时间花在读书上。他曾经表示："我的工作本质上只是多收集事实和信息，偶尔考虑会不会采取投资行动。"可见，学习是股市操盘中很重要的一个环节。

热爱交易。兴趣是最好的老师，一个人如果做他感兴趣的事，他的主动性将会得到充分的发挥。交易是个很枯燥的事，需要付出智慧与汗水。如果你热爱它，即使十分疲倦和辛劳，也总是兴致勃勃、心情愉快；即使困难再大也绝不灰心丧气，而是会去积极地想办法，反复总结交易中的经验教训，坚决克服自己的不足。这样，你才能从投资的低谷走向成功。

专注勤奋。如果你没有天才般的天赋，但你做事时比天才更专注，你的成就会远远超过天才。李旭东以他自己为例：他热爱操盘这份工作，虽然每天工作8到9小时，但是下班回家后还会再花几小时研究股票。此外，每天他还会收到许多股市的统计图表，他会花时间研究它们。他认为，如果一个人热爱自己的工作，成功的机会一定会比较大。求胜意识强烈的人，一定会寻求各种方法来满足其求胜的欲望，这也加大了成功的概率。

敢于行动、善于总结。市场永远是对的，错的永远是自己。市场中的上涨和下跌是由很多因素决定的，如果某一因素没有考虑到，就会做出错误决策，这是难以避免的，因为人无完人，但发现错误时要勇于改正而不是让错误继续。投资的过程，也是不断完善自己、不断修正错误的过程。投资者必须有良好的悟性和善于总结的习惯，要养成每天记笔记和交易策略的习惯。

淡定的心态

"平稳的心态，也是李旭东多年能取得好成绩的一个重要原因。"和他在一起炒股多年的小陈向我介绍道，"股市机会很多，行情好时，许多股涨得很厉害，有时旭东也丢失过一些机会，但他不后悔。"

在与李旭东接触的日子里，我感到他有一颗淡定的心。他平稳朴实，知足常乐。有次在餐桌上，他说："前几天买进的天齐锂业（002466）好几个涨停，已有40%的收益了，要不是封了'一字板'，早卖了，明天真该走了。"他说这是他2008年破例拿的时间最长的一只股。

赚了大钱，他并没有一点欣喜若狂的表情。亏了钱，他也很平静。我曾问过他，刚参赛时他连亏几天心里紧张不。他说，一点也不紧张，就像平时做股票一样，不断总结盘中经验教训，该进就进，该出就出，只有心态放平稳了，才会不惧不怕。当然，一个投资者要想真正做一个成功者，有一个不断克服自己弱点的痛苦过程。这些年，他深刻地体悟到，最难的是挑战自己，战胜自我。

学会面对失败

操作失败，是投资者的常见病，但可贵的是能从中吸取教训，"不在同一个地方摔倒两次"。李旭东说他也赔钱，最惨的一次是2006年3月31日，那天他以0.608元的价格买入包钢权证。过完周末，星期一上午一开盘，包钢权证在瞬间大幅跳水，他以0.471元卖出，资产缩水超过25%。这次失误让他至今仍刻骨铭心。面对失败，他没有倒下和放弃，而是总结教训，最后成了一名好猎手。

他说，顺势而为，懂得及时止损，不要和大盘较劲儿。交易失败了，股票或是大盘没有按照此前的预期走，这时候必须果断斩仓，及时止损，然后寻找下一个投资机会。

操作中，他从不设机械的止损点，只要心理预期与走势不符，他就立即"闪"。

除了以上"十二大神奇密码"，在采访期间，李旭东不止一次对我说：股市虽然充满着无穷的诱惑，但同时也存在着巨大的风险，市场竞争相当残酷，不是所有人都适合做股票。那些不专业、不专心，没有专业知识、没有掌握一定操作技术的人，最好不要介入。不要只看到别人赚了钱，自己也想实现轻松赚大钱的梦想。其实，这些人不明白，在高手赚钱的背后，有太多的付出。

临别之际，李旭东在送我去机场的路上再次对我说："我想最后给读者提一点忠告：股市风雨无常，赚钱很不容易。投资者只有刻苦学习，掌握博弈硬功，才能有所收获。那些既没有正确的投资理念和技术，又没有控制风险能力的人，最好远离股票市场。"

尾声：让传奇继续写下去

　　眨眼，在中原故土已待了一个月了。回想在这里采访李旭东的每一天，我无时不被他在博弈市场上不断奋进和执着的进取精神感动着。在这些日子里，我目睹他那么敬业，那么废寝忘食地工作，每天不光专注实盘操作，还要花大量时间研究国内外的政策、经济，以及外盘、黄金、外汇、期货等走势和信息，以便准确地决策和把握未来。为此，他每天很少能睡个囫囵觉，我们的访谈常常在子夜之后才能进行……

　　飞机冲上了蓝天。当我怀着依依不舍的心情再度回望中原大地，但见嵩山少林巍巍，黄河滚滚东流。此刻，李旭东那朴实的话语又在耳畔响起："过去的成绩，只是一串数字而已，我只想做好未来！"

　　是的，这位中原股林骄子的目光一直盯着前方，永不满足。他在创建了资产管理有限公司后，又创办了一家股权投资公司，把投资的视野进一步拓宽。另外，他还打算今后要发行几期阳光私募，以满足更多投资者的愿望。

　　天道酬勤。我相信，在母亲河培育的这片热土上，李旭东和他的团队在博弈的征途上会稳健地走得更远，必将创造出更多惊人的奇迹，谱写出更加精彩的传奇！

黄志伟：

> 积累财富就像滚雪球，
> 只做加法不做减法。

2003年，他怀揣1.8万元踏入股市。7年间，他自谦为"股市农民"，在中国证券这块土壤上默默地辛勤耕耘，用"滚雪球"的方法，将自己的资金"滚"到了500万元。本文揭示的，正是他多年来如何将雪球滚大的秘密……

投资简历

个人信息

黄志伟，别名：股市农民。男，1977 年 5 月 12 日生，湖北武汉人，本科学历。

入市时间

2003 年 10 月。

投资风格

控制风险为第一，用投资的眼光去投机。

投资感悟

专心、专注、专业，一辈子只做好投资这一件事！

第 2 章
△

"股市农民"滚雪球

——记黄志伟从1.8万元"滚"到500万元的传奇故事

2011年2月11日。这是我到达江城采访的第一天。

上午，天还好好的。没想到，午后，纷纷扬扬的鹅毛大雪突然从天而降。不一会儿工夫，美丽的江城就银装素裹，分外妖娆。

透过窗子，我看到外面有两个小孩正在风雪中掷着雪球嬉戏，还有几个孩童将滚动的雪球堆成一个"雪人"，并为它燃起节日的鞭炮。

巧的是，室内，伴着窗外那漫天飘舞的雪花，我正在聆听自谦为"股市农民"的年轻职业投资人黄志伟讲述他在股海中"滚雪球"的故事……

引子：风雪弥漫中，财富"滚雪球"

"哇，你真不简单，就靠区区的1.8万块在股市中'滚雪球'打拼到今天，7年增长了200倍，了不得啊！"在电脑旁，翻看着他打开的历史交易记录，体验着那一页页浸染着他艰辛与欢乐的交割单，我夸赞着面前的黄志伟。"可我不明白，有这么好的业绩，为什么还调侃自己是'股市农民'呢？"望着眼前这位时年34岁的职业投资人，我不无疑惑地问他。

"白老师，我这不是调侃。我之所以把自己称为'股市农民'，一是因为这些年太辛苦，在股市里赚每一分钱，都像农民种田耕耘一样辛苦；二是我的这点财富，和股票市场众多的大腕相比，那真还算是个穷人哪！"黄志伟坦诚地回答。

的确，他没有说错。

入市7年的风雪路，他一路走来，艰辛曲折。

当初，又有谁能想到，他仅以1.8万元的微小起始资金在充满险恶的股市征途上艰难前行，硬是靠着自己的智慧、毅力和辛劳的汗水，打拼到了500万元的市值。短短几年时间，他的资本增值率高达20000%！

更加神奇的是，这一切，竟然还发生在包含两轮"熊市"的2003年至2010年间：

2003年9月开户，初始资金1.8万元。

2004年7月，新增资金5万元。

2005年12月底，市值10万元。

2006年12月底，市值30万元。

2007年4月30日，市值70万元。

2007年5月30日，市值90万元。

2007年6月5日，满仓在5个跌停价附近抄底兰生股份（600826）；6月15日，市值120万元；12月底，市值130万元，取出约20万元买房。

2008年8月，半仓持有的大同煤业（601001）在资产注入后复牌，惨遭3个跌停板。市值由最高的160万元跌至130万元。后在1664点附近抄底，12月底，市值190万元。

2009年，操作新能源、有色、煤炭、银行、券商等股票，至12月底市值达380万元。

2010年12月中旬，市值500万元。

…………

在风雪弥漫的股市沙场上，黄志伟是怎么做到小钱致富的呢？他制胜的秘密又在哪里呢？

朋友，你一定和我一样，渴望知道。

那么好吧，让我带着你，一同走进他那段充满神秘色彩的传奇故事中吧。

你看，那片片飘落的雪花，正在絮絮地诉说着面前这位"股市农民"入市7年多来的风雪历程——

渴望财富

父亲背回了一年的辛苦钱。那只装满钱的蛇皮袋，一直在他眼前晃动。家境由富变穷，他对财富产生了一种不安全感。

1977年5月12日，黄志伟出生在武汉一个普通殷实的家庭。父亲在粮食部门工作，母亲在茶厂当厂长，都是科级干部。在同龄人中，他家境还算是比较优越的。

至今，黄志伟都清楚地记得，那年，父亲承包了粮食局下面的一个门市部，生意特别火，辛苦一年下来，挣了不少钱。

"有一天，我爸拿回的钱，装满了整整一蛇皮袋，得有十多万吧。在1989年，那可是个天文数字。"黄志伟说，"那会儿我爸不懂去投资，不久，随着父母单位不景气，家境每况愈下，由一个很富裕的家庭，衰败到我和妹妹上大学学费都紧张到要借钱的地步，这一方面使我特别渴望财富，另一方面让我对财富有一种不安全感：即使有很多钱，不去'滚雪球'，钱也会很快消失。"

打这以后多年，那个装满钱的蛇皮袋，就一直在黄志伟的眼前晃动着……对财富的渴望，在他心中强烈萌动着。

1996年，他以优异的成绩高中毕业，考入了湖北大学会计专业。他决意从学会计起步，手执金融这把"金钥匙"，去撬开人生的财富大门。

"人生的路很漫长，财富的积累也是一件很漫长、很艰难的事，要靠自己去努力，一点点用汗水去'苦'。就像巴菲特说的那样：人生就像滚雪球，最重要的是要找到很湿的雪和很长的坡。"黄志伟对我说。

也许是受家庭的影响，比起同龄的大学同学，黄志伟的商业意识更强些。上大学4年，他一边学习，还一边做起了生意。

那是他上大二的时候，一家企业来校招聘兼职销售员，同学们抹不开"面子"，都躲得远远的，可黄志伟不怕，第一个报名去当"货郎"。

他把笔记本等文具从厂里批发出来，拿到学校和一些单位卖，赚得一点点的辛苦费和跑腿费。不光如此，他还兼做另一家日用品公司的销售员，利用星期天和平时的课余时间，走街串巷，送货上门。

有人笑话他，有人不理解他："是不是这阿仔家里穷得没饭吃了？"

"靠自己的汗水挣钱不丢人！"黄志伟笑答，"当年李嘉诚不是从卖塑料花做大的吗？巴菲特不是在13岁靠送报纸赚取了自己的第一个1000美元吗？"

就这样，上大学的4年间，黄志伟利用业余时间一点点地"苦"钱，这段经历让他懂得了，财富的拥有，不仅要靠日积月累，还要学会"滚雪球"。

追梦股海

世界投资大师的财富神话让他着迷。但学了一肚子投资知识的他，却一直被证券公司拒之门外。

黄志伟很爱看名人传记。在大学里，一有空，他就钻到图书馆里，大量阅读和研究投资大师们的成功之路。尤其是世界著名的证券投资大师巴菲特和彼得·林奇创造财富的神话，一直震撼着他的心。

他憧憬着未来，想成为巴菲特和彼得·林奇那样成功的人，拥有很多的财富。梦想，是激励人成长的动力。他立志要在未来的股票市场上做一番大事业。

大三时，他就选修了证券投资课。老师是一个战绩赫赫的实战家，引导着他们一步步向着梦想起航。在证券投资课上，老师要求他们从手工填单，模拟操作，到分析每天大势行情，独立做出判断。为此，他每天都认真地阅读三大证券报，听股评人士分析。

当时，投资理论知识装了一肚子的黄志伟，是那么想在实盘中一展身手，可是，他没有钱去炒股票。他见同班一个同学把几个同学的学费合在一起去买股票，就常和那位同学一起切磋交流；他有一个亲戚在南方证券大户室，他有空就泡在那儿。那闪烁、跳动着红绿数字的盘面，让他魂牵梦绕，不肯离去。

2000年，黄志伟大学毕业，要找工作了。除了证券行业，他哪儿也不想去。怀揣着梦想，他抱着厚厚一摞自己写的股评，到一家证券公司去应聘证券分析师的岗位，但他吃了闭门羹，原因是他没有从业经验。他不泄气，找了一家又一家，但都没有一家证券公司愿意要他，理由都一样。

他只有暂时放弃自己的梦想，回到现实中。为了糊口，他进了一家电脑公司，后来又给一家公司的老板当秘书。尽管一天工作很累，但他仍放不下心中的梦想。晚上，他跑到网吧，看大盘和股票走势的K线图，一看就是大半夜。

一晃，几年过去了，他终于攒下了1.3万元钱，加上女朋友支援他的5000元，一共1.8万元。他要用这笔来之不易的辛苦费，叩响股票市场的财富大门。

从1.8万元到500万元的实战记录

2003年，他怀揣1.8万元踏入股市。几年间，他用"滚雪球"的方法，将自己的资金"滚"到了 500 万元。下文记录的，正是这几年来，他如何将雪球滚大的实战过程。

及时"逃命"，保住"第一桶金"

大学毕业后因没有钱入市，黄志伟错过了 2000 年的一波炒科网股的大牛行情。而当他在 2003 年 9 月揣着 1.8 万元到证券公司正式开户时，大市已是熊气满满了。

他兴致勃勃，大盘却一片冰冷。

此刻，大盘从 4 月的 1600 多点，跌到了 1300 点左右。黄志伟开户后并没有马上买股票。

到了 2003 年 10 月，大盘在下跌之后有一段时间的横盘震荡。黄志伟认为大盘基本调整到位，瞅准机会，开始下手。

毕竟是受过专业教育的，黄志伟一开始就按照从教科书上学到的投资组合下单。他虽然只有 1.8 万元钱，但他没有把"鸡蛋"放进一个"篮子"里。他买进了 4 只股票：中信证券（600030）、福星科技（000926，现名：福星股份）、皖维高新（600063）、南京医药（600713）。这 4 只股票中有 2 只是科技股，1 只是他喜欢的医药股，还有 1 只是中信证券，这是一只股性活跃的股票。每只股票他各买了 500 股。

像沪深股市千万投资者一样，黄志伟一开始也经历了许多新股民所经历过的一切。

他买进后就赚钱。但大盘在震荡之后，却选择了向下，在他入市后的第二个月，即 2003 年 11 月，创出了 1307 点的新低。股票市场哀鸿一片。

但，黑暗很快过去，大盘从 1307 点起，在熊市中展开了一波强劲的反弹，一直反弹到 2004 年 4 月的 1783 点。就在这期间，黄志伟收获了他的第一桶金。

那天，他正准备出门，女友从窗口探出头来，冲着他激动地大喊："黄志伟，你的中信证券涨停了！"

"真的？"黄志伟兴奋极了，上班路上，他一直哼着快乐的小曲。

晚上回来，他打开账户，4只股票共盈利了9000元！

但没几天，大盘又开始了下跌。黄志伟的盈利也在一天天缩水：从盈利9000元，到8000元、7500元……见此，黄志伟没有再犹豫，他迅速地做出抉择：

一定要把盈利留住！

他没有再贪婪，而是果断下单卖出手中所有股票，终于保住了自己在证券市场上淘到的7000多元这"第一桶金"。

第一次受挫

股海恶浪滔天，行船不会一帆风顺。

获得自己的第一桶金后，黄志伟踌躇满志，把猎击的目标瞄向了正破"平台"拔地而起的中科三环（000970）。

这只股从2003年6月份起，一直横盘了整整半年，突然放量飙升，意味着什么？谁都清楚，横有多长，涨有多高！

盘面表现果真如此。中科三环的涨势，吸引了众多投资者的眼球。它从2003年12月29日的13.98元开盘后启动，经历了短短17个交易日，就飙升至19.23元，涨幅达37.6%！

黄志伟没有去追高，而是等待更好的介入时机。

很快，中科三环急速拉升后在高位仅仅待了短短的5天时间就开始回落。2004年2月10日起，该股开始天天跳空，猛烈放量狂泻，仅4天工夫，股价就跌回到上升启动的原点，回调率达到100%。而与以往股票下跌所不同的是，该股下跌不是采取吓人的"阴棒"，而是天天呈现出让人看了喜滋滋的红彤彤的阳K线。

黄志伟当时毕竟还算是个新股民，他还不知这是庄家布下的"红色陷阱"，是典型的"阳线出货法"。

他没有识破主力的诱骗行为，当看到该股在技术上已达到100%的回调且连续放量时，他认为调整已很充分，是介入的好时机，于是便在2004年2月13日，以14元的价格买了500股中科三环。

哪想到，买进后中科三环的股价只涨了几毛钱，就开始了绵绵下跌之路。亏钱的痛苦，天天伴随着他。

很快，他的资金就损失了15%。入市以来，他第一次尝到了赔钱的苦涩。

怎么办？困惑中的黄志伟夜不能寐，他想要"营救"被套牢的中科三环。他采用了大众都曾犯过的错误做法：卖掉账户上盈利的股票，对中科三环进行"补仓"。

中科三环还在无情地下跌：从14元跌到13元，他补；跌到11元，他又补；跌到9元时，他已弹尽粮绝。在绝望中，他又新增资金5万元，全力进行"增资援助"——补仓。但中科三环的下跌趋势并没有止步，股价向下又砸到了8元多。

他再也无力还手，动弹不得，只有在凄风苦雨中煎熬着。

侥幸的是，2004年9月14日国务院召开会议落实"国九条"，引发大盘井喷。这时，他才得以解套并盈利15%后出局。（图2.1）

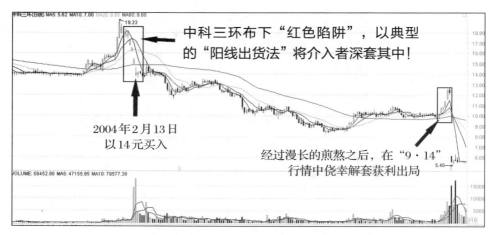

图2.1　中科三环走势图

几年后，面对采访，黄志伟对自己在中科三环上的操作失败仍耿耿于怀。

经历了从被套亏损到扭亏为盈，特别是经历了把能补仓的资金都补完，也只能眼看着股票下跌却束手无策的被动过程后，黄志伟总结道：小亏就要认错出局，不要让亏损扩大，更不要补仓，越补仓就越被动。留得资金在，不怕没机会。

投资"武钢"，市值达10万元

由赚到亏，再到解套获利，黄志伟在中科三环上经历的波折，让他不仅铭记在心，还让他开始转变自己的投资方法——由原来被动的持股获利，逐步转变为主动寻找赚快钱投资的机会。

2005年11月21日，是武钢股份（600005）股改复牌后的第一天。武钢股改方案中，赠送了蝶式权证（指同时发行"认购"和"认沽"权证。——作者注），另规定，创新类券商买进武钢正股后，方可创设武钢权证。

面对这一新的制度，黄志伟敏锐地判断，武钢股份的正股可能会因这项新制度的实施而快速上涨。这是个投资的好机会！

于是，他果断地以2.50元的价格全仓买进武钢股份。果然不出所料，武钢股份其后4个交易日逆市上涨，几乎每天都排在涨幅榜的第一版。

7个交易日后，黄志伟在2.80元左右卖出了武钢股份，短短一周获利12%，此时他的市值达到了10万元。

面对一项新制度，能先知先觉地意识到它给市场带来的机会，及时把握先机，才能抓住赚钱的机会。

投资热点板块，资金翻倍

2005年底，黄志伟在成功操作了武钢之后，又操作了其他一些股票，账户小赚小亏，没有大的起色。直到2006年初，他发现期货市场有色金属的价格持续上涨，预感到这可能会带动有色金属的股票飙涨，于是把赚钱的目光投向了这一板块。

他忘不了，那一年是沪深股市资源股的天下，伴随有色金属价格的快速上涨，有色金属股一马当先，很快成为市场中最绚丽夺目的一道"风景"。

2006年1月12日，黄志伟以3.20元的价格买入3万股焦作万方（000612）。买入后，该股股价快速走高，很快脱离成本区。此刻，他看着账面的盈利不断增长，想卖掉它落袋为安。但他提醒自己，投资大师不是说过，做正确了，要让利润奔跑，要止损不止盈吗？黄志伟几次想卖出，都还是忍住了。直到3个多月后的4月20日，看到账户的资产增长了一倍，他才在6.50元附近抛出（图2.2）。此时，他的市值达到了20万元。

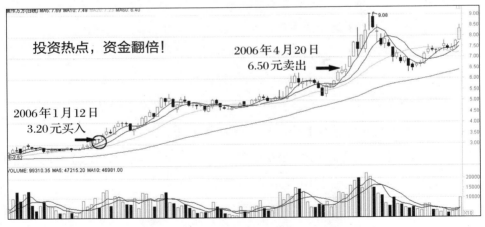

图2.2 焦作万方走势图

事后，黄志伟回想这一案例时说，焦作万方在2007年的大牛市中股价最高涨到了67.98元。当初自己为了兑现一倍的盈利，而错过了以后10倍的盈利，想想，起先是很成功的，但从后面该股的涨幅看，操作还是有失误的。

而在2008年的熊市中，这只股从最高点又跌回到了6元以下。如果一直捂在手里，不光盈利会丧失殆尽，还会遭到重大的损失。

找到投资热点，是在股市赚钱最重要的手段。只有跟上市场热点的节拍，才能在最短的时间里，乘坐"热点快车"获取最大的利润。

买S武石油，发起股市版"秋菊打官司"

就在黄志伟的投资一帆风顺时，2007年初，发生了一起被媒体称为"股市版'秋菊打官司'"的股民维权事件。

这一事件的发起人正是黄志伟。

那是2006年12月5日，S武石油（000668，现名：荣丰控股）停牌股改。其后，它公布的股改方案引来了媒体和股东的强烈质疑：涉嫌贱卖国有资产，侵害公众流通股东利益。

当时，黄志伟的妻子张秋菊的账户正好持有3000股S武石油。在许多素不相识的流通股东的强烈要求和支持下，黄志伟以张秋菊的名义，对S武石油提起法律诉讼，请求人民法院撤销S武石油关于出售整体资产的决议。

小小股民，焉能与有实力的大公司抗衡？但黄志伟身负万千中小投资者的嘱托，挺身而出。

这一事件被媒体称为股市版"秋菊打官司"。《法治日报》评价为"蚂蚁与大象的抗争"，包括三大证券报等全国十多家媒体连续跟踪报道。当时，这一事件受到了社会广泛的关注，以至引起了监管层的重视，迫使上市公司两次修改股改方案，提高股改对价和整体资产出售价格。

这场轰动一时的"秋菊打官司"，历经3个年头，如今虽然结束了，但黄志伟那种代表广大投资者维护小股东权益、促进上市公司治理的正义精神，却永久地留在众多投资者的心里。

潜伏山东铝业，攫取"制度性红利"

2006年11月20日，黄志伟买进9000股山东铝业（已被中国铝业换股后退市），12月4日该股进行股改停牌。黄志伟此时锁定资金约15万元，可用资金6万元，总市值约30万元。

随后，在2007年1月至5月，股市行情十分火爆，尤其是市场上的题材股和低价股涨幅巨大。黄志伟不失时机抓住这一战机，将账户的资金再拉大阳。

这是黄志伟资金再次翻番的重要一役。

"据说这只股第一次股改失败，你为何还要买进它？"采访中我问黄志伟。

"我看重的，正是当时它第一次股改方案失败的机会。"他回答，"就在山东铝业公布股改方案失败之后，市场传闻中国铝业将借壳山东铝业回归A股市场。我想，这是多好的机会呀，这必然会产生一种'制度性红利'。于是，我便决定潜伏其中，守株待兔，以期获得超额收益。"

之后，山东铝业于2006年12月4日进行股改停牌。复牌后，连续3个涨停板。随后，进入停牌股改换股程序。在此期间，黄志伟一直坚定持有。

停牌了近4个月，直到2007年4月30日，由山东铝业、兰州铝业换股后的中国铝业（601600）上市，上市首日涨幅较停牌前超过100%。5月11日，黄志伟全部卖出中国铝业，解冻资金40万元。此时他的总市值达到70万元。（表2.1）

表2.1　黄志伟成交记录表1

成交日期	证券代码	证券名称	操作	成交数量（股）	成交编号	成交均价（元）	成交金额（元）	交易市场
20070427	601600	N中铝	红股入账	21600	389	6.600	0	上海A股
20070511	601600	中国铝业	证券卖出	-7800	8037515	20.010	156078	上海A股
20070511	601600	中国铝业	证券卖出	-10000	8059454	20.010	200100	上海A股
20070511	601600	中国铝业	证券卖出	-5000	8386544	20.100	100500	上海A股

猎击低价股，市值达30万元后不断拉阳

2007年3月27日，他以4.90元买进*ST罗顿（600209）7000股。4月13日，以5.29元的价格继续加仓买入1.2万股。4月16日，以5.29元再次买入1.1万股。5月8日后，*ST罗顿这只低价股似脱缰的野马，奋蹄狂奔，连续涨停。就在它疯狂飙升之际，黄志伟在5月24日，于10.50元附近卖出手中全部筹码，狠赚了一笔，盈利超15万元。（图2.3）

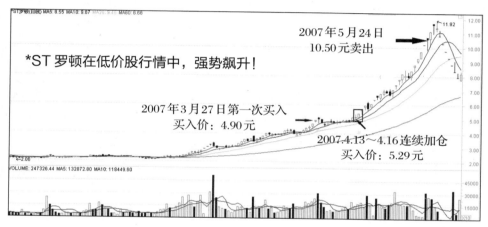

图2.3 *ST罗顿走势图

操盘感悟

在2006年至2007年中，股改所带来的制度性红利机会很多，只要善于分析和把握这种机会，就能获取短期高额利润。

遭遇"5·30"暴跌，开盘半小时清仓

在题材股和低价股上涨了近半年后，为了抑制市场狂热的炒作气氛，监管部门在2007年5月29日深夜出台了将印花税由1‰上调至3‰的政策。

受此影响，5月30日上午9点30分，大盘大幅低开，黄志伟见此，趁行情走势瞬间向上反抽之际，开盘半小时内，果断清仓，避免了此后连续跌停

造成的重大损失。此时，他账户的资金为98万元。（表2.2）

表2.2　黄志伟成交记录表2

成交日期	证券代码	证券名称	操作	成交数量（股）	成交编号	成交均价（元）	成交金额（元）	交易市场
20070530	600755	厦门国贸	证券卖出	−4000	1031270	24.200	96800	上海A股
20070530	600062	双鹤药业	证券卖出	−6120	2044620	18.401	112608	上海A股
20070530	600682	S宁新百	证券卖出	−2200	2124142	25.180	55396	上海A股
20070530	600062	双鹤药业	证券卖出	−10000	2174457	18.380	183800	上海A股
20070530	600682	S宁新百	证券卖出	−2000	2673410	25.010	50020	上海A股
20070530	000554	泰山石油	证券卖出	−15000	3356242	11.770	176550	深圳A股
20070530	000554	泰山石油	证券卖出	−5000	3991003	11.820	59100	深圳A股
20070530	000554	泰山石油	证券卖出	−5000	4036066	11.810	59050	深圳A股
20070530	000554	S三九	证券卖出	−5000	4074387	19.640	98200	深圳A股
20070530	000554	S三九	证券卖出	−5000	4486484	19.500	97500	深圳A股

操盘感悟

当重大政策出台，可能导致系统风险之时，回避风险一定要放在首位，绝不可有丝毫的侥幸心理。一旦感到不安而做出卖出决定，就要果断执行。正如华尔街著名的投资定律所言："当船开始下沉时，不要祷告，应该赶快脱身。"

"5·30"暴跌后5个跌停板上抄底兰生股份

2007年"5·30"的杀伤力是巨大的，在牛市中这种短期凶狠的暴跌，也是前所未有的。在暴跌中，有不少个股出现3个跌停板时，黄志伟开始小仓位试探性抄底。但第二天，他发现大盘和个股还在继续下跌，便及时止损出局。

直到6月5日，盘中有不少个股出现了第五个跌停，他感到暴跌之后捡

"皮夹子"的好机会来了。

黄志伟选择了主力被套其中没有及时出逃的兰生股份（600826）出击，分批在15.44元至16.07元之间全仓买入。当天该股由跌停至收盘上涨2.8%。他账户的浮盈超过10万元。随后市场连续几天反弹，他分批卖出手中筹码，几个交易日获利超过20%。至6月15日，他的账户市值达120万元。（图2.4，表2.3）

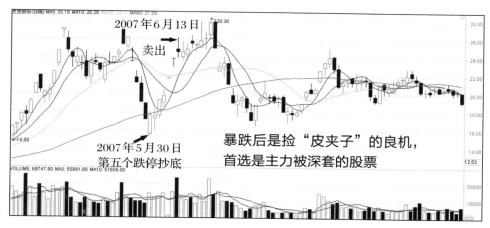

图2.4　兰生股份走势图

表2.3　黄志伟成交记录表3

成交日期	证券代码	证券名称	操作	成交数量(股)	成交编号	成交均价(元)	成交金额(元)	交易市场
20070605	600826	兰生股份	证券买入	5000	6313926	15.950	79750	上海A股
20070605	600826	兰生股份	证券买入	5000	5160250	15.440	77200	上海A股
20070605	600826	兰生股份	证券买入	15000	1825252	16.000	240000	上海A股
20070605	600826	兰生股份	证券买入	10000	2780461	15.480	154800	上海A股
20070605	600826	兰生股份	证券买入	4000	6769521	16.070	64280	上海A股
20070605	600826	兰生股份	证券买入	3700	2353294	15.460	57202	上海A股
20070605	600826	兰生股份	证券买入	5000	1437081	16.020	80100	上海A股

成交日期	证券代码	证券名称	操　作	成交数量(股)	成交编号	成交均价(元)	成交金额(元)	交易市场
20070605	600826	兰生股份	证券买入	1300	1811881	15.960	20748	上海A股
20070605	600826	兰生股份	证券买入	10000	5229434	15.450	154500	上海A股
20070608	600826	兰生股份	证券卖出	−12000	2234407	19.930	239160	上海A股
20070608	600826	兰生股份	证券卖出	−8000	917861	19.290	154320	上海A股
20070613	600826	兰生股份	证券卖出	−9000	4848581	24.810	223290	上海A股
20070613	600826	兰生股份	证券卖出	−20000	4289606	25.150	503000	上海A股
20070613	600826	兰生股份	证券卖出	−10000	4323099	25.010	250100	上海A股

当时，他好激动。至今，谈起这段经历，他的兴奋之情仍溢于言表。

2007年"5·30"的暴跌，留给万千投资者的是痛苦的记忆，但留给黄志伟的却是一座励志的里程碑。那时，他刚过完30岁生日，正值而立之年，他在股市中赚到了人生中的第一个100万元，实现了成为百万富翁的梦想。

操盘感悟

机会往往在暴跌后。及时逃过"5·30"的大跌，才能在超跌后抢反弹。如果不能在第一时间"逃命"，便不会有之后的盈利。而暴跌之后，在对大盘有着明确把握的情况下，选择主力资金被套并等待自救的股票出击是盈利的首选。

反复赚取南京高科的"银子"，市值达150万元

2007年下半年，市场走出一波大盘蓝筹股的行情，上证指数从7月份的3800点涨到10月份的6124点。11月底，中国石油（601857）上市后，大盘开始逐渐回落。12月底，上证指数收在5261点。

这段时间里，黄志伟主要围绕南京高科（600064）这只股票短线反复做波段。南京高科质地优秀，且拥有大量上市公司股权，是当时的一只热门股。

我查看黄志伟的历史交易单，发现他轮番操作南京高科这只股真是数不清有多少回，一直到2008年，他都还在反复操作它。他说："南京高科真是A股市场的一座'金矿'，在我的资产中，有不少是它送给我的银子呢！"

那段时间，黄志伟除了频繁操作南京高科外，还操作过同类型的股票，如雅戈尔（600177）、吉林敖东（000623）等。另外，他还操作了一些像中国石化（600028）一类的大盘股以及尚未股改的S股。这样，他的账户市值在2007年的12月底达到了150万元（其间取出20万元付房款首付）。

操盘感悟

选择股性活跃的个股，把握节奏，反复高抛低吸波段操作，远比一直持股获取的利润大。

珍惜熊市里的"两把火"，资产不跌反赚

黄志伟入市后经历了两波大熊市。但当众多投资者在熊市中痛苦地煎熬时，他却能快乐地赚钱，尤其是在惨烈的2008年大熊市中，他竟还有50%的收益。若不是遭遇大同煤业意外的3个跌停，他的收益会更可观。

人们都记得，2008年2月以前，大牛市让很多投资者赚到了不少钱。可是面对大盘从最高的6124点跌到1664点的大熊市，最大跌幅达72.8%，不少人又把赚到的钱还回市场，有的人甚至连自己的本金也赔进了股市。

那么，黄志伟在熊市里又是如何操作的呢？

他打开电脑上的股市K线图，回忆说，当时也没有想到会有这么大的跌幅。开始时，一路做超跌反弹，但效果不是很理想，赔多赚少。从2008年的2月份到4月22日前，账户也跟着大盘的下跌在缩水，由最高的160万元，跌

到130万元左右。后来，他就常轻仓或空仓，并严格执行止损纪律，等待有好的机会来临时再介入。

2008年4月22日，大盘第一次跌破3000点。4月23日，市场大涨4.15%，黄志伟感觉到可能会有什么利好政策出台，当天就追涨跟进。果然，第二天政府出台印花税由3‰降为1‰的救市举措。当天市场大涨9%以上。他的账户短期获利超过15%。5月12日，汶川大地震后，他就清仓了。

2008年9月18日，在大盘跌破2000点后，熊市中又燃起了第二把"火"，政府出台印花税单边征收的救市政策，股市又一次迎来"井喷"行情。黄志伟在9月18日有一些仓位，在9月19日开盘即追高加仓买入。当天指数上涨了9.45%，9月20日指数又涨了7.77%。黄志伟短期获利超过10%。

最大的一次挫折，惨遭3个跌停板

2008年7月14日，大同煤业（601001）重组停牌，怀着对其重组的美好预期，黄志伟用80万元的资金买入了大同煤业。孰料，该股停牌1个月后，于8月11日复牌。由于重组注入资产不及预期，加上同期指数大幅下跌，大同煤业无量跌停。在第三个跌停打开时，面对在这一只股上亏损近30%的局面，黄志伟还是选择了在跌停价17.33元附近止损卖出。（图2.5，表2.4）

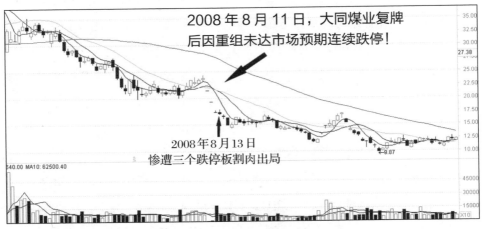

图2.5　大同煤业走势图1

表2.4　黄志伟成交记录表4

成交日期	证券代码	证券名称	操 作	成交数量（股）	成交编号	成交均价（元）	成交金额（元）	交易市场
20080813	601001	大同煤业	证券卖出	−15000	170784	17.340	260100	上海A股
20080813	601001	大同煤业	证券卖出	−10000	191377	17.330	173300	上海A股
20080813	601001	大同煤业	证券卖出	−10000	223101	17.330	173300	上海A股

操盘感悟

　　面对惨烈的熊市，最好的策略是空仓休息。如果不慎被套其中，要考虑自己的承受能力，及时坚决止损。在熊市中，保住本金安全是上策。

1664点附近抄底煤炭股

　　2008年10月下旬，一波更加凶猛的下跌来临，上证指数跌到了1800点附近，整个市场人气低迷。而此时，美国次贷危机愈演愈烈，不少看空的人认为大盘要跌到1000点。在中国政府4万亿元投资计划出台的背景下，市场跌到1700点附近已经跌不动了，开始大幅反弹。

　　2008年11月7日，大同煤业跌到11元以下。黄志伟分析其股价已经接近净资产，市盈率不到6倍，被严重低估。他决定把先前在17.33元止损的大同煤业再重新买回来。他在10.87元至11.00元连续买进大同煤业，同时将剩下的资金全部买进了煤炭股平煤股份（601666）。11月10日，大盘开始报复性反弹，当天指数上涨了7.27%。黄志伟买进的两只煤炭股都涨停了，接下来几天连续上涨。看到短期内账户盈利超过20%，黄志伟预计市场会短期获利回吐。于是，他在大同煤业涨到13.60元附近短线卖出。至此，他曾在大同煤业上遭受3个跌停板亏了20多万元的损失，在几个交易日内就基本被挽回了。他的账户市值很快从原来的130万元恢复到最高时的160万元。（图2.6，表2.5）

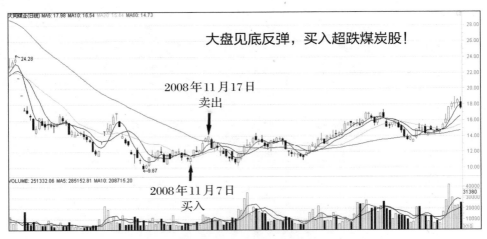

图2.6 大同煤业走势图2

表2.5 黄志伟成交记录表5

成交日期	证券代码	证券名称	操 作	成交数量（股）	成交编号	成交均价(元)	成交金额(元)	交易市场
20081107	601001	大同煤业	证券买入	10000	945138	10.848	108480	上海A股
20081107	601001	大同煤业	证券买入	20000	954261	10.871	217420	上海A股
20081107	601001	大同煤业	证券买入	5000	971409	10.900	54500	上海A股
20081107	601666	平煤股份	证券买入	10000	986802	10.340	103400	上海A股
20081107	601666	平煤股份	证券买入	20000	995716	10.330	206600	上海A股
20081107	601001	大同煤业	证券买入	10000	1331662	10.800	108000	上海A股
20081107	601001	大同煤业	证券买入	10000	1346370	10.830	108300	上海A股
20081107	601666	平煤股份	证券买入	28400	1366633	10.300	292520	上海A股
20081107	601001	大同煤业	证券买入	10000	1828314	10.947	109470	上海A股
20081117	601001	大同煤业	证券卖出	−35000	3280967	13.500	472500	上海A股
20081117	601001	大同煤业	证券卖出	−30000	3292082	13.600	408000	上海A股

雪灾最严重之时，正是滚雪球的好时机；熊市最恐惧的时候，却是买入良机。在投资的路上，切莫倒在黎明前。

操作"广发三杰"和浙江医药，市值达200万元

广发证券的三大股东辽宁成大（600739）、吉林敖东（000623）和中山公用（000685），被市场称为"广发三杰"，其股性特别活跃。2008年末因广发证券借壳上市一直迟迟未有进展，在广发证券上市没有公开之前，黄志伟选择"广发三杰"反复操作。他预期一旦广发证券上市被批准，必然会引发"广发三杰"的短期大幅飙升。买预期，卖现实，选择消息还没有见光时买入，有赚取超额利润的机会。（图2.7）

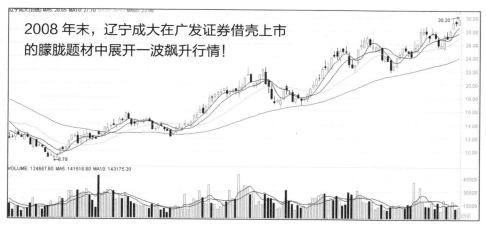

图2.7　辽宁成大走势图

在炒作"广发三杰"之际，他又发现浙江医药（600216）有资金吸筹，在连续整理5天时，技术图像上显示很可能会启动一波上涨行情。2008年12月1日，黄志伟分批在12.47元附近买进浙江医药7万股。第二天，该股股价

开始爆发，连续大幅拉起，短期快速获利。在其后几天，黄志伟分批在16.00元左右卖出。（图2.8，表2.6）

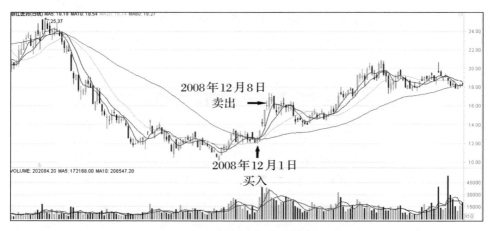

图2.8　浙江医药走势图

表2.6　黄志伟成交记录表6

成交日期	证券代码	证券名称	操作	成交数量（股）	成交编号	成交均价（元）	成交金额（元）	交易市场
20081201	600216	浙江医药	证券买入	30000	1907160	12.450	373500	上海A股
20081201	600216	浙江医药	证券买入	20000	1916050	12.470	249400	上海A股
20081201	600216	浙江医药	证券买入	5000	2253780	12.472	62360	上海A股
20081201	600216	浙江医药	证券买入	13800	2443817	12.450	171810	上海A股
20081208	600216	浙江医药	证券卖出	−25000	1306063	16.180	404500	上海A股
20081208	600216	浙江医药	证券卖出	−23800	1310609	16.110	383418	上海A股
20081208	600216	浙江医药	证券卖出	−10000	7473425	15.780	157800	上海A股
20081208	600216	浙江医药	证券卖出	−10000	7705971	15.810	158100	上海A股

经过在广发系和浙江医药上的两次成功操作，黄志伟的账户资金达到200万元。

股市炒的是预期，炒的是朦胧。市场的大机会总是留给先知先觉的人。炒作预期加上技术综合分析，是获利的两把利剑。

操作新能源概念股，市值达280万元

2009年，是市场大涨的一年，赚钱的机会很多。年初，新能源概念股是市场的大热点。

2009年年初，黄志伟参加了所开户的兴业证券的大客户答谢会。在交流会上，一名私募实战高手和大家交流2009年的市场机会，并讲了他赴宜昌调研南玻A（000012）多晶硅项目的进展情况。

晚上，黄志伟回来打开电脑分析南玻A的走势，并结合所听到的南玻A新能源项目的情况，综合判断后认为，南玻A会有一波行情。第二天即1月14日，他开始在9.39元的价位分批买进。其后，该股果然走出一波大涨行情。（图2.9）

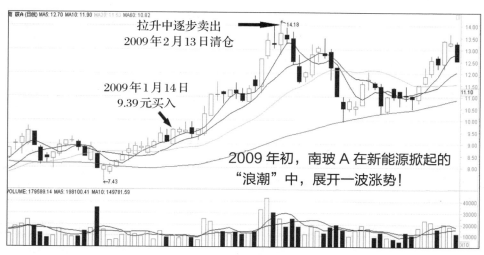

图2.9　南玻A走势图

此后，围绕着新能源概念股，黄志伟还操作了风电题材股长城电工（600192）、太阳能题材股拓日新能（002218）、新能源电池题材股风帆股份（600482）和杉杉股份（600884）等。到6月初，他的账户市值达到了280万元。

操盘感悟

　　市场的传闻和消息很多，要经过筛选分析研究后做出研判。必要时还可实地验证考察。这样，出击获胜的把握才会更大。

与"大笨象"一同起舞，在银行股上获利丰厚

　　2009年6月份后，市场上的题材概念股都已炒得很高，热度开始逐渐冷却，很难找到比较好的机会了。这时，黄志伟把目光投向了人们视为"大笨象"的银行股，而此时银行股才刚刚启动。

　　6月3日，他开始重仓买进建设银行（601939）、交通银行（601328）、兴业银行（601166）等几只银行股，买进后进行滚动仓位的操作。直到7月底，卖出全部银行股，他正好做了一波银行股的主升行情。与"大笨象"一同起舞一个月，他满仓获利超过20%，账户市值达到了330万元。（图2.10）

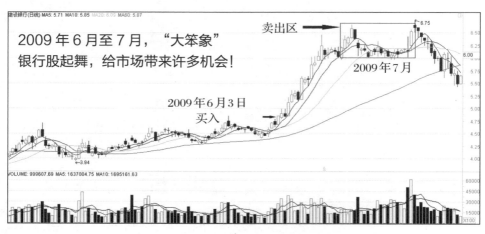

图2.10　建设银行走势图

市场的热点总在不断转换中，板块会不断轮动，"大笨象"也会有起舞的时候。只要机会抓得好，再笨重的大象，也会给你带来收益。

及时逃顶保住战果，市值达380万元

2009年7月29日，市场出现了天量大跌，指数跌幅达5%，很多个股跌停。黄志伟预感到情况不妙。之后大盘连续反弹3天，指数出现"双头"格局。但随后的8月4日、5日、6日，大盘指数连续收出带有下影线的"阴棒"。8月7日开盘，大盘又开始下跌。事不过三，黄志伟预计大盘尾盘不会再拉起来，即刻清仓卖出。其后几天，大盘从最高的3478点跌到2639点，最大跌幅高达24.12%。而黄志伟账户的市值从最高点缩水不到4%，有效地保住了大部分利润。

2009年底，黄志伟的账户市值达到了380万元，全年收益90%。（图2.11）

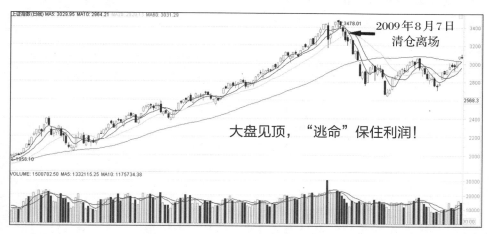

图2.11　上证指数走势图1

牛市里的盈利很容易在快速回调中缩水。回避市场的大跌和主跌浪，才能保住牛市里获得的果实。

准确预测市场大跌，清仓股票，转战期指

2010年初，人们普遍很乐观，大都认为行情在上半年。可事与愿违，4月16日，股指期货推出，市场迎来大跌，指数从3130点最低跌到2319点。在这波跌势中，许多投资者在之前获得的盈利，又悉数交回给了市场。

而在股指期货推出前，黄志伟就详细地分析了世界各国的股指期货推出对市场的影响。他得出的规律是：股指期货推出前市场上涨，推出后下跌，但是不改变原来的运行趋势。2010年4月19日市场大跌，黄志伟再一次清仓，回避风险。

随着股指期货的推出，市场下跌的趋势形成。股指期货开市的第二天，黄志伟的股指期货账户就开好了。他开始日内交易，都以做空为主。之前为了备战期指，他开了商品期货的账户。那时，他用做股票的方法做期货，结果一周亏损超过60%，幸好当时投入资金不多，而那次交的学费使他在期指上没有重蹈覆辙。他顺下跌趋势逢高做空，并严格控制风险。主跌的那段行情，他小赚20%。当市场下跌到2500点附近时，他认为市场已没有太多的下跌空间，就重新开始做股票。（图2.12）

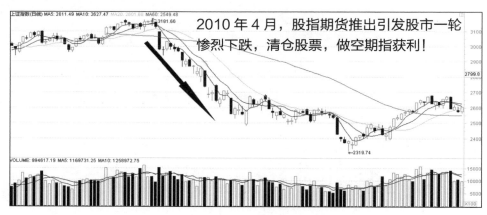

图2.12　上证指数走势图2

操盘感悟

上升趋势中只做股票。下跌趋势中空仓股票，单边做空期指。这样既可以回避同时操作出现顾此失彼的情况，又可以双边获利。

潜伏稀土磁材概念股横店东磁，市值达400万元

2010年8月，仔细分析横店东磁（002056）的半年报、业绩预增公告和新投资的晶体硅太阳能电池项目，黄志伟认为其股价会有好的表现。于是，他便在8月17日分批买进，潜伏其中。没过几天，8月25日，横店东磁发布业绩预增公告，开盘即快速封涨停。黄志伟随即联想到其相关公司太原刚玉（000795），立即将剩下的仓位追涨买入，直至买到涨停板的价位。随后几天，两只股票均大幅上涨，黄志伟分批卖出，账户市值超过400万元。（图2.13、图2.14，表2.7）

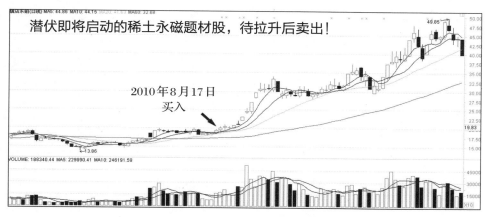

图2.13　横店东磁走势图

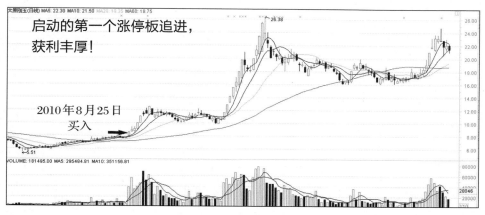

图2.14　太原刚玉走势图

表2.7 黄志伟成交记录表7

成交日期	证券代码	证券名称	操作	成交数量(股)	成交编号	成交均价(元)	成交金额(元)	交易市场
20100819	002056	横店东磁	证券买入	16800	7452819	20.160	338688	深圳A股
20100819	002056	横店东磁	证券买入	100	7464780	20.170	2017	深圳A股
20100820	002056	横店东磁	证券买入	14900	2467256	20.287	302276	深圳A股
20100820	002056	横店东磁	证券买入	100	2486199	20.260	2026	深圳A股
20100820	002056	横店东磁	证券买入	10000	14594609	19.982	199820	深圳A股
20100820	002056	横店东磁	证券买入	1000	17443316	20.320	20320	深圳A股
20100820	002056	横店东磁	证券买入	2600	17494692	20.410	53066	深圳A股
20100820	002056	横店东磁	证券买入	5000	17855868	20.490	102450	深圳A股
20100820	002056	横店东磁	证券买入	6300	21451386	20.000	126000	深圳A股
20100823	002056	横店东磁	证券买入	3100	5908448	20.098	62304	深圳A股
20100823	002056	横店东磁	证券买入	6900	7212469	20.089	138614	深圳A股
20100823	002056	横店东磁	证券买入	10000	7373276	20.139	201390	深圳A股
20100823	002056	横店东磁	证券买入	1500	8922439	20.160	30240	深圳A股
20100823	002056	横店东磁	证券买入	10000	17892498	20.480	204800	深圳A股
20100823	002056	横店东磁	证券买入	5000	17908587	20.484	102420	深圳A股
20100823	002056	横店东磁	证券买入	5000	17935995	20.478	102390	深圳A股
20100823	002056	横店东磁	证券买入	5000	18222791	20.500	102500	深圳A股
20100823	002056	横店东磁	证券买入	15000	18239467	20.498	307470	深圳A股
20100825	000795	太原刚玉	买　入	22300	772129	7.903	176237	深圳A股
20100825	000795	太原刚玉	买　入	30000	813959	7.949	238470	深圳A股
20100825	000795	太原刚玉	买　入	30000	887272	8.019	240570	深圳A股
20100825	000795	太原刚玉	买　入	20000	914122	8.040	160800	深圳A股
20100825	000795	太原刚玉	买　入	20000	9970523	8.560	171200	深圳A股
20100825	000795	太原刚玉	买　入	20000	10892447	8.560	171200	深圳A股
20100825	000795	太原刚玉	买　入	14000	14178564	8.560	119840	深圳A股
20100826	002056	横店东磁	证券卖出	−15000	4589952	24.810	372150	深圳A股

成交日期	证券代码	证券名称	操作	成交数量（股）	成交编号	成交均价（元）	成交金额（元）	交易市场
20100826	002056	横店东磁	证券卖出	−3200	5128801	24.745	79184	深圳A股
20100826	002056	横店东磁	证券卖出	−11000	7143409	24.332	267652	深圳A股
20100826	002056	横店东磁	证券卖出	−10800	7919535	24.280	262224	深圳A股
20100830	002056	横店东磁	证券卖出	−23200	12377709	28.780	667696	深圳A股
20100830	002056	横店东磁	证券卖出	−25000	12430182	28.657	716425	深圳A股
20100831	002056	横店东磁	证券卖出	−30000	6576819	31.100	933000	深圳A股

遗憾的是，在黄志伟卖出后，稀土概念股又被大资金反复炒作，这两只股的股价连续拔高，成为2010年市场最大热点之一。

操盘感悟

　　股价的短期暴涨，背后总会有利好刺激，提前布局，果断出击，方能获取短期高额利润。

追涨停风帆股份，市值达450万元

2010年国庆节后，大盘"井喷"。以有色、煤炭为代表的稀缺资源股直线上涨，黄志伟在寻找可以操作的资源股。这时，风帆股份（600482）这只有金银矿探矿权的股票进入了他的视线。他分析了风帆股份获得金银矿探矿权时的股价表现和来龙去脉，认为很具可操作性。当时只要带"有色"的概念，股价都会飞涨。

10月13日，他开始在15.10元买进。10月14日该股大幅洗盘。10月15日开盘，他发现风帆股份高开后被大单买进，即再度重仓跟进，直至买到涨停板价，当日该股被巨量封于涨停，全天没被打开。10月18日，风帆股份又无量封涨停。10月19日高开后，黄志伟悉数抛出。几个交易日获利超过15%。此时，他的账户市值达到450万元。（图2.15，表2.8）

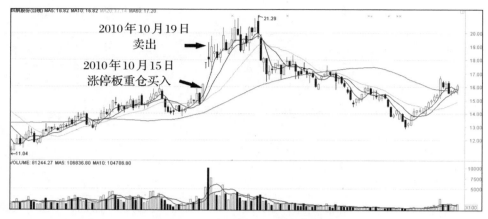

图2.15　风帆股份走势图

表2.8　黄志伟成交记录表8

成交 日期	证券 代码	证券 名称	操 作		成交 数量(股)	成交 编号	成交 均价(元)	成交 金额(元)	交易 市场
20101013	600482	风帆股份	买	入	3000	7308619	15.180	45540	上海A股
20101013	600482	风帆股份	买	入	23400	7317883	15.197	355610	上海A股
20101013	600482	风帆股份	买	入	15400	7352818	15.261	235019	上海A股
20101013	600482	风帆股份	买	入	7200	7693558	15.650	112680	上海A股
20101013	600482	风帆股份	买	入	14400	7711147	15.745	226728	上海A股
20101013	600482	风帆股份	买	入	20000	243578	15.200	304000	上海A股
20101013	600482	风帆股份	买	入	4300	574230	15.489	66603	上海A股
20101013	600482	风帆股份	买	入	10600	605965	15.517	164480	上海A股
20101013	600482	风帆股份	买	入	17300	863495	15.800	273340	上海A股
20101019	600482	风帆股份	卖	出	15401	4669822	18.360	282762	上海A股
20101019	600482	风帆股份	卖	出	35000	4770093	18.340	641900	上海A股
20101019	600482	风帆股份	卖	出	41600	4932606	18.330	762528	上海A股
20101019	600482	风帆股份	卖	出	25000	4916877	18.320	458000	上海A股
20101019	600482	风帆股份	卖	出	10000	5507648	17.990	179900	上海A股
20101019	600482	风帆股份	卖	出	40000	7468031	17.654	706160	上海A股

追击股票启动时的第一、第二个涨停板，是相对安全的赚快钱的好方法。

操作高送配预期的科伦药业，市值达500万元

高送配概念股每年的年报前后都会被炒作一番。2010年10月29日，黄志伟看到科伦药业（002422）有启动的迹象。他分析科伦药业每股净资产高达28.20元，每股公积金高达20.40元，每股未分配利润达6.46元，预计该股高送配的概率很大。于是，他当天重仓买进。随后，科伦药业启动上涨行情，11月4日，出现上市以来的第一个涨停板。脱离成本区后，黄志伟坚定持有到12月中旬，账户市值最高达500万元。（图2.16）

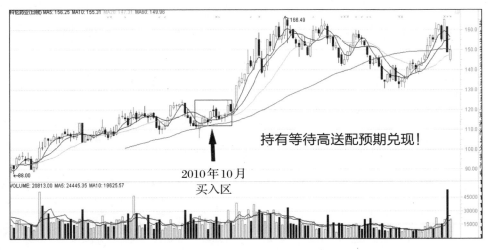

图2.16　科伦药业走势图

直到我采访结束时的2011年2月，他仍在轮番操作这只高送配的优质股票，直至"10送10"的高送配方案的利好兑现才出局。

　　每年高送配的个股中涌现了不少牛股，选择高净资产、高未分配利润、高公积金的"三高"品种出击，就容易抓住飙涨的黑马。

从500万元到1000万元的实战历程

　　2014年年初，我再次联络采访黄志伟，深入了解他最近几年的状况，进一步揭示他持续盈利的秘密。

　　2010年～2013年，黄志伟股票账户市值分别如下：

　　2010年年底市值约500万元。

　　2011年年底市值约600万元，年收益率约20%，同期上证指数跌幅约21%。

　　2012年年底市值约680万元，年收益率约15%，同期上证指数涨幅约3%。

　　2013年年底市值约1030万元，年收益率约51%，同期上证指数跌幅约7%。

出击次新股正海磁材，盈利超百万

　　2011年是证券市场整体大跌的一年，黄志伟回顾这一年的操作，对全年的亏损控制和盈利比较满意。全年的操作大多小亏小赚，这是在市场大方向下跌时，他及时止损止盈的结果。让他抓住机会的是重仓出击次新股正海磁材（300224），这一次操作让他获利超过100万元。

　　2011年7月11日，黄志伟在26元附近重仓买入次新股正海磁材，买入理由是该股在技术上突破刚上市时的高点，业绩情况不错，磁材板块整体走势良好。（图2.17、图2.18）

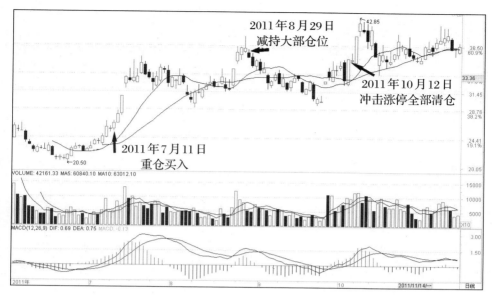

图2.17　正海磁材走势图

成交日期	证券代码	▽证券名称	操作	成交数量	成交编号	成交均价	成交金额	股票余额	发生金额
20110711	300224	正海磁材	证券买入	6800	4317604	26.004	176824.000	71500	-176868.210
20110711	300224	正海磁材	证券买入	8000	1172820	26.119	208950.000	29000	-209002.240
20110711	300224	正海磁材	证券买入	900	8947800	26.510	23859.000	80600	-23864.960
20110711	300224	正海磁材	证券买入	1500	8920686	26.482	39723.000	79700	-39732.930
20110711	300224	正海磁材	证券买入	1700	8897736	26.418	44911.000	78200	-44922.230
20110711	300224	正海磁材	证券买入	8300	977404	25.880	214804.000	8300	-214857.700
20110711	300224	正海磁材	证券买入	300	8461363	26.330	7899.000	76500	-7904.000
20110711	300224	正海磁材	证券买入	4900	1087374	25.900	126911.000	13200	-126942.730
20110711	300224	正海磁材	证券买入	500	8433974	26.330	13165.000	76200	-13170.000
20110711	300224	正海磁材	证券买入	7800	1133750	26.108	203641.000	21000	-203691.910
20110711	300224	正海磁材	证券买入	600	8394077	26.310	15786.000	75700	-15791.000
20110711	300224	正海磁材	证券买入	1500	8385447	26.308	39461.790	75100	-39471.660
20110711	300224	正海磁材	证券买入	5000	1184856	26.170	130850.000	34000	-130882.710
20110711	300224	正海磁材	证券买入	8300	1193761	26.213	217572.000	42300	-217626.390
20110711	300224	正海磁材	证券买入	8700	1320538	26.175	227721.000	51000	-227777.300
20110711	300224	正海磁材	证券买入	6900	1387383	26.199	180776.000	57900	-180821.190
20110711	300224	正海磁材	证券买入	6800	1645099	26.333	179066.000	64700	-179110.770
20110711	300224	正海磁材	证券买入	3200	9120761	26.520	84864.000	83800	-84885.220
20110711	300224	正海磁材	证券买入	900	7146507	26.500	23850.000	72400	-23855.960
20110711	300224	正海磁材	证券买入	300	7177676	26.480	7944.000	72700	-7949.000
20110711	300224	正海磁材	证券买入	900	7195271	26.476	23828.000	73600	-23833.960
20110711	600531	豫光金铅	证券卖出	-8500	396729	26.903	228672.000	0	228377.650

图2.18　黄志伟成交记录截图1

8月29日，在37元附近，黄志伟减持大部分仓位，10月12日，在36元附近清仓。如此这般，进行滚动操作。此次操作盈利＝1107733×（32.998－30.042）＝106万元。图2.19是他这几个月的交割单截图。

查询日期 2011- 7-11 ▼ 至 2011-10-12 ▼				确定		
证券代码 ▼	证券名称 ▼	操作 ▼	成交数量 ▼	成交均价 ▼	成交金额 ▼	发生金额 ▼
300224	正海磁材	证券卖出	-1107733	32.998	36552756.800	36507018.480
300224	正海磁材	证券买入	1107733	32.042	35494284.640	-35503592.450

图2.19　黄志伟交割单截图1

操盘感悟

在2011年下跌的市场中，短线操作的要诀是保住本金，止损要快。这样的话，亏损时基本上是小亏，赚钱时能够吃足行情；亏损时亏得少，赚钱时赚得多，账户很快创新高。为保住利润，赚钱时进行滚动操作，让账户始终处于盈利状态。

银行股大涨前全仓潜伏，获利丰厚

在2012年第四季度前，A股市场呈现筑底震荡和见底前最后一跌的走势，这是极具杀伤力的。这一阶段是黄志伟最不在状态的一段时间，基本上他做什么，错什么。他从2012年9月7日的大阳线开始抄底，连续多次被迫止损出局。这些大阳线基本上是"一阳指"，他一跟进去就亏钱，账户亏损超过了10%。连续几次失败后，黄志伟都不敢轻举妄动了。11月份，他保持空仓的状态，在观察和寻找战机，而此时正是市场最黑暗的时候。

黄志伟注意到，当时市场上对银行股的投资价值有两种看法：一种认为其极具投资价值，一种则认为完全相反。那么，到底谁对谁错呢？黄志伟分析道：此前不久，保险资金的可投资额度提升到20%。保险资金是最喜欢银行股的，其新增资金会首选买入银行股。再加上银行股已经连跌了3年，跌幅已超过50%，继续大幅下跌的可能性很小，安全性很高。既然做别的股票连续亏钱，黄志伟就决定选择银行股防守。

11月底，黄志伟把所有账户的资金全仓买入银行股。他认为此时没有比银行更安全、估值更低的股票了，先至少持有到2013年1月4日浦发银行的业绩快报出来，再考虑卖出。银行业绩不错，届时至少会安全出局。那么，选择什么银行股呢？不选最大的，也不选最小的，他选了3家全国性股份银行：浦发银行、华夏银行、招商银行。它们都有产业资本高位接盘的经历，基本面都不错。

图2.20是2012年11月30日黄志伟的交割单截图。

查询日期 2012-11-30 ▾ 至 2012-11-30 ▾			确定	取消汇总	
证券代码 ▾	▽证券名 ▾	操作 ▾	成交数量 ▾	成交均价 ▾	成交金额 ▾
600036	招商银行	证券买入	63000	9.956	627240.000
600036	招商银行	融资买入	95800	10.011	959076.000
600036	招商银行	证券卖出	-10000	9.990	99900.000
600000	浦发银行	证券买入	150000	7.427	1114040.000
600000	浦发银行	融资买入	170000	7.466	1269200.000
600015	华夏银行	证券买入	129900	8.400	1091158.000
600015	华夏银行	证券卖出	-60000	8.420	505200.000
600015	华夏银行	融资买入	90100	8.446	760944.000

图2.20　黄志伟交割单截图2

12月4日，浦发银行一根涨幅6%的大阳线启动了行情。12月7日，该股又是一根涨幅5%的阳线。随后，银行股出现了3年来罕见的连续大幅上涨。这样一来，黄志伟开始赚钱了。此时，是继续持有，还是卖出以回避可能出现的回调呢？黄志伟告诉自己要"拿住"。他详细分析了招商银行的历史走势后认定，在一波上涨过程中，只要其股价不破20日均线，都可以持股。"我要让利润奔跑！"他想。

12月14日，浦发银行又是一根涨幅7%的大阳线，从而站上并脱离年线，股价达到了8.90元。从买入成本7.50元到8.90元，两周内黄志伟账户浮盈已达到18%，但他仍坚定地继续满仓持股。随后，银行股仍保持着上攻的态势。12月31日，浦发银行收盘9.92元，黄志伟账户浮盈达32%，其他的两只银行股招商银行和华夏银行也都获利丰厚。

黄志伟持有这3只银行股一直到2013年春节前后。当招商银行跌破20日均线的保护线时，他卖出了大部分银行股。随后，围绕着银行股他反复进行波段操作，直到当年一季报业绩披露后，才彻底卖出。总计下来，2013年他在银行股上获利约120万元。

重仓出击的时候，首先要考虑投资安全性，即亏损比例可能会达到多少，是否在自己承受的范围内，提前做好最坏的打算。股市中的涨跌行情往往会出人意料，因此，实操的思路一定要清晰。比如，买入的理由是什么，是否充分？卖出的原则是什么，是否应该坚持？要对买入、持有、卖出做出系统规划，动态地审视整个计划，严格执行交易纪律，才能看对行情，赚到利润。

几次成功操作热点板块，市值突破1000万元

银行股的趋势在2013年一季度业绩利好见光后，形态和趋势都已走坏。6月中旬，IPO的征求意见稿出台后，黄志伟空仓躲过了6月底钱荒导致的大幅下跌。

重仓出击苏宁云商，获利近200万元

2013年7月中旬，苏宁云商（002024）一则管理层增持的公告引起了他的重视。此时其股价为5.38元。他对苏宁董事长2012年以12元参加几十亿的定向增发的事件印象深刻。他仔细分析了苏宁云商此时的基本面，发现其净资产在3.50元附近，盈利有下滑，但是没有亏损。苏宁正在积极转型为互联网线上和线下的零售企业，苏宁易购网购的销售额仅次于天猫和京东。总之，该股基本面上同时具备了安全性和攻击性，技术上有止跌的迹象。经过详细分析后，他决定分批建仓。（图2.21、图2.22）

为了体验苏宁易购的运营情况，很少网购的黄志伟，开始在苏宁易购上网购，同时对比天猫和京东的购物体验。对同一种商品，如果价格差不多，他就尽量在苏宁易购上买，以实际调研它的线上业务。同时他用大量时间泡

▲成交日▼	证券代码▼	证券名称▼	操作 ▼	成交数量▼	成交均价▼	成交金额 ▼	股票余额 ▼
20130715	002024	苏宁云商	证券买入	26700	5.340	142578.000	64900
20130715	002024	苏宁云商	证券买入	19800	5.340	105732.000	84700
20130715	002024	苏宁云商	证券买入	22800	5.330	121524.000	107500
20130715	002024	苏宁云商	证券买入	38200	5.340	203988.000	38200
20130716	002024	苏宁云商	证券买入	30000	5.440	163200.000	90000
20130716	002024	苏宁云商	证券买入	500	5.590	2795.000	110500
20130716	002024	苏宁云商	证券卖出	-37500	5.400	202500.000	70000
20130716	002024	苏宁云商	证券买入	5000	5.570	27850.000	120000
20130716	002024	苏宁云商	证券卖出	-30000	5.400	162000.000	40000
20130716	002024	苏宁云商	证券买入	10000	5.580	55800.000	110000
20130716	002024	苏宁云商	证券买入	30000	5.390	161700.000	60000
20130716	002024	苏宁云商	证券买入	10000	5.460	54600.000	100000
20130716	002024	苏宁云商	证券卖出	-10000	5.380	53800.000	30000
20130716	002024	苏宁云商	证券买入	4500	5.592	25161.830	115000

图2.21 黄志伟成交记录截图2

▲成交日▼	证券代码▼	证券名称▼	操作 ▼	成交数量▼	成交均价▼	成交金额 ▼	股票余额 ▼
20130717	002024	苏宁云商	证券买入	64198	5.540	355656.920	430298
20130717	002024	苏宁云商	证券买入	50000	5.500	275000.000	191000
20130717	002024	苏宁云商	证券买入	50000	5.510	275500.000	241000
20130717	002024	苏宁云商	证券买入	7400	5.510	40774.000	248400
20130717	002024	苏宁云商	证券买入	1600	5.520	8832.000	250000
20130717	002024	苏宁云商	证券买入	20000	5.520	110400.000	270000
20130717	002024	苏宁云商	证券买入	20000	5.530	110600.000	290000
20130717	002024	苏宁云商	证券买入	30000	5.530	165900.000	320000
20130717	002024	苏宁云商	证券买入	46100	5.530	254933.000	366100
20130717	002024	苏宁云商	证券买入	21000	5.560	116760.000	141000
20130717	002024	苏宁云商	证券买入	5800	5.580	32364.000	436098
20130717	002024	苏宁云商	证券买入	52200	5.590	291798.000	488298
20130717	002024	苏宁云商	证券买入	5900	5.600	33040.000	494198
20130717	002024	苏宁云商	证券买入	43600	5.560	242416.000	537798
20130717	002024	苏宁云商	证券买入	1000	5.400	5400.000	538798
20130717	002024	苏宁云商	证券买入	1000	5.400	5400.000	539798
20130717	002024	苏宁云商	证券买入	500	5.400	2700.000	540298
20130717	002024	苏宁云商	证券买入	2000	5.400	10800.000	542298
20130717	002024	苏宁云商	证券买入	1000	5.400	5400.000	543298

图2.22 黄志伟成交记录截图3

在"雪球网""股吧"和"论坛"上，关注苏宁的动向。

8月份以后，苏宁网上开放平台即将上线的消息在悄悄流传，黄志伟特别注意到了苏宁的副董事长在为开放平台征集名称的活动，奖金是10万元。这说明开放平台意义重大，可能是苏宁向天猫模式看齐的重大措施，标志着苏宁向互联网企业更进一步的转型。

苏宁有着强大的线下优势，如果把线上业务经营好了，再把两者有机结合起来，将创造云商模式。若果真如此，它的实力可能会超越京东和天猫，其想象空间很大。退一步说，机构如果买不了天猫的股票或京东的股票，买苏宁也是不错的选择。于是，黄志伟坚定了持股和加仓的决心，决定等苏宁公布开放平台上线的利好见光后再出货。

直到9月12日和13日，苏宁开放平台（线上和线下同时开放）的消息被媒体大量报道后，黄志伟认为利好兑现，于是卖出苏宁云商。（图2.23、图2.24）

成交日期	合同编号	证券代码	证券名称	操作	成交数量	成交均价
20130912	94	002024	苏宁云商	卖券还款	-8009	9.230
20130912	96	002024	苏宁云商	卖券还款	-4700	9.240
20130912	86	002024	苏宁云商	卖券还款	-90000	9.210
20130912	92	002024	苏宁云商	卖券还款	-150000	9.190

查询日期 2013- 9-12 至 2013- 9-12 确定 取消汇总

图2.23 黄志伟成交记录截图4

成交日期	合同编号	证券代码	证券名称	操作	成交数量	成交均价	成交金额
20130913	50	002024	苏宁云商	卖券还款	-60095	9.330	560686.350
20130913	16	002024	苏宁云商	卖券还款	-110000	9.590	1054900.000
20130913	8	002024	苏宁云商	卖券还款	-49026	9.670	474081.420
20130913	4	002024	苏宁云商	卖券还款	-150000	9.690	1453500.000
20130913	34	002024	苏宁云商	卖券还款	-43279	9.400	406822.600

查询日期 2013- 9-13 至 2013- 9-13 确定 汇总

图2.24 黄志伟成交记录截图5

黄志伟预计苏宁云商的股价在10元附近会遇到阻力并有所调整，本计划届时再买回它。可没想到投资者对苏宁转型互联网的反响强烈，持股热情巨大，苏宁云商股价在随后的3周一口气直接冲到了14元。见此情形，黄志伟感叹自己"卖早了"，为了回避可能出现回调的风险，错失了苏宁云商股价飙升的机会。如果多持有3周，他至少多盈利200万元。最后，他只好借用偶像李嘉诚说过的一句话"我一生的原则是不会去赚'最后一个铜板'",来安慰自己。

操作重组预期股和热门游戏股

泰山石油（000554）是黄志伟长期关注的股票，因中石化曾公开承诺重组旗下上市公司，一直有重组预期。2013年9月中旬，他在4.20元附近建仓了泰山石油，本来计划持有到年底，看看是否有重组的机会，结果碰上了"油气改革"的概念，短期内股价飙升，黄志伟在6元以上卖出，在这只股票上获利超过100万元。

与此同时，他还买进了游戏概念股博瑞传播（600880），一度重仓，账户浮盈110万元。在手游股回调的过程中，他多次试图抄底博瑞传播，却多次被迫止损出局，最终从浮盈110万元到亏损10万元。他事后总结，对于抄底下降通道中的股票，要谨慎再谨慎。

操盘感悟

在买入理由充分的前提下，要敢于重仓出击，但是要注意分批建仓。建仓后，在上涨过程中，只要上升形态保持完好，要能够保持盈利的仓位，让利润扩大。同时，事先选定好20日均线或30日均线作为上升趋势保护线，当股价有效跌破此线时，趋势可能会改变，要及时卖出，保住利润。对于已经形成了下降趋势的股票，哪怕这只股票前几周走势很牛，也要对"抄底博反弹"这种操作慎之又慎。否则，它会让你到手的利润灰飞烟灭。

尝试中长线持股，实盘见证能否稳健盈利

短线和波段的操作，需要长时间盯盘和操盘，而且容易受资金规模的约束。黄志伟善于综合分析，能够选出既有安全性，又有上涨空间，同时赚钱概率很确定的好股票。

接下来，他计划尝试中长线投资。他开通了一个实盘的投资账户，构筑了一个投资组合，并打算不做任何换股操作，从2013年4月8日一直持有到2017年5月份，然后再考虑是否卖出。图2.25和图2.26是黄志伟2013年12月29日的实盘账户截图和交易记录截图。

人民币									
资金余额		431.34	可取金额		431.34	最近查询时间：2013-12-29 11:16:27			
			股票市值		568616.00				
可用金额		431.34	总资产		569047.34	修改成本价			
证券代码	证券名称	股票余额	可用余额	盈亏	市价	成本价▽		市值	盈亏比例(%)
600196	复星医药	14000	14000	11354.040	19.840	11.850		277760.000	66.917
600015	华夏银行	21000	21000	12661.330	8.200	7.582		172200.000	7.936
300142	沃森生物	3200	3200	-10449.980	37.080	40.279		118656.000	-8.094

图2.25　黄志伟实盘账户截图

查询日期 2013-4-8▼ 至 2013-4-8▼			确定	汇总			
成交日期	证券代码	证券名称	▲ 操作	成交数量	成交均价	成交金额	
20130408	600015	华夏银行	证券买入	10600	10.250	108650.000	
20130408	600015	华夏银行	证券买入	4200	10.250	43050.000	
20130408	600196	复星医药	证券买入	3836	12.020	46108.720	
20130408	300142	沃森生物	证券买入	3100	40.482	125494.000	
20130408	600015	华夏银行	证券买入	215	10.230	2199.450	
20130408	600015	华夏银行	证券买入	300	10.250	3075.000	
20130408	600196	复星医药	证券买入	10400	12.040	125216.000	

图2.26　黄志伟成交记录截图6

黄志伟买入及构建此投资组合的理由如下：

复星医药是投资中国医药健康产业链最完整的企业之一，是中国进入老龄化社会后能稳健成长的企业。华夏银行的估值水平很低，买入时，其股价不到其净资产的9折，比自己开银行都划算。沃森生物拥有20亿的超募资金，研发能力强，在研品种有潜力，属于生物医药行业的成长股。

该账户从2013年4月8日至12月29日的收益率约为25%，其间黄志伟没有做换股操作，只把分红换成股票。虽然比短线账户收益少，但是投资过程轻松，收益总体不错。

2013年股市行情的特点是结构化，可谓"冰火两重天"：有10个月涨10倍的游戏股中青宝，也有"跌跌不休"的周期股。在这种行情下，持有上升趋势的股票，卖出下降的股票，才能取得较好的收益。整个过程中，最重要的事是把握趋势改变的临界点。

对于结构化的行情，黄志伟给自己定下的"三不"原则是："不随意性买卖股票，不轻易追高，不听消息买入股票"。这让他回避了许多风险，赚自己看得懂行情的钱。今天追这个热点，明天追那个热点，今天听消息买这个，明天买那个，不成系统的操作，导致亏损严重。

还有，面对结构化的行情，投资者容易心态不平衡。见自己卖出的股票还在涨，自己持有的股票就是不"牛"，容易迷失方向。黄志伟的做法是，给自己确定一个合理的投资目标，这个投资目标是"每年都盈利，每年都跑赢上证指数"。这个目标看似简单，事实上，一轮牛熊交替下来，盈利非常可观。

这个投资目标，是黄志伟研究巴菲特50年投资收益率、发现巴菲特盈利背后的真相后制定的。在50年的投资过程中，巴菲特投资账户亏损的年份只有2年，而且亏损比例在10%以内，盈利很高的年份也很少。因此持续稳健的复利，只做加法不做减法才是长期获胜的法宝。黄志伟认为，以后的行情将会更结构化，只有确定了合理的投资目标，才会更平静、更理性，才能拿住盈利的股票，做中长期的价值投资。

雪球滚大的秘诀

几年间，他一点点地用小钱去滚雪球，去积累财富，获取复利的增长，而其中最重要的，就在于他能把握市场机遇，提高做加法的收益率；同时，他规避了市场的风险，避免做减法，这样，持续滚动下去，复利增长的威力就很惊人。

积累财富就像滚雪球

——只做加法不做减法

财富的积累靠的是复利，复利的过程就和滚雪球一样。巴菲特曾说："复利有点像从山上往山下滚雪球，最开始时，雪球很小，但是当往下滚的时间足够长，而且雪球粘得适当紧，最后雪球就会很大很大。"如果年复合增长率达到26%，10年增长就是10倍，第二个10年，初始资金的增长就达到100倍。而复利增长的关键是只做加法不做减法。黄志伟在2008年的大熊市中还能取得近50%的收益率，在2009年当大盘在3478点见顶后及时逃顶和2010年股指期货推出后的清仓，有效地回避了损失。没有去做减法，是他资金增长的关键。

7年间，他一点点地用小钱去滚雪球，去积累财富，获取复利的增长，而其中最重要的，就在于他能把握市场机遇，提高做加法的收益率；同时，他规避了市场的风险，避免做减法，这样，持续滚动下去，复利增长的威力就很惊人。

雪球滚大的基础是要具备坚实的"内核"

——用投资的眼光去投机

黄志伟多年来能把雪球越滚越大，还在于他的全部操作有一个坚实的"内核"。而这个"内核"的核心就是投机。他认为，对于小资金，投机比投资更有吸引力，投机的收益可能比投资收益高很多。

黄志伟说，用投资的眼光去投机，会使投机更安全，收益也更大更快。但投机需要把握一定的原则和度，风险很高的盲目投机不可取。他说他也曾交易过招行认沽权证和南航认沽权证。这种最终会全归零的品种，曾吸引大量投机资金参与博弈；这种投机也导致很多投机资金受到重创。在国内市场缺乏合理的投机品种、缺少合理的交易机制的环境下，更需要对投机品种进行判断，判断其是否具有基本的投资价值，即使是概念性炒作，也需要判断此概念的投资价值。

当然，绝不能用做投资的方法去做投机，否则炒股会炒成"持股人"。而用投资的眼光选标的去投机，会让收益更高，也更有乐趣。

所谓"投资的眼光"，是对投资标的做出价值判断，是用价值投资的眼光选标的做投机。比如在当前市场估值洼地银行股上做波段操作，如果节奏踏准了，就让价值投资更有意思。再比如，在风险可控、相对安全的前提下去投机，去追击第一、第二个刚启动的涨停板，效果就会很好。

一些投资者喜欢炒概念。但概念性炒作，也要判断被炒作概念的价值状况，以做出与之适应的投机策略。有些概念股，只能短期参与炒作；有些概念股，背后有很高的成长性，就具备成为中长线概念反复炒作的热点股。因此，要敢于拿一部分仓位参与炒作。操作这些热点概念股的资金，往往是市场最敏感、最凶猛的游资，波动大，获利快，而其中不少股具有长期价值，非常适合投机。

时刻警惕雪球崩塌，保住本金安全
——止损与止盈，始终把控制风险放在第一位

止损与止盈，是股市投资的安全带。止损与止盈，都是讲卖股的时点。因为卖点的把握更难，所以人们常说"会卖的是师父"。这是因为最佳卖点出现的时间很短，而下跌的速度又很快，往往是上涨速度的3倍，因此卖股要快，绝不能手软，大不了卖错了再买回来。

黄志伟止损的原则是：个股亏损5%就止损出局，等待下一次机会。一旦个股连续亏损到总仓位的10%，就出局观望；止盈的原则是若涨后又跌回成本，则铁定保本出局。通过止损与止盈对卖点的控制，保住本金安全，从而有效控制风险。

他认为，执行这个纪律要非常严格，否则，小亏损就会变成大窟窿，盈

利会变亏损，后果不堪设想。采访中，他说了一句很形象的话：有个成语叫"亡羊补牢"，丢了一只羊不去补牢，等到跑了一群羊，你才想起去补牢，为时晚矣！

7年多来，正是因为非常严格地执行了止损与止盈的纪律，黄志伟才快乐地"活"到今天。2009年，大盘从3478点跌到2639点，大盘跌幅达24.12%，黄志伟只损失了最高总市值的4%；2010年，大盘从3181点跌到2319点，大盘跌幅达27%，他只损失了最高总市值的5%。为此，他才有了"活下来"的资本。抢一波反弹，他的账户就轻松创出新高。所以，保住本金，控制住风险，为下一次盈利打下良好基础，是多么重要啊！

仓位管理是风险控制的另一个很重要的方面。其核心内容，简单说是股价低位时保持高仓位，股价高位时对应低仓位。而黄志伟多年来一直习惯满仓操作。他认为这样收益最快、最大。他认为只要做好止损、止盈和仓位管理工作，就能有效控制住风险；当下一次盈利的机会来临时，才能把握得更好；当别人还在弥补上次的亏损时，他可能已经开始盈利了。

找到属于自己的"最湿的雪"和"最长的坡"
——不断完善适合自己的交易系统

巴菲特对此的解读："最湿的雪"是不断增长的资金，"最长的坡"是不断成长的公司。而黄志伟把这理解成："最湿的雪"是最好的投资标的，"最长的坡"是能让利润奔跑的买点和卖点。买什么，什么时候买，什么时候卖，就是"交易系统"。最好的理论和经验不一定适合自己，适合自己的成功的交易系统，才是最好的。

黄志伟总结出自己的"交易系统"：牛市里的盈利秘诀是捂股，止损不止盈，尽量持股时间长一些，直到市场趋势转变或市场狂热时再卖出。熊市盈利秘诀是超跌抢反弹，快进快出。熊市里，市场"跌跌"不休，不操作、空仓休息是大资金的上策。但是对于小资金，做超跌抢反弹，把握机会，快进快出，盈利也不错。一般熊市的反弹日线不超3天，周线不超3周，把握这样的基本规律做超跌抢反弹，设好止损止盈点，快进快出，盈利也会不错。

买什么？黄志伟一般运用综合分析的方法选出标的，先看基本面，再看技术面，在切合市场热点或潜在的题材中选择个股。他一般不随意买股。

什么时候买？什么时候卖？他买卖股票的"绝杀"技艺如下：

追涨杀跌和买跌卖涨。追涨杀跌的关键是在上涨和下跌的初期追涨杀跌，而买跌卖涨的关键是跌了要敢买，涨了舍得卖。2007年"5·30"大跌，当印花税上调的消息公布时，黄志伟满仓损失3到4个百分点割肉杀跌出局。个股在3个跌停时，他试探性抄底介入，第二天平盘出局。个股在5个跌停时，黄志伟满仓在跌停附近15.5元左右买进兰生股份。当时，个股大面积跌停，这时要有勇气敢去买。当天兰生股份从跌停到反涨3个点。随后6～7个交易日，市场大幅反弹，黄志伟在兰生股份25元附近全部出局。几个交易日，他的盈利超过20%。

"潜伏"和"亮剑"。这是黄志伟对股票"买点"的形象归纳。"潜伏"是指对较长时间盘整的股票，在爆发前潜伏其中，待大幅拉升后出局。

"亮剑"是主力资金经过了一波拉升后（表明主力资金在其中运作），在盘整的第5～6个交易日买进，等待第二波、第三波拉升后出局。

至于"卖点"，一般是成交量一旦放得过大或出现头部迹象就果断卖出。

雪灾最严重的时候，正是滚雪球的良机

——不在黎明前的黑暗中倒下

股市风雨飘摇，充满坎坷。有些人经不起风浪，在暴风雪最肆虐、最"黑暗"之际没倒，却在黎明前倒下了。他们忘了，寒冬过去就是春天。作为一个投资者，对未来要有乐观的态度，要充满信心。当大盘在1000点、1664点、2339点市场最迷茫的低点时，黄志伟没有倒下，他铭记着，走过严冬就会迎来春天。市场总是在牛熊市里转换，切不可在黎明前的黑暗中倒下。

回顾美国历史上著名的经济危机和大型股灾，每一次"雪灾"最严重的时候，正是"滚雪球"的良机，也即是布局买股票最好的时候。暴风雪来临

时，我们需要的是把握危机中的机会，而不是恐慌地倒下。

黄志伟研究了近20年世界经济周期和股市周期的关系，对经济危机和股灾的关系及周期规律有深刻认识。他说，把握这种大周期循环的规律，对牛熊市的转换就会有更清晰的认识，从而就能更好地判断雪灾什么时候最严重，把握好滚雪球的最佳机会。

不断磨炼把雪球滚大的心态和品格

滚雪球并非一件容易的事。滚动雪球的路，漫长而曲折。在滚动的过程中，最需要打磨的，便是人们的心态。

在波浪翻滚的股市，具备和保持良好的心态是一件很困难的事情，如何才能做到呢？黄志伟的经验总结是：不要过分关注已经出现的亏损和盈利，而是要专注未来可能的亏损和盈利，从而做出正确的判断。他说，很多时候，大多数人更注重既得利益和损失，而忽视未来的利益和损失，从而影响心态，进而影响判断。

谈及磨炼心态，黄志伟对2009年操作物联网概念龙头股厦门信达（000701）的心路历程，至今仍记忆犹新。那是在厦门信达连续拉了4个涨停板之后的9月21日，下午开盘，他开始买进这只股。随后半小时，另一只物联网龙头新大陆（000997）涨停。

看到这情景，黄志伟便加大资金买入厦门信达，平均成本10.5元。可没想到，他刚买了20万股，物联网概念股尾盘整体回落，厦门信达收盘10.17元，他被套4个百分点，亏损8万元之多，这对他的自信心打击较大。

与此同时，他预感第二天早盘还会继续下跌。怎么办？是亏损出局，还是持股不动，或者是继续加仓？他的心里直打鼓，七上八下：第一次买的仓位太重，又是在4个涨停后买的，已经走错了第一步，该怎么办呢？

收盘后，黄志伟看了龙虎榜数据，做了仔细分析，发现前一天介入的主力营业部均已出局，因此，第二天大幅下跌的可能性极大。但他同时看到新进入资金的短期成本均在9.70元以上，且换手超过50%，应有强支撑。由于持有的厦门信达仓位占2/3，持仓过重，因此，他决定10元以上割肉减仓，9.70元附近或以下加仓。

第二天，厦门信达大幅恐慌性低开低走，最高跌幅达5个点，到了9.80元，此时，黄志伟的账户已经浮亏了20多万元。这一巨大的亏损，折磨着他的心，让他生出"卖出止损"的念头。但是，根据前晚的判断，他决定将剩下的1/3仓位全部买入厦门信达。

到了下午，厦门信达股价被拉起，一路涨到了10.30元，黄志伟卖出部分股票，降低仓位。当天尾盘收在10.37元，此时黄志伟的账户盈亏已基本持平了。第二天，厦门信达高开高走，上午封住涨停板，尾盘涨停打开，黄志伟观察到物联网有整体走弱迹象，于是在11.30元附近，获利全部卖出。果真，随后几天，该股跌幅较大。

"平稳的心态，是获胜的关键。"他总结道，"账户的盈利或亏损随时牵动着买卖决策，进而影响持股心态。我们只有冷静处之，才能临危不乱，稳操胜券。"

黄志伟还认为，除了心态以外，人品也决定了投资的高度。谦逊、谨慎、诚信是投资成功的基石。良好的心态和品格是他不断把雪球滚大的原始动力。

不断完善适合自己的交易系统

黄志伟回顾和总结了2003年到2013年10年间的操作记录，尤其后两年的。在这两年里，每年经他手的交易量超过10亿元。这其中，饱含着他太多的汗水和付出。

黄志伟把自己比喻是"股市农民"，像农夫耕耘一样辛勤地付出，才有从2003年初始入市的1.8万元，到2013年底的1000万元市值的回报。

如果不是亲眼所见，你很难相信，2007年的"5·30"暴跌，他能几个交易日逆势盈利超过20%；而2008年的大跌，他能全年盈利超过50%；2011年市场跌幅超过20%，他能盈利超过20%。

熊市盈利，这是他超越许多投资者的直接原因。专心、专注、专业，一辈子只做好投资这一件事，或许是他成功的根源。下文将揭示黄志伟的交易系统中最核心的东西。

改变一个投资习惯，从此告别亏损

如果你持有2只股票，一只亏损5%，一只盈利5%，如果要求你卖出一只股票，你会选择卖出哪只？

有人会选择卖出亏损的股票，有人会选择卖出盈利的股票。对于许多普通投资者来说，让他们卖出亏损的股票，是比较难以下手的，因为那意味着兑现亏损。大多数人通常的做法是卖出赚钱的股票，补仓亏损的那只股票。这个习惯正是让许多投资者大幅亏损或持续亏损的根源。这让我们看到很多投资者的账户上，没有红盘(盈利)的股票，全是绿的。因为赚钱的股票已经被他们早早卖出了。

黄志伟的做法是：在亏损的股票跌幅在5%以内时，首先卖出亏损的股票，继续持有盈利的股票。他的账户上很少持有一只亏损的股票。持有亏损的股票，哪怕是100股，他都嫌多。只持有盈利的股票，盈利的股票多拿一下，控制住了亏损，投资才会形成盈利循环。

不要让鳄鱼咬中了你的脚，总仓位10%止损

一位渔翁在湖边钓鱼，一只鳄鱼悄悄向他游来。渔翁只关注着他的鱼漂，没注意到悄无声息的鳄鱼。鳄鱼突然跃起，咬住了渔翁的脚。剧痛让他不停地挣扎，渔翁试图用他的手帮他的脚挣脱出来，鳄鱼却同时咬住了他的脚与手。这时，渔翁已经来不及砍掉脚和手了，被鳄鱼拖进了湖中。

一位猎人得知了渔翁的遭遇，在经过湖边的时候，右手拿着猎刀，左手拿住鱼肉，眼睛时刻关注着湖边可能忽然出没的鳄鱼。他宁可牺牲一些鱼

肉，也不要让鳄鱼咬中了自己的脚。由于提前防范了湖边可能出现鳄鱼的风险，猎人安全经过了湖岸。

"鳄鱼法则"告诉我们，万一鳄鱼咬住你的脚，务必记住：你唯一生存的机会便是牺牲一只脚！亏损就像鳄鱼，会吞噬你的全部。止损就像一把生锈的刀，可你是否有足够的勇气举起那把生锈的刀，狠狠地砍掉自己的脚？还是做个合格的猎人吧，时刻警惕鳄鱼的出没，宁可牺牲一些鱼肉（利润或小的亏损），也不要让鳄鱼咬中了脚！警惕亏损的仓位，及时止损，不要让亏损扩大到危及生存。

黄志伟的做法是，当账户总体亏损或回撤10%时，停下来，空仓观望，保存生存的实力。2013年底昌九生化（600228，现名：返利科技）的融资者爆仓的事件一直让他铭记于心。做一个股市猎人，时刻警惕重大的亏损是否危及了你的生存。投资的成功最终比的是谁持续盈利，谁生存的时间更长。

运用综合分析方法，买入利好即将公布的股票

学会了卖出，离成功就更进一步了。可是如何进行买入决策呢？投资者经常看到，某一个公司公告了一个利好消息后，比如年报业绩预增，随后股价就高开低走了。这背后的原因通常有两个，一是利好消息提前泄露了；二是利好消息被先知先觉的投资者提前调研和分析出来了。这种股票通常在消息出来前有一段明显涨幅，消息公布时"见光死"。

黄志伟买入股票的方法是：先通过技术面分析和基本面分析，找到技术上不是下跌通道、技术形态良好、基本面向好的股票。然后，再找到未来一到两个月可能出现对股价正面刺激的事件，比如业绩预增、新产品投放，或者重大投资和重组。通过调研和对公开资料分析，分批买入未来有一个利好等着的股票。当利好被公告时或被报道时，获利卖出。比如2013年操作苏宁云商时，他发现，苏宁的开放平台将在10月上线。这属于重大利好，于是他提前买入，正式被媒体报道时，则获利丰厚卖出。

股市中没有一种方法能够"一招鲜，吃遍天"。资金规模不同，操作者

性格不同，市场的状况不一样，盈利的交易系统也会不一样。比如巴菲特的投资模式就不一定适合资金量小的个人投资者，黄志伟的交易系统也不一定适合大多数投资者。但是他的交易系统中的买入股票的方法、持仓时间和卖出原则或许值得大家借鉴和学习：买入有利好待公布的股票；只持有盈利的仓位；利好兑现时卖出；及时止损止盈。这些，都是他10年操盘经验的精炼总结。

走向成功的背后

他每天至少有12个小时"泡"在股海里。多年来，他日日辛勤耕耘，专心、专注、专业地做好每一件事，历经了成功与失败，以及数不清的酸甜苦辣，才收获了丰硕的果实，将雪球越滚越大。

黄志伟经过多年的努力，将雪球滚大了。许多投资者对他羡慕不已，他周围的朋友们对他更是刮目相看。有人说他有菩萨保佑，有人说他面相好，财运顺。

难道他真的是有神人相助，运气好？

如果零距离地接近他，你一定会改变这种想法。

由于黄志伟是武汉人，近年来又在兴业证券长沙营业部现场操盘，所以我对他的这次采访先后跨越了两个省。春节期间在湖北访谈"才吃武昌鱼"，过了春节随他来湖南"又喝长沙水"。

当我第一次走进位于长沙芙蓉南路的兴业证券时，营业部总经理就不迭声地夸赞他的客户黄志伟。当初，在武汉，他曾和黄志伟在一起，亲眼见证黄志伟在股市成长的过程。看着黄志伟一点点地把小雪球滚大，他对黄志伟的非凡才华十分欣赏。2009年，当他调任湖南长沙时，便把黄志伟这匹"黑马"从长江边给挖到了湘江畔。

"小黄可真是我们这里的一个帅才啊！"营业部老总对我说，"榜样的力量真是无穷的。他奋斗的经历对营业部的客户影响很大，加上他经常给大家指导，很多投资者慕名而来，营业部可说是生意兴隆，一年新增资产就达10亿元，在整个湖南也算创了一个奇迹。这，应该说与黄志伟滚雪球的效应不无关系啊！"

荣誉来自艰辛，成功来自汗水。

在与黄志伟半个多月的朝夕相处和实战"跟班作业"中，我真切地感受到，他所取得的一切，都是用汗水换来的。

他一天至少有12个小时"泡"在股海里。除了4小时的操盘时间外，他用大量的时间阅读分析新闻财经报道、券商的研究报告、上市公司的年度报告。每天晚上，他都要将上海证券交易所和深圳证券交易所的公告全都认真阅读一遍，及时把握上市公司的变化，了解重大事件的发生，甚至常常通宵达旦。

他的助手小王对我说，黄志伟是个非常有心的人。一天早晨，当他浏览新闻时，看到新浪网的头条报道了北斗卫星系统投入运行的消息，他敏锐地在第一时间买入了相关概念的北斗星通（002151）这只股，随即就抓住了一个涨停。

在黄志伟的日程表上，看不到他有娱乐活动。他一心痴迷于股票，把时间和精力全部用在了分析研究上。他仔细研究市场，从大盘到个股，从基本面到技术面，从行业研究到公司研究，甚至到上市公司实地探访。

有一次，他在2.80元附近操作武汉中商（000785），为了对其业绩增长潜力做出预测，他到武汉中商的子公司武汉销品茂（华中最大单体卖场，当时刚开始营业）去实地考察商铺的出租情况和人气状况。

还有一次，他对博瑞传播（600880）收购经营网络游戏的成都梦工厂的案例进行研究，发现博瑞传播的成长性很大程度上来源于梦工厂旗下的新款网络游戏《圣斗士OL》的运营状况。为此，从不玩游戏的黄志伟开始玩网络游戏《圣斗士OL》，玩了几十级，只为体验上市公司的产品和市场状况。

更多的时间，他会通过电话了解上市公司，以取得有价值的信息。大同煤业是他多年来非常看好的一只股票，从10元到40元，他曾操作过好多次。大同煤业2009年第一季度业绩是0.65元/股，相当漂亮。可到7月15日，迟迟不发半年度业绩预告，这是为什么？带着这个疑问，黄志伟打电话咨询上市公司，得到的回复是第二季度业绩也很好。但是他想，第一季度业绩漂亮受前年财政部会计制度变更影响较大，而今财政部将相关会计制度又改回原来的了，因此他判断大同煤业的半年报业绩很可能大幅低于预期，就果断出局。结果，他规避了业绩公告后的股价大幅下挫。

一分耕耘，一分收获。在黄志伟的身上，真是无时无刻不在体现。

7年来，正像他自谦的"股市农民"一样，他日日辛勤耕耘，专心、专注、专业地做好每一件事，历经了成功与失败，以及数不清的酸甜苦辣，才收获了丰硕的果实，将雪球越滚越大。

尾声：留在橘子洲头的愿望

讲完"股市农民"黄志伟滚雪球的故事，冬天的飞雪悄然离去了。转眼，春天的脚步走来了。

长沙，美丽的橘子洲头，橘林吐翠，杨柳挂青，我和黄志伟漫步其间。我们伫立在滚滚的湘江边，望着那蓝天碧水，帆船点点，回忆当年毛泽东主席指点江山的激昂文字，心潮澎湃。

"小黄，这么多年走过来了，你对未来的路有何打算？"望着那清清江水，我问黄志伟。

"我还年轻，投资的路还很长。但不管前面路多艰难，我既然选择了这一事业，就会永远坚定地走下去。"他顿了一下，接着说，"如果要问我对未来有何想法的话，那就成立一家投资管理公司。我想从一个'股市农民'成长为一个成功的投资大师，这也算是我的一个愿望吧！"

……………

这是我第一次采访黄志伟时，他向我吐露的心愿。如今，他正在一步步让理想走进现实。面对未来，市场在不断地变化，股指期货的推出，期权的面世，更多外资涌进市场，市场的操作难度会更大。黄志伟说："只有不断地学习、实践和总结，不断完善自己的交易系统，投资才会更进一步。"

我们期待着他取得更好的投资成绩！

【篇尾按语】

本书出版前夕，我于2022年7月，再次联系到如今远在千里之外江城武汉的黄志伟。他告诉我，2013年底，他的股票投资市值达到1000万元，随即，在2014年到2015年中国A股市场"杠杆牛市"的巅峰，其市值超过了5000万元。难能可贵的是，他在高位空仓后，完全回避了股灾、熔断所带来的回撤和损失。2017年12月，他创建了自己的投资管理公司，至今运作良好。

安 农:

" 当市场一夜之间崩溃时，
你一定要活着留在这个市场中。"

在那块贫瘠的土地上，他怀揣着儿时当富翁的梦想，从股市到期市，从"毁灭"到"重生"，从十万元到千万元，不断创出"田园"奇迹。他为何能在险恶丛生的市场"平安幸福"地生存？他为何能把高风险做成低风险，年年获取稳健收益？一位农民投资大师那独特的理念和他的操作系统，将向你揭秘……

投资简历

个人信息

安农，别名：心云。男，1971 年 11 月 24 日生，湖南人，中专学历。

入市时间

1999 年初。

投资风格

追逐趋势，做自己熟悉的事，赚自己明白的钱！

投资感悟

只有放弃暴富思想，把贪婪控制在比较合理的范围内，你才能成为一个合格的投资者，也才能在这个市场上长期生存。

第 3 章

△

守望"田园"的投资奇人

——记一位农民投资大师安农的传奇故事

他是个农民，一个地地道道的种田人。插秧、栽棉花、犁耧锄耙，样样会。

之后，他当了副乡长，分管工农业口，管理着全乡的5万多亩土地，每年种啥收啥，都由他精心筹划。

再之后，他喜欢上了投资这一行。虽说进了城，可他的"田园情结"却一天也没有消失。

他一直坚守着心中的那片"田野"。多年来，他只对自己熟悉的农作物进行投资，年年都有稳定的好"收成"。2006年，在首届全国期货实盘交易大赛中，农民出身的他，在高手林立的激烈角逐中，以123.58%的优异战绩，摘取了银牌。

这位农民兄弟是谁？

他叫安农，是中南地区闻名遐迩的一位投资奇人。

引子：记录青春梦想的红色纪念册

安农是在湘北那块贫瘠的土地上长大的。小时候，家境十分贫寒，母亲四处借债让他背着个破书包上学。从7岁起一放学就下地播种、插秧干活的情景，让他至今难以忘怀。

在采访的头一天，安农带我到他家，拿出一本他珍藏了23年的红色本子给我看。那是1989年6月他在农校的"毕业纪念册"。鲜红的封面，内页的纸张早已发黄，但它忠诚地记录着眼前这位农民投资大师当年的梦想。

那时，他17岁，意气勃发。

在纪念册的首页上，他这样写着：

出生年月：1971年11月24日

爱好：体育

志向：当富翁

人生信条：我就是我

下面，有一段自勉的话：

　　安农，我知道你是个有志气、不甘沉沦的青年，可光有这些，没有行动又有什么用呢？难道你真想糊糊涂涂地过一辈子吗？你不是常和别人谈起你的事业、你的理想，还有你那从小就做起的梦吗？你不是说想当个大富翁、武术师吗？那么，你就去努力干实事吧！不要害怕摔跤，摔倒了算什么……祝你成功吧！

在这本纪念册中，我还看到当年他的许多同班同学的赠言。有的说："只要你努力奋斗，你会成为富翁的！"但也有同学直言，说他想要在家乡这块穷土地上实现"当富翁"的梦想，那简直"不可能"，是"太幼稚"了。

但是，说他"太幼稚"，不可能实现"当富翁"梦想的这些同学错了。安农是个"一滴水一个泡"，不实现理想不会甘休的人。

2007年，当他怀揣10万元离开家乡时，仍未忘记"当富翁"的"誓言"。他对送行的同学和领导说："争取10年当千万富翁。"

这是笑谈？不。

谁会想到，这位名不见经传的湘北农民，竟用4年时间奇迹般地实现了当千万富翁的梦想，比原来的10年目标规划，整整提前6年。与此同时，他"爱体育"想当"拳术师"的愿望也得以实现：2009年，他以扎实的功底，亮相三湘，力挫群雄，在全省的太极拳比赛中，拿到了银牌。

"一个人要有理想，要敢于做梦。你想得有多高，你的事业和成就才会做得有多大！"如今已实现自己愿望的安农，拿着那本珍藏着自己梦想的纪念册，深情地对我说。

穷土富梦

养蛇，蛇没了；炒股，股跌了。他一次次割肉，最后，账上的钱都快让他割完了。在投资路上，安农两次筑梦，两次"破产"。这让他痛苦不堪。

梦断蛇园

梦想是成功的基石，也是走向成功的原动力。安农为了实现自己的梦想，付出了太多。

他家乡的那片土地，真实地记录着他为实现梦想走过的一串串脚印……农校毕业后，17岁的安农回到了他那贫穷的故乡，当了一名农业技术推广员。

他整天走乡串户，泡在田园里，年复一年，仍然摆脱不了贫苦的生活。但是，面对贫穷，"当富翁"的梦想他却一天都不曾忘。

有一年，他想了一个致富的点子，把自己工作两年的4000元积蓄，投向养殖业。他买了200多斤蛇回来养。结果，他的家里和岳父母家里，一时成了蛇的"王国"：红的、绿的，大的、小的……墙上、地上，屋里、屋外爬的全是吓人的蛇。

别人见了都躲，可安农像养崽一样疼爱这些蛇。那是他的梦呀！

白天在乡下跑了一天，很晚回到家，他累得不得了，却不肯歇一会儿，又开始忙着给蛇找食吃。夜晚，他拿着手电去河沟里捉青蛙，有时半夜才回家睡觉。

几个月下来，安农瘦了，蛇也没有长大，还一天天变少了。他毕竟不懂蛇的习性，没有养蛇的经验。这年夏天，天特热，他没有钱给蛇搭建凉棚，眼睁睁地看着蛇园里成堆的蛇被火辣辣的太阳晒死了。

没多久，数百条蛇，晒的晒死了，病的病死了，最后，安农也无心照顾它们，剩下的蛇全逃走了。

面对茅草丛生的空旷蛇园，安农的心碎了：两年的积蓄泡汤了，当富翁的梦才开始就破灭了。这打击太大了！

"那是我人生中第一次投资'破产'。"虽然多少年过去了，但回忆起那段梦断蛇园的往事，安农的心仍是沉甸甸的。

股海淘金

蛇没有了，但梦还在。挫折，并没有击倒追求梦想的安农。他没有灰心，准备继续奋斗。

就在这时，他的家乡发了洪灾，一片汪洋，地淹了，庄稼没了。此时，安农把自己攒的5000元私房钱拿出来，准备东山再起，继续搞养殖。

"在哪里跌倒，还在哪里爬起来！"安农这样想。

就在这时，安农的一位非常要好的朋友从广东打工回来，对他说："阿农，广州、深圳那边有不少人炒股票都发了，你不如也炒股吧！"

安农听了这位挚友的劝说，把钱投向了股市。那是他投资的第二个梦想之地。虽然不懂技术，但安农运气挺好，正碰上1999年的"5·19"火爆行情，他买的东大阿派（600718，现名：东软集团）从20元直涨到40多元，广州控股（600098）也翻了番。赚了钱，安农买了一台电脑，开始钻研技术。可是，熊市很快到来，他开始亏钱了。面对越来越大的亏损，他不顾妻子和家人的反对，依然加大投入。那年，安农把辛辛苦苦种了几十亩玉米和100多亩南瓜好不容易挣来的8000多块钱全填进了股市。另外，妻子帮他借的1万多元也被他买成了股票。

股市是无情的，大盘连续下跌，安农一次次割肉，最后，账上的钱都快让他割完了。他痛苦不堪。在投资路上，安农两次筑梦，两次"破产"。

一直熬到2003年年底和2004年年初，股市才终于迎来了一波熊市的反弹行情，安农把和朋友下乡收购油菜籽、棉花、稻谷和卖种子、肥料、农药赚回的10多万块钱，全部投进了股市。在这波反弹行情中，他买的中国联通（600050）、中国石化（600028）、ST吉化（000618）、中集集团（000039），让他大赚一笔，挣了10多万元。在股市中淘到的这一桶金，也成了安农日后转战期市的起始资金。

艰难岁月

他做空小麦，结果小麦没有下跌，还是在涨。30万元在短短的8个多月时间里就亏完了，这是他在投资路上的第三次"破产"。

当从投资的低谷中重新崛起时，他像换了一个人，不再盲目，不再犹豫，操作有张有弛，亏损也在他的不断努力中得到扭转。

毁掉全部家产

奋斗的路，漫长而坎坷。从2004年下半年到2005年初，可说是安农在投资路上的一段艰难岁月，他几乎再度走到了"破产"的悬崖边缘。

安农在股市淘到第一桶金后，还是他的那位好同学，又告诉他当地可以开户炒期货。安农听那位同学说期货的品种有玉米、大豆、棉花、白糖等，兴奋极了：这些农产品他太熟悉了啊。他长期收购棉花、油菜籽、稻谷，对这些农产品的价格非常了解，他不假思索就答应去开户试试。

安农把在股市赚的10多万元，加上搞副业挣的10多万元，以及全家的积蓄共计约30万元砸向他人生的第三个投资梦之地——熟悉而陌生的商品期货市场。

安农的选择没有错。这个市场有许多是他熟悉的农作物，进入这个市场，就像进入庄稼地那么亲切。

那可是一片沃土，梦想也许就要从这里放飞了。安农盘算着，踌躇满志。

开户不久，安农开始"试水"。在买卖前，他颇动了一番脑筋。当时，他见种田人多，粮食不值钱，收购价很低，他决定"放空"小麦品种。他的这个决策，在当时应该没有错。可是，就在他做空小麦之后，这一品种却像有意跟他作对似的，掉头向上，大涨不止。

首战出师不利，安农没有沮丧，对现货小麦行情知根知底的他，认为自己的判断没有错，小麦必跌无疑。在失利面前，他不仅没有改变方向，而是不服输地加大了做空的筹码，使仓位达到了50%。

结果小麦没有因为他的执着而下跌，还是在涨。安农看不懂了。

30万元在短短的8个多月时间里就亏完了，还倒欠了朋友不少钱。

安农说，这是他在投资路上的第三次"破产"，这次失败对他的打击是毁灭性的。他赔了全家全部的血汗钱，心痛极了。他蹲在那一望无际的田野上，心如麦芒在刺：难道，自己熟悉的这块"田野"如今真的变成了一块"魔地"？自己的梦想，难道就毁在这里？

为什么？这究竟是为什么？他百思不得其解。

至今，他仍清楚地记得，那是2005年7月，他妻子执教的中学放假了，他把自己"禁闭"在这所学校里，深刻反思。他全天独自一人待在学校里，连饭都是妻子给他送来的。

他复盘，写日记，想问题。整整半个月，他在"黑暗"中苦苦思索，寻找失利的原因。最后，他终于找到了问题的症结：从股市走来的他，当时还没有适应期货这个市场。期货市场的交易不同于股市，实行的是保证金制，风险成倍地放大了，而自己还在沿用股市中买卖股票的做法。虽然他对小麦的现货市场了解，看到了它必跌的主方向，后来小麦最终下跌的事实，也证明了他的判断。然而，他的进场时机没有选择好，正赶上小麦在主下跌趋势中的向上短期波动阶段，加上缺乏期货市场经验，他没有看透主力采用的"逼仓"手法，操作上又存有短线思维，止盈、止损的次数过多，持仓也重了点，因而，即便是自己把大的趋势看对了，仍难以逃脱亏钱的结局。

低谷崛起，"半死"是师父

失败是成功之母。进入期货市场的那段"走麦城"，后来，在安农为梦想继续奋斗的路上，成了他人生的一笔巨大财富。

安农开始重新审视自己曾那么熟悉的玉米、棉花、小麦、大豆、菜籽这些朝夕相伴的"老朋友"。他不仅了解现货市场，同时，更加深入研究和分析这些农产品在期货市场上将会有什么样的"作为"，此外，对大资金主力的操盘手法，他也进行了精心研究。

经历了"毁灭"性的打击，当从投资的低谷中重新崛起时，安农像换了一个人，不仅转变了思路，也改变了操作方法。他不再盲目，不再犹豫，操作有张有弛，亏损也在他的不断努力中得到扭转。

一天清晨，我在公园观看这位农民投资大师锻炼，只见他打拳舞剑，似行云流水，刚柔相济，引来众人的围观和不断喝彩。

小憩时，身着武术服的安农一边给我比画着他的一招一式，一边给我讲起了《水浒外传》里的一则故事：

> 一天，鲁智深正大展拳脚，在寺院里练武，被林冲看到了。林冲问："大侠，请问你是哪个门派的？"鲁智深回答："俺是'打架派'的。"林冲又问："敢问你的师父是谁？"鲁智深笑答："'半死'是俺的师父。过去，人家把我打得半死，现在是我把人家打得半死！"林冲听后，哈哈大笑……

我听着这个有趣的"故事新编"，笑了。安农这时也笑起来："'半死'是师父！讲得多好呀。这些年，如果说我在投资上有点成绩的话，不也是'半死'给教出来的。在投资市场上所获的每一分钱，都是用心血换来的，用教训和钱亏出来的。您说是吧？"

我会意地点点头。

"田园"奇迹

功夫不负有心人，失败造就成功。经历失利后的安农，在期货投资市场虽然还是个新手，但他以一个浸泡在家乡这块土地上18年的农民身份，在养育他的"田园"里，开始大展宏图，创造出一个个奇迹。从2005年下半年到2006年底，他连续打了两场漂亮的大战役，彻底地走出了破产的阴影。

第一次赚畅快的钱

安农第一个扭亏为盈的"翻身仗"，是做空农产品豆粕。

那是2005年7月，正当禽流感流行严重的时候，安农天天带领农民们做防疫工作。那段时间，他发现，由于惧怕禽流感的传播，养鸡的农户越来越少了，从而引发鸡饲料少人要，甚至没人要。

这一现象，使安农敏锐地觉察到了一个投资的机会，看到了"灾难"中的一个"亮点"——他预测作为主要饲料的豆粕品种一定会下跌。

供求关系决定价格，安农深知这一点。于是，他开始在期货市场做空豆粕，一直做了4个多月，在期货投资市场上淘到了一桶重金。

谈及这次"战役"，安农兴奋地说："那是我进入投资市场之后，赚的第一笔比较畅快的钱！"（图3.1）

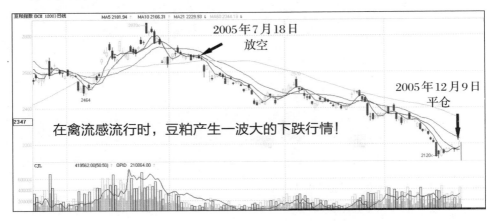

图3.1 豆粕指数走势图1

夺取全国实盘大赛银牌的农民

2006年初春，安农在田头搞调查，发现许多农民在翻地，把水田改成棉地。这种反常的现象，引起了他的思考。

在和农民的交谈中，安农了解到了这种反常现象的内部原因：原来，上一年的棉花收购价格偏高，棉种也销得很好，这便激发了农民种植棉花的热情。

根据这种变化，安农判断未来棉花的价格可能会下跌。他决定在期货市场放空棉花产品。

这年，安农从年初做到7月底，一直持续不断地坚定做空棉花品种，大获全胜。（图3.2）

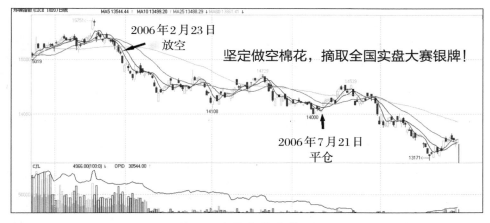

图3.2　郑棉指数走势图1

安农正是以这种清晰判断做空棉花的"经典之作"，以3个多月123.58%的稳定收益，在2006年首届全国期货实盘大赛中获得银牌。一个农民投资家有如此佳绩，一下子，安农轰动期坛，名噪一时。

然而，获得大奖的安农，并没有飘飘然，他仍然扎根在家乡那块土地上，过着普通的乡村生活。所不同的是，他的投资理念在不断完善，投资水平在不断提高。

在当时的操盘日记中，安农这样写道：

　　不断增长的人口及消费需求，失衡且不断变化的种植结构，有限的耕地，不断恶劣的自然环境，农产品转化为生物燃料，农产品供需矛盾导致价格的不断变化，引发了农产品期货获利的可能。

这是他投资的依据，也是他获奖的一段真实感言。

从十万元到千万元

　　2007年，安农进城时持有10万元，年底，他账户上的资金就达到了150万元。在2009年和2010年，安农的资金账户继续连拉大阳，突破了千万元大关。他是怎么做到的？他的秘诀在哪里？

连年稳健获利，实现千万梦想

　　从2007年起，至2011年我采访安农的这一段时间，正是安农在投资市场中最成熟的一段岁月，也是他年年稳健获利，最为风光的日子。他用自己的智慧、正确的理念，以及深植于田园的独特经历与扎实的功底，迎来了投资事业的丰收期。

　　2007年，安农进城时持有10万元，加上向朋友借来的40万元，一共50万元投入，当年获得了200%的收益。年底，他账户里的资金就达到了150万元。他很快将借朋友的钱还上，从此开始了自有资金的滚动。

　　2008年，安农再度创造佳绩，获利300%，账户资金很快就突破了400万元。

　　之后，在2009年和2010年，安农的资金账户继续连拉大阳，接连翻番。2010年10月，安农这个来自乡下的农民投资大师，终于实现几年前的梦想，账户资金突破了千万元大关。

经典实战案例回放

实战案例：在"种田大户"家里做出的判断

2007年初，安农在下乡调查中发现许多人不愿种油菜了。这是为何？这天，他走进种田大户老谭家，和老谭一起吃饭聊天儿。

安农顺势问老谭："为什么你这个种田大户今年不愿种油菜了？"

老谭给他掏出了心里话："种油菜，太花工夫了，收购价便宜，赚不到钱，又与栽棉花劳力发生冲突，所以村民们都不愿种了。"

老谭这番过心的话，让安农了解到了当地农民不愿种植油菜的背后原因。他判断，油菜籽在未来会发生短缺，期货的油菜品种价格，不久将一定会迎来一波涨势。

当时油菜没上市，安农就选了与食用油有关的豆油做多。果然，豆油的价格每吨从5000多元一直飙涨到了14000多元，涨了一年。安农在12000元左右离场，获利非常丰厚。（图3.3）

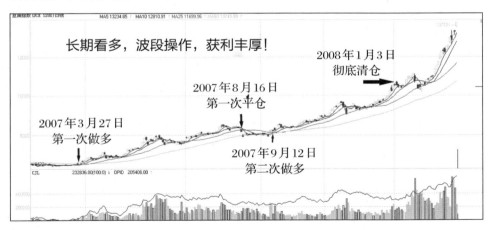

图3.3　豆油指数走势图1

实战案例：在金融风暴中捡"金子"

2008年下半年，受世界金融危机影响，全球经济形势变坏。安农发现所有的农产品和工业品都处于下降通道，他便大胆做空。结果，国庆节后，所有商品全线大跌，安农做空的沪铜，还有同时做空的豆粕，盈利都非常丰厚。（图3.4、图3.5）

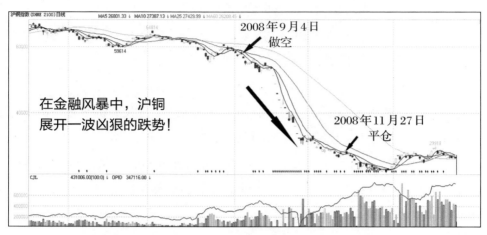

图3.4　沪铜指数走势图

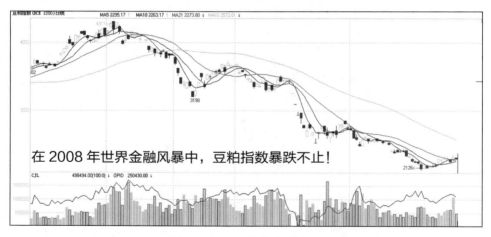

图3.5　豆粕指数走势图2

实战案例：挖着金儿，就要找金儿他娘

金融风暴后，棉花价格跌到每吨11000元，已处在农民种植成本以下了。安农开始关注棉花，逐步轻仓做多。之后，棉花在17000多元附近长期震荡，安农一直耐心等待，多次试仓。

2010年7～8月，中国和巴基斯坦棉花受灾严重，期货市场棉花趋势向上。在这段时间，安农多次回湘北老家，还到江汉平原棉花主产区下田调查，发现那里的棉花长势喜人，丰收在望，所以安农始终不敢坚定做多。

9月，他再次深入农村下田调查，发现在棉花吐絮时，棉花僵瓣花多，棉桃不饱满，许多5瓣花，都变成了4瓣或3瓣。这预示着其长势将与实际产量不一致，因而，他判断棉花产量会大幅下降，便大胆做多。结果，棉花每吨从17000元涨到30000多元，安农在28000元平仓出局，等待两年的一波大行情，让他又淘到了一大桶金，实现了人生的第一个梦想。（图3.6）

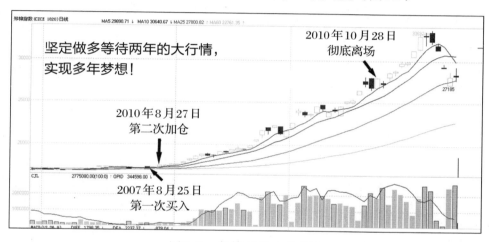

图3.6　郑棉指数走势图2

安农为何在高风险的期货市场能做到如此稳定获利？他一定是个"快枪手"，跑得很快吧？采访初期，我曾这么想。

但在深入采访他的日子里，当我走进他的实盘操作室，我才知道他是一个稳健的长线投资者。他的妻子在书房拿出他看得最多的一本书《趋势跟踪》告诉我，这本书他不知看多少遍了。这些年，他非常投入，非常执着，一天到晚，不是往乡下跑，就是把自己关在书房里，思考，写东西，家里光他写的操作日记就有几十本。

说起家里买的房子，她说，安农是个有心人。2009年，他见期货的铜价开始涨了，说要赶快买房，结果我们买到了近几年房价的最低点。

我问安农：你为何敢对一波行情把握和持有那么长时间呢？

安农用了一句湘北农村的土话回答我："挖着金儿，就要找金儿他娘。也就是说，在一波趋势行情中，做对了，要让利润最大化，不能急于离场。挖到黄金的'儿子'，你还要去找到黄金的'老娘'！"他说着笑了，我也被他风趣而富含哲理的话给逗乐了。

保命的"操作系统"

在投资路上，经历过3次"破产"的安农，从2005年下半年开始，逐渐进入稳定盈利状态。在多年摸索的过程中，他总结出了一套简单实用的交易系统。

安农说，投资市场风险大，他的操作系统是用来"保命"的。虽然简单，但很管用。他不保守，每一本操盘日记的开头，都抄有这一系统，他还把他的操作系统送给了许多朋友。接受采访时，他表示，他愿无私地、无保留地将他的这套保命的操作系统呈现给全国的读者。

严格资金管理纪律。第一次试仓只能用总资金的10%，单品种总持仓不得超过总资金的25%，总持仓不得超过40%。在大的趋势行情里面，往往是轻仓能赚到大钱，如果仓位过重，很容易在行情正常波动中震荡出局，甚至赚不到钱。

止损迅捷，不能拖延。每次亏损，不能超过总资产的1.5%。止损位的设置，可视情况而定。若止损点超过了总资金的1.5%，就要适当减少交易量。操作中，止损价位可略微放宽一点，以避免被行情短期波动震出局外。

减少90%的操作，耐心等待交易机会。做对后，耐心持仓不动，尽量减少短线交易。

做好重点品种。期货市场行情太多，每年把握两到三波比较大的行情，就能获得比较好的利润，不是每波行情都要去做。特别是要做你最熟悉的品种，赚你最明白的钱。

寻找最佳的市场切入机会。关于切入机会，安农认为，可以从以下几方面入手：

基本面要非常明确。如对全球某项农产品的种植面积、天气状况等都要了解清楚。而各种因素导致的供求关系的变化，也要做到了然于心。如果供求关系非常明确，就可大胆进场。

在技术分析上，中期指标周线趋势要比较明确。若周均线向上发散，就看多；若向下发散，则看空。当周线多头趋势明显时，若日均线向上发散，就做多，若向下发散，就不做；当周线空头趋势明显，日均线向下发散，就做空，若向上，就不做。

国内盘和国外盘差异不可过大。如果内外盘差异过大，就有一个修正过程，存有不确定因素，操作会有一定风险。因而，若内外盘相差太大，就放弃，不做为好。

切入点要正确，以利于设置止损。根据多年的操盘经验，安农认为有以下几个较好的切入方法：

第一，当行情回落或反弹30%至50%时，可以按周线方向开始试仓。

第二，当5日均线与20日均线交叉时，可按周线方向开始试仓。

第三，当趋势明显时，回落到20日均线或30日均线附近，开始介入。

第四，形成跳空缺口时，可以按趋势方向做。

第五，重要点位突破时，可以按趋势方向做单。

要做好复合头寸。把交易头寸分成长线头寸和中短线头寸。长线头寸按趋势方向长期持有。当长线头寸盈利比较丰厚的时候，遇到向上或向下突破以及回落或反弹到位时，在不违背资金管理纪律的同时，要敢于适当扩大仓位，并设好止损止盈点，以取得较快、较大的回报。

七大市场要诀

在市场中，生存第一，发展第二。那么，长期生存的秘诀到底在哪里呢？他的七大市场要诀，会为你揭开在市场中如何生存的面纱……

期货市场杠杆比例放大，风险更大，更难以生存。安农的七大市场要诀如下：

要诀1：生存第一。在投机市场上，生存始终都要摆在第一的位置。这是每一个投机大师反复强调的。所以，出现风险时，第一时间要出场，保命要紧。在实际操作过程中，如果势头可能会出现逆势停板时，一定要抢在停板封死之前出逃，千万不能关死在逆向的"停板"中。因为期货市场是全球联动，欧美市场的交易主要是集中在晚上，一旦出现较为极端的情况，通常第二天都会以停板开盘，就会造成巨大的损失。

安农说，在整个投资生涯中，要能始终保证自己的持仓结构在碰到几十年不遇的极端行情中，不能遭受巨大损失。要做到，当市场一夜之间崩溃时，你一定要活着留在这个市场中。如2010年9月9日，市场在没有任何预兆的情况下，大部分品种在10分钟内突然跌停。当时，安农的仓位大约是35%，就出现了15%的利润回吐。他说，如果仓位在50%，瞬间就会出现25%以上的亏损，对账户的生存将造成巨大影响。如果仓位更大，在这一个10分钟内，你将被无情的市场淘汰，会含恨挥泪告别这个市场。（图3.7、图3.8）

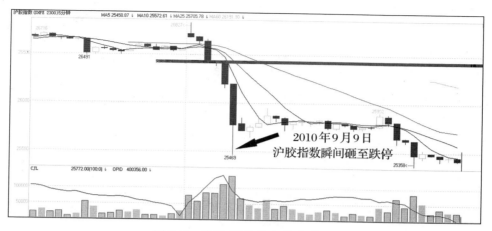

图3.7　沪胶指数5分钟走势图

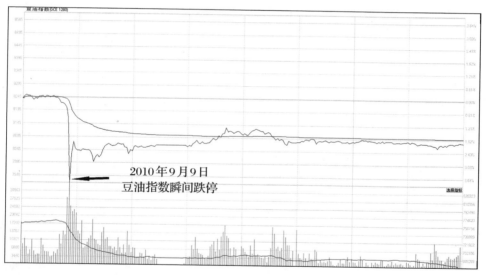

图3.8　豆油指数分时走势图

要诀2：亏损的头寸千万不能加仓。安农历来不主张在亏损的单子上"补仓"。因为他认为，如果头寸出现亏损，至少说明你短期做错了，贸然补仓，极易形成巨大的风险。他曾见到一个大户，在2008年就是在做空橡胶亏损后，第二天再次加仓，结果第三天一个大幅高开，他的账户遭80%的亏损，被强行平仓。（图3.9）

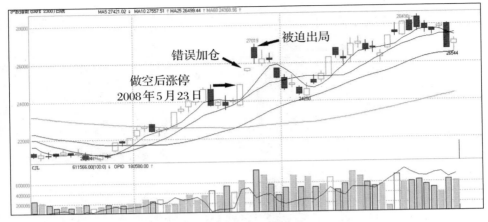

图3.9 沪胶指数走势图

要诀3：克制贪婪，坚决摒弃暴富思维。 贪婪是每一个交易者的共性，暴富是绝大多数人的梦想。只有放弃暴富思想，把贪婪控制在比较合理的范围内，你才能成为一个合格的投资者，也才能在这个投机市场上长期生存。期货市场是个高风险、高收益的市场，暴富的故事比比皆是，但暴富的反面就是巨亏。人一旦有暴富的思维，就会重仓交易，一旦碰到极端行情，就会很快破产。因此，要想在这个投机市场上长期生存下来并且能够获取稳定的收益，就必须对盈利不能有太高的目标。

安农从2004年介入期货市场以来，每年的复利率为50%～60%。也许有人会说，冒破产的风险，只获得这么低的收益，是否值得？安农认为，理论上说，如果棉花每吨从11000元涨到30000多元，投入的本金可以盈利20倍。但往往在一大波行情里面，他始终保持轻仓，只去赚这波行情中最明显、最容易把握的那一部分利润，从而确保把高风险的期货投机，变成一个低风险、稳定盈利的职业。

采访中，安农给我算了一笔账：如果你每年能够获取30%的利润，15年就是60倍。这个业绩，连世界投资大鳄索罗斯都会对你佩服得五体投地。但我们的投资者大多数都希望每年能翻几番。安农说："我刚进场时，也是想每年能盈利200%以上，但现在希望每年能盈利30%就满足了。"

要诀4：发现错误，及时休息。每一个投资者在生活中都会遇到各种各样的麻烦，进而影响交易状态，或者市场某段方向不明，一些时候你的交易会出现连续性的亏损。一旦出现这种情况，你要毫不犹豫地清空所有仓位，反思市场，反思自己的操作行为，调整自己的状态，休息一段时间后，再慢慢寻找切入市场的时机。

2008年上半年，安农的账户资金回落，他发现自己的状态不佳，对市场形势判断不准，多次全部清仓。彻底调整之后，他再次介入市场，在很短的时间里，就获得了非常好的收益。

要诀5：时刻留心潜意识的预警信号。时刻留心潜意识的预警信号，也是一个成功交易者应该具备的素质。对来自周围的各种信息，一要留心，二要及时做出分析和判断，一旦发现这些信息引起你的极度不安时，要果断减仓或离场。

有一天中午，安农在和朋友聚餐时，聊起对当时市场走势的看法，发现朋友们的观点极度一致。下午，他回到办公室，思索良久，同行一直做多的看法，使他内心非常不安，他便果断决定全线离场。就在他离场的第二天，行情大跌，他避免了一次重大损失。

要诀6：锻造完美性格，保持良好心态。安农说："操作系统只能够告诉你正确做单。要想稳定盈利，心态的管理尤为重要。"

老子说："知人者智，自知者明；胜人者有力，自胜者强。"能战胜自己，才是真正的强大。

在一定意义上说，心态决定成败。如果你性格过于急躁，就会总是提前进场，见别人赚了钱，你没赚到钱，心情很急，急着做，就亏钱。而如果你性格过于犹豫不决，就会放过许多稍纵即逝的战机，高位不敢追涨，低位不敢抛空。

一个交易者要经常在极度安静的状态中，去反思自己性格中的优缺点。要利用自己性格中的优点，规避自己性格中的弱点，不断完善自己的性格，让自己保持一个良好的心态。

安农说，他会经常把自己关在办公室，一个人静静地待上一天，去反思自己性格中有什么弱点，这些弱点对当前做单造成了什么样的负面影响，以提出修改方案。

但是，安农说，多次总结，多次反思，发现自己所犯的一些错误，实际上常常还是一些老错误，可谓"江山易改，本性难移"。人内心深处的东西，确实太难以改变了，这是一个长期完善的过程。因而，要想成为一个成功的投资者，就要在发现自己性格中的弱点后，做到尽量加以回避，努力克服自己性格中的短板。

要诀7：要保持最佳的身体状况。要保持最佳的操作状态，就必须有强壮的身体和旺盛的精力。你身体越强壮，投资信心就会越充足，遇到连续性的亏损和市场的大幅波动，身体和心理的承受能力才会更强。同时，长期坚持身体锻炼，对人顽强的意志也是一种培养。如果身体垮了，你生活的信心就会垮掉，更谈不上有好的交易信心了。

尾声：投资奇人的夙愿

实现初步梦想的农民投资奇人安农，谈及今后的路，他希望未来自己能成为美国投资大师艾德·西柯塔那样的人，能准确把握全球农产品的趋势变化，成为一个农产品投资大师，并且能够到国外的投资市场与世界投资大鳄们同台竞技。

末了，安农深情地对我说："我之所以有现在的一点成绩，是家乡的那块土地养育的结果，是那片贫瘠而美丽的田园给了我智慧。我成功后，一定要回报家乡那片土地，回报养育我的家乡父老！"

冯刚　邹刚：

"把钱留住！把钱留住！"

在风雨飘摇的股市，他们以极强的风险控制意识，恪守着"把钱留住"的第一信条，运用"跟风"龙头股的超短线战法，叱咤股海风云。4年间，这对"草根双杰"从一贫如洗到资金增长30多倍，在江城股坛上传出一段佳话。

投资简历

个人信息

邹刚，别名：周周阳。男，1968 年生，初中文化。

冯刚，别名：天天上。男，1970 年生，大专文化。

入市时间

邹刚 1996 年入市；冯刚 1999 年 6 月入市。

投资风格

以快制胜，积少成多。宁取细水长流，不要惊涛拍岸！

投资感悟

"最伟大的事业，最需要坚定的心灵。"如果我们把全部生命、理智和热情投注到一个目标上，使它形成一个焦点，在那个焦点上就会绽放出智慧的花朵。

第 4 章

"草根双杰"的赚钱"尖板眼"

——记江城投资人"二刚"组合的超短线技艺

在江城，有这样一对炒股好"兄弟"——"二刚组合"。大的叫邹刚，网名"周周阳"，1968年生，属猴；小的叫冯刚，网名"天天上"，1970年生，属狗。

这对股市的"草根双杰"，虽说两人姓不同，出生年月不一样，可他们的经历却酷似"双胞胎"：他俩都开过出租车，也都开过饭店，当过餐饮老板，炒股票还都曾亏得一贫如洗；他们又都以同样的超短线手法，一样从20万元起航打"翻身仗"，至采访时，资金都增长了30多倍……

"回首往事，我们无悔，因为在股市的风雨历程中，我们曾结伴前行，为共同的理想奋斗过！"

这对"草根兄弟"朴实滚烫的话，一直感染着我，使我至今都忘不了采访他们的那一幕幕……

引子：探寻"二刚组合"稳健赚钱的秘密

初识"二刚"，是武汉的好友叶沧海搭的"桥"。

那是2009年6月，应《长江日报》的邀请，作为《民间股神》作者，我和书中几位高手，一同到武汉举行《民间股神》第5集的首发式。

在与读者的交流会上，我吐露出了自己多年来心中的一件憾事：在人杰地灵的湖北，仍是我采访民间高手的一块"处女地"。为此，《长江日报》证券版的黄斌主编，专门在"报眼"位置刊登了"寻找湖北民间高手"的"启事"。好友小叶也对我说："白老师，人家都说，'天上九头鸟，地上湖北佬'嘛。湖北人脑瓜子聪明，炒股的民间高手多的是呀！回头，我带你随便走走你就知道了……"

就在读者交流会结束后的第二天，热心的小叶就带着我开始"走门串户"寻觅湖北的炒股高人。

我跟着他走进一家证券营业部的贵宾室。只见小小的房间里，两个操盘手面前摆着四台电脑，正在忙碌地敲击着键盘。

"这是我熟悉的两个炒股好兄弟。虽说他们的资本实力不如你书中写的一些高手那么强，但风险控制得相当好。2008年那样的大熊市，他们还获利50%以上呢！"

当天，我和这两位"兄弟"聊股市人生，很快熟得像知己。小刚还算是部队战友。他们没有顾忌地打开账户给我看："我们交个朋友可以。你可千万别写我们。在股市里，我们还只能算是两只小蚂蚁，一对慢慢爬行的小蜗牛！"

听着他们自谦的话，我笑了。的确，在林立的股市高手之中，论实力，"二刚"真如他们自己所说，算不得什么出众的"英杰"。

然而，在苍茫股海中，他们对股市执着追求，一天都不曾放弃。失败了，他们从头再来；为了寻求梦想，他们跌过无数次跤。而且，他们正一天天在失败和教训中逐步走向成熟。

"大刚的账户已连续8年拉出大阳，小刚也连续有6年没亏过钱。他俩年收益率都稳定在50%以上。这对弟兄可真了不得呀！"午间，来串门的小石，曾同"二刚"在一起操盘十多个年头，也向我夸赞着这对"草根英杰"。

我心里记下了这对好兄弟。虽是首次相见，但他们的谦逊、执着、质朴无华，给我留下了难忘的印象。此后，虽然很快离开了江城，但我一直通过网络"跟踪"着他们。

如今，转眼两年又过去了。2011年春节刚一过，武汉的小叶就打来了电话："还记得小邹和小冯这对兄弟吗？这两年，他们的业绩又都翻番啦！"

话筒那头很激动，我听着也很兴奋："真是'周周阳''天天上'啊，业绩这么稳健！"节后，当我再次踏上江汉大地，走进我熟悉的武昌光大营业部寻找大刚和小刚时，因业绩突出，他们已"鸟枪换炮"，搬进了比原来宽绰很多的操盘室。他们面前是由13台电脑组成的一道电脑墙，"二刚"俨然一对指挥着千军万马的"指挥官"，好不气派威风！

这一对"小蚂蚁""小蜗牛"还真能成气候！我不禁感叹。两年不见，要刮目相看啦！

这次，我决意"沉"下来，在他们这儿"安营扎寨"，看看这对"草根英杰"是怎么实战操作的，探寻一下他们稳健赚钱的秘密究竟是什么！

"把钱留住！"

踏入股市，谁不想实现拥有财富的梦想？为什么有许多人长年遭受深套，亏损累累？有的甚至骑上黑马，到头来却仍是空欢喜一场，把钱又还给了市场，这又是为什么？"二刚"的"把钱留住"这一核心的赢钱秘诀，将给你以深深的启迪与警示。

血泪铸就的"四个大字"

"把钱留住！"这是"二刚"这对"草根双杰"多年来稳健赚钱的首要秘诀，也是他们对防范股市风险最好的诠释。

采访中，每当我与他们谈及这个话题，在部队演唱队当过吉他手的小刚和曾经是"快乐的哥"的大刚自编自唱的那首《把钱留住》的小曲，都会被他们情不自禁地唱起：

朋友啊朋友，

在云遮雾嶂的苍茫股海，

也许，你要问我们，

赢在股市，何为第一？

"把钱留住！把钱留住！"

这是我们唯一的"赠语"。

赚钱了，莫得意忘形，切记"把钱留住"！

赔钱了，莫心存侥幸，切记"把钱留住"！

也许，你会说这"诀窍"太过简单，

但，它却是我们用血泪铸就的"四个大字"，

也是我们兄弟在股市长年稳定赚钱的最大秘密！

"把钱留住！把钱留住！"

记住吧，朋友，

在你博弈的征途上，这句看似简单的"赠语"，

一定会让你受益无穷！

  的确，"把钱留住"这句话听起来是那么简单，"防范风险"又是那么古老的话题，许多人耳朵似乎都听出了"茧子"。但是，当我和"二刚"徜徉在樱花如织的江边，一旦谈论到这个话题，望着东逝的滚滚长江水，回忆曾在风险中饱受苦痛的坎坷岁月，他俩本来愉悦的心情却很难轻松起来。

  回忆往事，是非常痛苦的。在他们"光彩"的背后，是一片血泪。

  "我永远都忘不了几年前发生在江边这条石凳上的那悲伤的一天……"在长江边的一条石凳边，冯刚含泪讲述着他几年前泪洒江畔的那一幕。

  他和许多青年人一样，曾有着梦幻般的理想。1992年，22岁的冯刚从部队复员回到武汉，进入了一家国有企业。这家企业是武汉市的20强企业，待遇福利都很好，加上从部队这个大熔炉锻炼过的冯刚能吃苦，又肯干，很得领导喜欢。照理，这是个图安逸的好岗位，但冯刚天生就不愿意过平静的生

活，他的躯体里流淌着不甘寂寞的一腔热血。

两年后，在母亲的支持下，他摔掉了"铁饭碗"，下海开起了出租车。他辛苦了1年又8个月，赚到了8万块钱。然而，不巧的是，市里为扶持"神龙"汽车，使一直开夏利出租车的冯刚没有了"出路"，靠吃苦耐劳开出租车挣钱的路也走到了尽头。

做生活的强者，是他的信念。之后，冯刚开了两个小餐厅，但他太缺乏经验了，最后，没有赚也没有亏，打了一个"平手"出局。

当时，冯刚从国有企业辞职时，曾立志要在10年挣到100万元。而从1994年开出租车到1999年转让餐馆，几年过去了，手头才挣了8万元，离百万梦想可谓遥不可及。如果说贱卖出租车是他人生的第一次低谷，那么此时，人生的第二次低潮正向他袭来。

然而，就在这不久后，1999年那次如火如荼的"5·19"行情，再次燃起了冯刚心中的希望之火。当时，他忆起1992年身边曾发生过的一件事：当时鄂武商（000501）发行原始股，父亲的一位同事以2元1股的价格大量地收购别人不要的鄂武商，而鄂武商上市后的高额利润，使其成为当时人们津津乐道和羡慕的对象。

股市的魅力，吸引着冯刚，让他叩响证券公司的大门。当他拿着自己仅有的8万元积蓄开户时，那天是1999年6月30日，正是"5·19"行情的结束之日。

大盘随之绵绵下跌，欲实现人生第三次转折的冯刚，面对陌生的股市十分谨慎。他如饥似渴地学习股票知识，小心翼翼地一点点买卖，一直处在小亏小赚的状态。半年之后，自觉羽翼渐丰的他开始大胆操作，正碰上2000年至2001年6月那波大的上涨行情，他入市的8万元也很快炒到了13万元。初战告捷的兴奋，让冯刚觉得股市实在太好赚钱了。但他不知，此时，风险正向他悄悄逼近。

从2001年6月的2245点始，沪深股市经历了5年的漫漫熊途。冯刚赚到口袋的5万块钱还没焐热，就被"大熊"席卷一空。但冯刚并不气馁，他在黑暗中企盼着黎明。

2003年4月的一天，一位他信任的朋友告诉他一个内幕消息，说ST琼华侨（600759，现名：正和股份）要重组，这意味着这只股票不久会大涨。冯刚认真思考后，决定一搏。但没想到，天天盼ST琼华侨重组的梦，很快破碎了。冯刚在ST琼华侨的绵绵下跌中备受煎熬。一年又一年的下跌，一年又一年的等待，在美好的期待中，冯刚被这只"垃圾股"竟整整深套了4年之久。

同年夏天，他的一个非常要好的朋友把自己的60万元资金交给他，让他帮助操作。朋友的信任与嘱托，ST琼华侨上的失利，使冯刚的操作更加谨慎。他每天复盘，常常通宵达旦地研究。功夫不负有心人，到2004年3月底，朋友交给他的60万元被他炒到了90万元。马上要冲击100万元关口了，冯刚的心里像灌了蜜一样甜。

但不久，大盘从2004年4月7日1783.01点见顶后，又开始了长达15个月的疯狂下跌。冯刚的操作由赚到平，由平到亏。他不甘心就这样离开。那时没有一点止损观念的他，横下一条心，死扛着："我就不信，10年还等不到它个闰腊月！"他不肯割肉止损，那是朋友的血汗钱和对自己的信任呀，他不能失去它！但结果是，他越不割肉，越急着想扳本，股市越是大跌。他的心态完全扭曲，短短15个月，朋友的资金迅速由最高的90多万元跌到了20多万元，亏损额已达60%之多。

一直信任他的朋友自从把钱交给冯刚后就从没过问过，直到2005年3月底急用钱时，才问起他。冯刚如实相告。"我一辈子都不会忘记那一天的情景，"他回忆道，"在长江边，我对他说，资金已亏到23万元。说完，我心里仿佛石头落地，同时也在想他会如何责备我。可是，他却像没事人一样，语调没有一点变化，将手轻轻地搭在我的肩膀上说：'哦，不要紧，亏了再赚回来，股市又不是你一个人亏，行情不好嘛。'我一听，心里一热，眼泪夺眶而出。当时，我不敢看朋友的眼睛，不想让他看到我泪流满面，内心有一句话冲口而出：'放心吧，我一定会将失去的夺回来！'朋友语气坚定地说：'嗯，我不会看错你的，相信你！'"

长江边那惨痛的一幕，多少年来一直刻在冯刚征战股市的脚印中。他学会了止损，学会了"把钱留住"。

防范风险的执行力，源自切肤之痛。冯刚是这样，"草根双杰"中的邹刚也一样是在经历了失败之后，才真正理解面对风险"把钱留住"是多么重要。

那已是多年前的事了，但邹刚至今仍耿耿于怀，难以忘却。

2001年4月，大盘在涨了一段时间后开始了调整。当时，通常大盘跌，ST股票涨，往往形成一个"跷跷板"。刚在绩优股中大获全胜出来的邹刚，怀着一种"博傻"的心态，以7元多的价格买入了ST深金田（000003）。为图个吉利，他以当时资金的三分之二仓位买了15800股（意为：我要发）。

岂料，买入后不久，该上市公司突然发布"可能亏损"的消息。这意味着连续3年的亏损很可能会面临退市。第二天，该股以跌停板开盘。后来，盘中跌停板打开了，邹刚完全可以止损卖出，但当时止损意识较淡薄的他，抱着一丝幻想没有在最佳的逃跑机会中及时出局。第三天，ST深金田开盘即"一字"封跌停，已经失去了卖出机会。第四天，该股公布业绩停牌。

虽然该公司公布有3分钱的业绩，但会计师事务所出具了保留意见，这意味着其业绩不实。在停牌了一段时间后，还是戴上了"PT"的退市警号，一周交易一次。其实，当时仍有逃跑机会。复牌后，该股以4元多开盘，跌幅达20%多。要逃也能逃，但邹刚怎么也不甘心这样落败，他想等一个反弹再走。但无情的现实是，该股一路跌到1.10元才开始有所反弹（退到三板后，该股最低竟跌到了0.30元）。此时，面对几乎跌没了的价格，邹刚已没有割肉的勇气了，无奈地接受了股市残酷的现实。

谈及这次"走麦城"的经历，邹刚深有感触地说："人家说，'一朝遭蛇咬，十年怕井绳'，我是一百年都怕了。我不光再也不炒ST，也不再捂股了。风险一来，我首先想到的就是逃命，就是先要把钱留住。"

执行铁的纪律，永不"套牢"

在采访中，"二刚"对我说，止损是万不得已而为之的"必须"。资金就如同将军手中的士兵，资金一旦被套牢，就如同战场上将军手中无兵可用一样，即使再好的机会出现在眼前，你也无法施展。

自从在"血泊"中站起后，在"二刚"的操作字典里，就再没有"套牢"这两个字。但他们诚恳地说："我们不是神，不可能每次都那么幸运地买到上涨的股票。买错了，就要止损。我们和大多数散户不一样的是：别人亏了30%就不管了，任其漂泊。而我们只要感觉不对头了，即使是亏损了30%，也会毫不手软地下决心卖掉。"

他们是这样说的，更是这样做的。在风险面前，他们正是牢牢记住过去的教训，严格执行止损的铁律，才能够"活"到此时。

2007年，沪深股市在一片"涨声"中几近疯狂。从这一年年初到4月份，沪深两地股指都已出现了80%以上的升幅，其中仅4月份的涨幅就高达30%。而风险意识很强的"二刚"对此时股市的"过热"早有警觉。果然，5月29日深夜，财政部发布一项新政，将股票交易印花税税率由原来的1‰上调至3‰。

这一消息犹如给正处于狂热的股市泼了一盆冷水。5月30日，沪深两地股市开盘后，股指瞬间出现大暴跌。至当天收盘，上证综指下跌281点，跌幅高达6.5%。两市跌停股票数不胜数，流通市值一天蒸发4.25万亿元，许多投资者被深套其中。更令人恐怖的是，5月30日的暴跌只是开了一个头。以后连续几个交易日，沪深两地市场一直处于深幅暴跌之中，令投资者损失惨重。

而在这场股市"暴风雪"来临之际，对股市风险早有警觉的邹刚和冯刚却都在5月30日顺利实现了"大逃亡"。从当年的历史交易记录中可以看到，他们在遭遇"5·30"大跌时，都是在第一时间止损出局，将所有股票一股不留，全部卖出。

冯刚将此前买入的铁龙物流（600125）及法拉电子（600563）一起清仓；邹刚也在这天卖出了自己持有的西单商场（600723）、北辰实业（601588）、大亚科技（000910）和上港集团（600018），成功躲过这次罕见的暴跌，逃过了一次阶段性的大顶，从而保住了已取得的战果，并为后面市

场热点的切换赢得了战机。（图4.1～图4.5）

图4.1　铁龙物流走势图

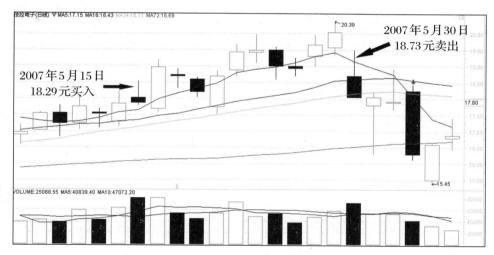

图4.2　法拉电子走势图

市场	业务类别	证券代码	证券简称	成交数量	成交价格	成交的金额	成交日期	成交时间
沪A	卖出	600563	法拉电子	68,900	18.73	1,290,523.00	20070530	11:21:56
沪A	卖出	600125	铁龙物流	10,600	19.38	205,428.00	20070530	10:56:33

图4.3　"二刚"成交记录截图1

图4.4 上港集团走势图

市场	业务类别	证券代码	证券简称	成交数量	成交价格	成交的金额	成交日期	成交时间
沪A	卖出	600018	上港集团	15,900	10.76	171,084.00	20070530	13:59:08
沪A	卖出	600018	上港集团	5,000	11.25	56,250.00	20070530	10:55:32
沪A	卖出	600018	上港集团	5,000	11.35	56,750.00	20070530	10:29:17
沪A	卖出	601588	北辰实业	5,000	14.412	72,060.00	20070530	10:27:08
沪A	卖出	600723	西单商场	3,000	13.3	39,900.00	20070530	10:26:03
深A	卖出	000910	大亚科技	4,400	13.85	60,940.00	20070530	13:58:53
深A	卖出	000910	大亚科技	5,300	13.94	73,882.00	20070530	13:56:39
深A	卖出	000910	大亚科技	2,300	14.02	32,246.00	20070530	11:20:44
深A	卖出	000910	大亚科技	3,000	14.24	42,720.00	20070530	10:53:35

图4.5 "二刚"成交记录截图2

2007年10月，大盘创出6124点的历史高点见顶后便进入了暴跌的熊市，至2008年10月底，整整一年，跌幅高达72.8%，这是让投资者难以忘记的一轮大跌市。

其间，中国石油（601857）是当时最著名的"明星"股票，正是由它于2007年11月5日以48.60元的价格开盘上市，一直把大盘拖入了低谷。同时，它把千万投资者套在了48元的"高岗"上。

冯刚也曾染指过这只"明星"股，那是中国石油上市后的第10个交易日，即2007年11月16日，当时该股从48.60元的高点已跌至了38元左右，冯刚当日见该股大有强劲反弹之势，便以38.70元买入，当天中国石油收盘于38.82元。第二个交易日（11月19日）一开盘，该股低开低走，冯刚见势不妙，便以38.02元止损卖出，此后再没碰过这只套惨万千投资者的"明星"股。冯刚说，倘若当时不出局的话，他照样只有望着这只臭名昭著的股票跌入深渊，而自己却只能站在高高的山顶上为其"站岗放哨"了。（图4.6、图4.7）

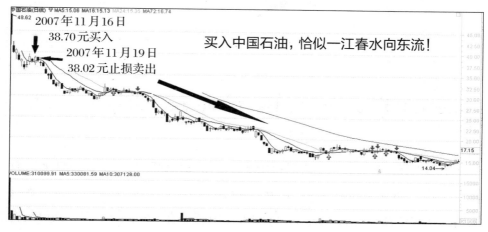

图4.6　中国石油走势图

市场	业务类别	证券代码	证券简称	成交数量	成交价格	成交的金额	成交日期	成交时间
沪A	卖出	601857	中国石油	5,000	38.02	190,101.00	20071119	10:12:17
沪A	买入	601857	中国石油	5,000	38.7	193,500.00	20071116	13:57:00

图4.7　"二刚"成交记录截图3

2008年1月上旬，已步入熊市中的大盘有一波反弹。冯刚于2008年1月10日买入金融街（000402），本想做个短线，在第二天卖出。谁知道它在第二天即1月11日（星期五）停牌，再开盘时已是1月16日。随着大盘的下跌，它开盘即低开低走，当天跌8.19%收盘。随后几天，该股连续下跌。至2月25日，该股破盘整平台后继续下跌。冯刚不再抱幻想，此时虽已损失30%，但他还是下决心一刀砍去。在他卖出后，该股又下跌了54%。若不及时出局，冯刚的损失将更加惨重。（图4.8）

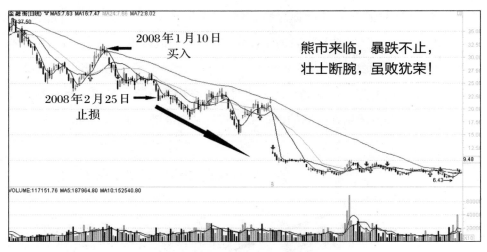

图4.8　金融街走势图

中国太保（601601）是A股市场上市的第三只保险股。它于2007年12月25日上市。邹刚在2008年1月10日以49.20元买入。结果买入后，该股连续下跌。在它连续第七天下跌时，邹刚眼见中国平安（601318）直向跌停板奔去，他不再犹豫，于42.05元将手中的中国太保全部止损卖出。回头看，若当时不卖，至采访时中国太保最高反弹价都没超过30元，长期持有不光亏损严重，还占用大量资金，会失去后面许多宝贵的赚钱机会。（图4.9）

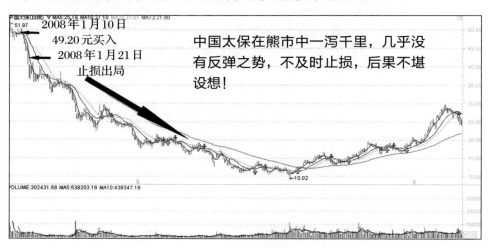

图4.9　中国太保走势图

2008年1月中旬，大盘在6124点下跌到4300多点后产生一波反弹行情。1月15日这天，邹刚以博反弹的心态在48.20元和48.26元买入了中金岭南（000060）。回头看，这天正是大盘再次见顶之日。第二天，随着大盘的下跌，该股也低开低走。邹刚见势头不妙，感觉大盘有可能反弹结束，便在第三天即1月17日趁盘中反弹，以47.19元止损出局。后来这只股一路震荡下行，一直跌到了19.90元才有反弹。邹刚止损后两年多时间里，这只股都没有再达到过他的卖出价位。（图4.10、图4.11）

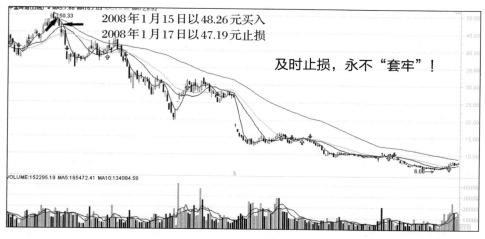

图4.10　中金岭南走势图

客户号	市场	业务类别	证券代码	证券简称	成交数量	成交价格	成交的金额	成交日期	成交时间
20874498	深A	卖出	000060	中金岭南	14,300	47.19	674,817.00	20080117	09:55:34
20874498	深A	买入	000060	中金岭南	9,300	48.26	448,818.00	20080115	14:41:22
20874498	深A	买入	000060	中金岭南	5,000	48.2	241,000.00	20080115	14:40:23

图4.11　"二刚"成交记录截图4

舍得"止盈"，把利润装进口袋

勇于止损，保住本金，做到永不套牢，是"二刚"多年来能"把钱留住"的关键一招；而赚了钱敢于卖股，舍得"止盈"，把利润及时装进口袋，则是他们能"把钱留住"的另一个重要法宝。

其实，止盈和止损，许多人都知道，但真正做到却很难。亏钱了，不忍心走，宁肯死守到底，在"把牢底坐穿"中企盼明天；赚钱了，更舍不得卖，期望手中的股票一飞冲天，钱袋子越装越满。人们老是在恐惧与贪婪中患得患失，煎熬度日。结果是：亏了，越亏越多；赚了，不舍得卖。到头来，由亏到赚再到持平，由持平又到亏，步入长期赔钱的"怪圈"。

也曾陷入过这种"怪圈"的"二刚"从血的教训中总结了经验，既勇于止损，更敢于卖股，舍得止盈。过去捂股导致亏损的重大失利改变了他们，他们由长线持有者变成了超级短线手，常常是今天买，明天卖，一年下来操作的股票达数百只。他们不断擒拿大牛股，也放走了一群群的黑马，但他们从不后悔。

邹刚说："沪深股市就是在讲一个个的故事。一个故事讲完了，又讲另一个故事。我们也不能一个故事听到底，一条道走到黑！"

冯刚说："沪深股市牛短熊长，做长线投资的结局往往很悲惨。我们做短线，虽然不能一口吃个胖子，也不会像有的股市高手那样一赚就赚百分之好几十才放手，每次赚得并不多，但我们就像蚂蚁搬家一样，日积月累，积少成多！"

2011年3月17日，受日本特大地震引发的核辐射危机影响，一夜间，全国刮起了"抢盐风"。各大超市、商店，食盐纷纷卖断货，一市民竟疯狂抢盐1.3万公斤。网上还流传着这样一副对联——

上联：日本人在核辐射中等待碘盐；
下联：中国人在抢碘盐中等待辐射；
横批：无盐以对。

股票市场对此迅速反应。此前两天，冯刚买入的双环科技（000707）正好具有食盐概念。当天，该股在"抢盐"的风潮中涨停，不少人追进。但冯刚想，别人疯狂时自己要冷静，他毫不犹豫将手中获利的双环科技在涨停板悉数卖出。

中午吃饭时，"二刚"齐声说："真是太过荒唐，太过滑稽！我们要相信政府，盐关乎民生大计，国家不可能任由市场如此疯狂炒作！"

果然，当天晚上"辟谣维稳"的新闻报出。第二天，冯刚卖出的双环科技等食盐概念股也应声而落，跌幅巨大。而头天抢买该股和原来持有这只股票企盼获利更大没有及时落袋为安的，均遭一定损失。（图4.12、图4.13）

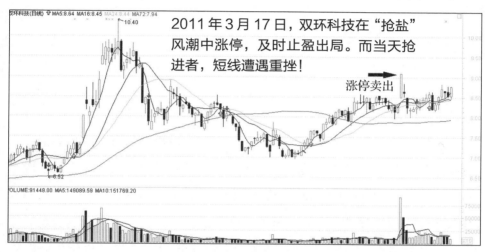

图4.12　双环科技走势图

市场	业务类别	证券代码	证券简称	成交数量	成交价格	成交的金额	成交日期	成交时间
深A	卖出	000707	双环科技	50,000	9.09	454,500.00	20110317	13:18:03

图4.13　"二刚"成交记录截图5

"止盈，是一种勇气、一种判断，更是能否战胜自己的一种崇高境界！"在现场经历这一事件的我，颇有一种莫名的感慨。"二刚"在赚钱时敢于止盈卖股，也是他们长期稳定获利的一个关键。

再拿股指上涨最疯狂的2007年来说，上证指数全年涨幅96.66%，而"二刚"通过不断的短线交易，收益高达500%以上；2008年的大熊市，指数下跌了65.39%，他们却盈利了50%多；2009年，大盘涨了79.98%，他们获利

100%以上；2010年，大盘跌了14.31%，而"二刚"却收获了70%多的可观利润。虽然每一次他们都没有获得暴利，但长期来看，可谓收益颇丰！

跟风"龙头"，拥抱"迟来的爱"

人们都知道，买股要买龙头股，才能赚大钱，各种股票投资书本上也无不这么提醒投资者。但"二刚"在实战中的操作却大相径庭，只热衷于"跟风"，不擒龙头，只抓"老二"和"老三"，拥抱那"迟来的爱"，这是为什么？

如果说"把钱留住"是"二刚"这对"草根双杰"多年来稳定赚钱的首要秘诀，那么，紧盯"龙头"，拥抱"迟来的爱"，则是他们最主要的获利手段。

在采访中，当我问起他们的赚钱秘诀时，他们多次通俗地说："我们最狠的一招，也是最常用的一招，就是'跟风'！"

"二刚"说，沪深股市有个现象长期没有改变，那就是讲故事，炒题材。在热点题材炒作中，同行业或同地区的股票总会同时涨或跌，形成板块效应，如2008年和2009年形成的奥运、创投、环保、农业、航天军工、区域经济（海南、西藏……）、新能源等老题材板块；2010年到2011年形成的稀土、高铁、水利、造船、高端制造等新热点板块，以及有色、煤炭、券商等二线蓝筹行业板块。不管牛市或熊市，这些新老板块，都会在每年的股指波动中根据内外在因素，反复轮动炒作。经过长期观察与实战，"二刚"发现，板块炒作时，龙头股在突然起涨时，和跟风股之间往往有个"时间差"和"涨幅差"，这就为他们提供了跟风炒作获利的机会。

耳闻目睹"激战一刻"

在采访"二刚"，跟随他们实盘操作的日子里，我有幸目睹他们一次次短线激战的精彩时刻：

兔年开市第三天（2011年2月14日），经过前一波上涨跌回原位的券商板块突然异动。上午10点，兴业证券（601377）首先发起强劲攻势，10点18分封住涨停板。下午1点30分，长江证券（000783）也向涨停板发起冲击。

上午，当兴业证券涨停时，"二刚"就选定了要跟风的目标股。当下午1点30分长江证券也向涨停板冲击时，他们果断跟风买入同一板块尚在横盘中的光大证券（601788），均价为15.70元。买入后，该股也迅速向涨停板冲击，当天收盘价为16.19元。

第二天，券商股的"风"还在刮，他们却趁机获利了结，分别以16.38元和16.25元卖出了光大证券。（图4.14、图4.15）

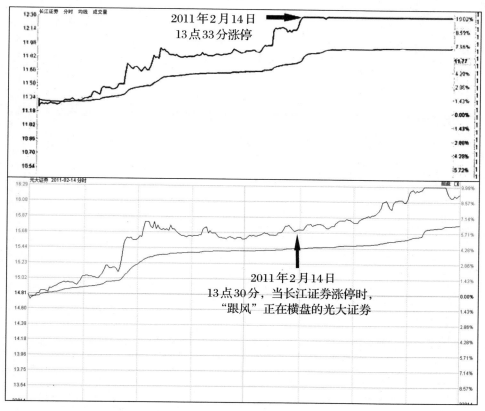

图4.14　长江证券和光大证券分时走势图

市场	业务类别	证券代码	证券简称	成交数量	成交价格	成交的金额	成交日期	成交时间
沪A	卖出	601788	光大证券	60,000	16.25	975,000.00	20110215	13:49:57
沪A	卖出	601788	光大证券	20,000	16.38	327,600.00	20110215	10:36:08
沪A	买入	601788	光大证券	30,000	15.9	477,000.00	20110214	14:10:57
沪A	买入	601788	光大证券	50,000	15.699	784,926.00	20110214	13:21:18

图4.15 "二刚"成交记录截图6

2011年2月16日14点33分，稀土板块的龙头股广晟有色（600259）封涨停板。见此，"二刚"于14点43分便以17.08元买入同一板块刚启动不久的天通股份（600330）。第二天，以17.98元卖出，获利5.8%。（图4.16、图4.17）

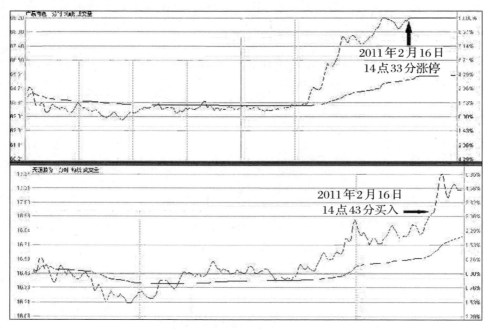

图4.16 广晟有色和天通股份分时走势图

市场	业务类别	证券代码	证券简称	成交数量	成交价格	成交的金额	成交日期	成交时间
沪A	卖出	600330	天通股份	8,800	17.98	158,224.00	20110217	09:35:37
沪A	买入	600330	天通股份	28,800	17.077	491,824.00	20110216	14:43:58

图4.17 "二刚"成交记录截图7

2011年2月，国家拟推出"新三板"，自此这一概念形成了市场一个新的热点板块。2月23日，此板块中的龙头苏州高新（600736）在高位盘整了几天后再次启动，上午11点02分快速冲击涨停板。"二刚"果断跟风有同一概念且刚刚启动的复旦复华（600624），买入均价为8.14元，收盘价为8.43元。第二天冲高全部卖出。回头看，这一热点持续性很强，连续上涨，虽然"二刚"短线获利，但他们也存有一丝遗憾。（图4.18、图4.19）

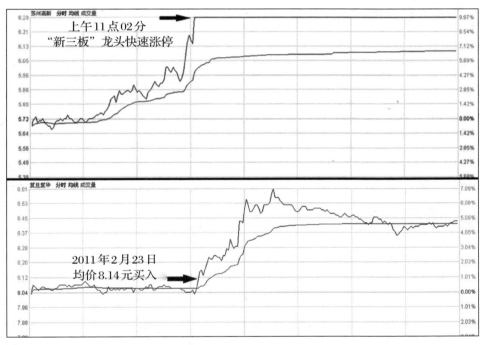

图4.18　苏州高新和复旦复华分时走势图

市场	业务类别	证券代码	证券简称	成交数量	成交价格	成交的金额	成交日期	成交时间
沪A	卖出	600624	复旦复华	13,227	8.54	112,958.58	20110224	11:03:18
沪A	卖出	600624	复旦复华	10,000	8.53	85,300.00	20110224	11:00:30
沪A	卖出	600624	复旦复华	6,773	8.62	58,383.26	20110224	10:04:24
沪A	买入	600624	复旦复华	30,000	8.138	244,140.00	20110223	11:08:17

图4.19　"二刚"成交记录截图8

类似这种"跟风"激战的案例，在我采访时几乎天天发生。2011年3月11日，日本发生了震惊世界的9.0级大地震。地震海啸引发的核泄漏危机，使安全能源引起了世人的关注。3月15日，风电龙头金风科技（002202）在大盘的下跌中一枝独秀，突发异动并放量冲击涨停板。"二刚"眼疾手快，第一时间"跟风"，以13.70元买入刚刚由"绿"翻"红"的具有太阳能发电题材的航天机电（600151）。第二天，他们以一贯的超短思路，及时止盈，以14.30元卖出。（图4.20、图4.21）

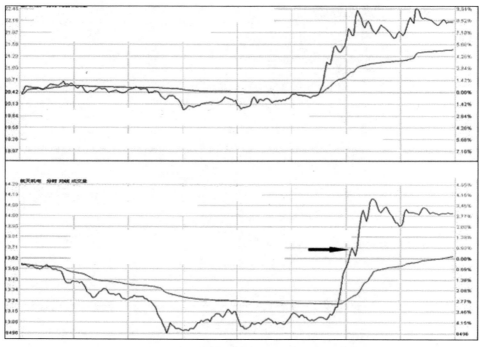

图4.20　金风科技和航天机电分时走势图

市场	业务类别	证券代码	证券简称	成交数量	成交价格	成交的金额	成交日期	成交时间
沪A	卖出	600151	航天机电	20,000	14.305	286,098.48	20110316	11:12:40
沪A	买入	600151	航天机电	20,000	13.7	274,000.00	20110315	14:06:38

图4.21　"二刚"成交记录截图9

2011年3月30日上午10点40分，有色铅锌铟题材股株冶集团（600961）涨停。"二刚"迅速买入同板块的中金岭南（000060），均价20.23元。第二天开盘，趁该股跟随株冶集团继续冲高之时，他们以20.88元获利了结。

破解"跟风"之谜

耳闻目睹"二刚"跟风赚钱的一幕幕，让人激动。但有一个问题却一直萦绕在我的心头。那就是，我曾采访过许许多多高手，他们追涨停板，抓强势股，跟进的都是当日盘中表现最强的股票。而"二刚"却不追最强的，采取"跟风"的方法，去追"老二""老三"。这是为什么？

"人家都喜欢去追最强的，获取最大的利益。而你们操作中却不去追最强的，宁做老二、老三，这种跟风的做法，不傻吗？"在采访过程中，我曾不止一次问他们俩。邹刚说："我们也知道买龙头股获利很多，可是我们做股票首先就是讲求安全，多年来吃的亏太多了，教训太深刻了。我们以前也是经常追涨龙头股，但是追涨一旦失败就被套在半空中。所以在不能确定龙头股能否涨停的情况下，我们采取了'跟风'的战法，既安全又及时抓住战机。"

"是的，白老师，这样做的好处有两个，"冯刚补充道，"一是在龙头股票涨停的情况下，我们跟风买进的股票也会随之大涨，我们能享受到跟风的乐趣；二是如果龙头股没有涨停，冲高回落，跟风买进的股票由于涨幅有限，回落的空间也就很小，即使第二天止损，也亏损不多。"

哦，原来"二刚"不抓龙头，却退而求其次去拥抱"迟来的爱"，从根本上说，还是从安全角度想问题。在实战过程中，他们一直追求的是安全的操作方法，这是非常可贵的。他们的这种做法，使我想起了股神巴菲特的两句名言：

我宁愿得到一个可以确定会实现的好结果，也不愿意追求一个只是有可能会实现的伟大结果！

我并不试图超过7英尺高的栏杆，我到处找的是我能跨过的1英尺高的栏杆！

实战中的"跟风"要诀

"跟风"，是"二刚"在实战中获取丰厚利润的最主要战法。他们的这种做法，不仅效果显著，而且成功率很高。多年来，他们总结出了8条成功的"跟风"要诀，在此他们愿无私奉献给投资者：

要诀1：首先要做好盘外功课。要熟悉市场经常炒作的有哪些板块；对同一板块内联动性强的股票，要做到心中有数，包括流通盘大小、业绩情况、股性是否活跃等，平时都要有所了解。这样，板块龙头一旦启动行情，才能在最短时间内锁定跟风的目标股（最短时间里做出动作，往往是成败的关键）。

要诀2："跟风，跟风"，跟谁的风。龙头板块及其龙头股的发现是关键之一：

◆根据当前的政策导向以及其他的外在因素，预判可能产生热点的板块中的股票，进行重点关注。

◆每天开盘后，不断查看行业涨幅排行榜，紧盯当日涨幅靠前的热点板块中的龙头股，对出击的大致方向，即要买什么类型的股票做好心理准备。同时将目标股存入自选股，进行跟踪。

◆盯住沪深两市的5分钟涨幅排行榜，如果发现上述板块中的股票或其他熟悉板块中的股票有异动，立刻打开异动股票的分时走势图，单独对其进行追踪。（若经观察一段时间，发现股价冲高回落，量能逐步萎缩，走势趋于疲软，就可考虑放弃跟踪。）

要诀3：龙头股一旦选定，要在第一时间找到跟风的目标股。选择跟风股票时，要以前期联动性强、当日涨幅滞后、盘子适中、股价最好低于龙头股的股票为首选（此时，平时所做的功课就显得尤为重要）。

要诀4：做出是否跟风的决定。关于这一点，可以从以下几方面着手：

必须对龙头股票的技术走势（是低位启动、关键点位突破还是经过一轮大涨之后的出货异动等）大致有个判断。因为只有龙头股当天大幅启动时，才能带动板块启动。但前期已经大幅上涨，处于相对高位的龙头股异动时，则需要高度谨慎。

热点板块有无政策及其他外围环境的支持。如果有重大利好的配合，热点成功启动的可靠性更大，此时跟风更容易获利。

大盘股指所处的位置以及市场人气状况，也是决定是否跟风的一个因素。大盘若处在高位或破位下跌的初期，异动的股票往往有"诱多"之嫌，这时跟风风险较大。而通常在波段下跌的尾段和震荡的平衡市，板块最容易出现联动操作，是跟风的好机会。

要诀5：一旦决定跟风，就要紧盯所跟踪的目标龙头股。如果目标龙头股再次放量强劲上攻，甚至冲击涨停板时，要第一时间迅速买入所选的目标个股。

实战案例：包钢股份

2007年9月13日，钢铁板块启动。酒钢宏兴（600307）一马当先，于当日上午冲击涨停，"二刚"已选好了跟风的目标股。下午开盘不久，该股第二次冲击涨停板时，他们便立马跟风买入同板块尚未启动的包钢股份（600010），价格为8.22元。第二天趁该股冲高，以8.90元卖出。但这天，另一只钢铁股西宁特钢（600117）在下午2点35分突然启动，很快封住涨停板。考虑到这一板块当时人气旺盛，他们便又一次以8.92元的价格跟进包钢股份。第三天，再次获利卖出。两天两次在同一只股票上跟风，获利15%以上。（图4.22、图4.23）

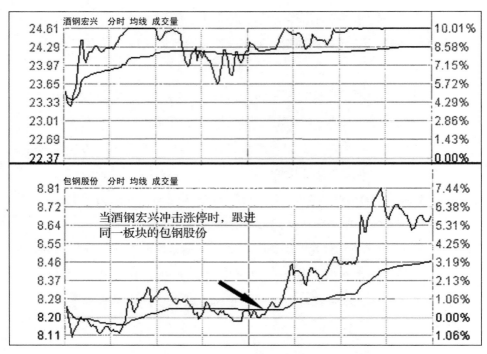

图 4.22　酒钢宏兴和包钢股份分时走势图

市场	业务类别	证券代码	证券简称	成交数量	成交价格	成交的金额	成交日期	成交时间
沪A	卖出	600010	包钢股份	30,000	9.86	295,800.00	20070917	09:55:19
沪A	卖出	600010	包钢股份	39,000	9.28	361,920.00	20070917	09:32:32
沪A	买入	600010	包钢股份	69,000	8.92	615,480.00	20070914	14:37:39
沪A	卖出	600010	包钢股份	30,000	8.9	267,000.00	20070914	10:41:50
沪A	买入	600010	包钢股份	30,000	8.22	246,600.00	20070913	13:11:40

图 4.23　"二刚"成交记录截图 10

实战案例：辽宁成大

2008年5月30日，参股广发证券的"四小龙"异动。龙头股中山公用（000685）快速涨停，因早已做好"功课"，"二刚"便在第一时间跟风买入选好的同一题材目标股辽宁成大（600739），买入价28.85元，当天该股以30.45元的价格收于涨停。第二天，辽宁成大继续冲高，"二刚"分次卖出，获利11%左右。（图4.24、图4.25）

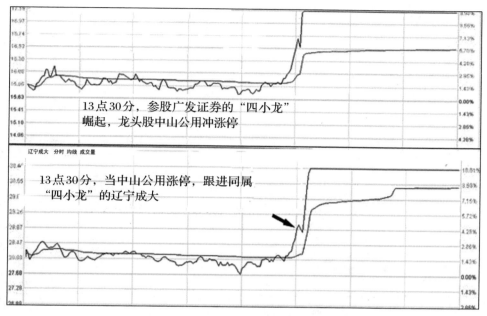

13点30分，参股广发证券的"四小龙"
崛起，龙头股中山公用冲涨停

辽宁成大　分时　均线　成交量

13点30分，当中山公用涨停，跟进同属
"四小龙"的辽宁成大

图 4.24　中山公用和辽宁成大走势图

客户号	市场	业务类别	证券代码	证券简称	成交数量	成交价格	成交的金额	成交日期	成交时间
20874498	沪A	卖出	600739	辽宁成大	16,500	30.65	505,725.00	20080603	13:02:42
20874498	沪A	卖出	600739	辽宁成大	15,700	32.171	505,077.00	20080602	13:05:37
20874498	沪A	卖出	600739	辽宁成大	3,600	31.77	114,372.00	20080602	10:07:18
20874498	沪A	买入	600739	辽宁成大	35,800	28.851	1,032,860.64	20080530	13:34:01

图 4.25　"二刚"成交记录截图11

实战案例：东方电子

2010年4月1日，智能电网板块异动，平高电气（600312）于11点50分
放量冲击涨停，"二刚"在第一时间跟风买入同一板块中没有启动，股价较低
的东方电子（000682），买入均价6元。颇具戏剧性的是，率先启动的平高电
气当天冲高回落，而后发启动的东方电子却牢牢地封在涨停板上。第二天，
该股冲高，他们获利约16%时卖出。（图4.26、图4.27）

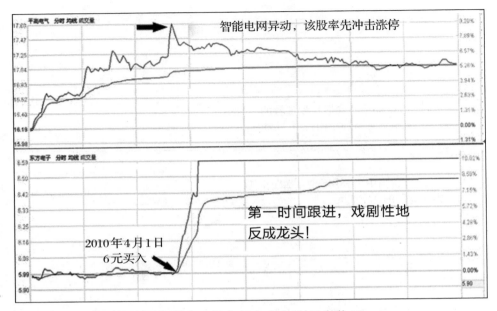

图 4.26　平高电气和东方电子走势图

市场	业务类别	证券代码	证券简称	成交数量	成交价格	成交的金额	成交日期	成交时间
深A	卖出	000682	东方电子	50,000	6.99	349,500.00	20100402	10:42:52
深A	买入	000682	东方电子	50,000	6	300,000.00	20100401	10:51:16

图 4.27　"二刚"成交记录截图12

要诀6：若没有在第一时间跟风介入，则不能追高。此时应该继续观察这个板块的炒作强度。如果该板块中有多只股票涨停，并且封单坚决，则可以选择板块中没有涨停但涨幅靠前的个股，在其盘口放量上攻时迅速买进，或在接近收盘时买入（一般此时实施的是高位跟风追涨，操作时应控制好仓位）。

实战案例：同济科技

2008年12月1日，创投板块启动。早盘，复旦复华（600624）及龙头股份（600630）这两只龙头股先后封住涨停板。由于没有在第一时间跟风，下午"二刚"选定跟风目标股同济科技（600846）在尾盘放量异动时买入，价格5.10元。第二天，分次获利卖出。（图4.28、图4.29）

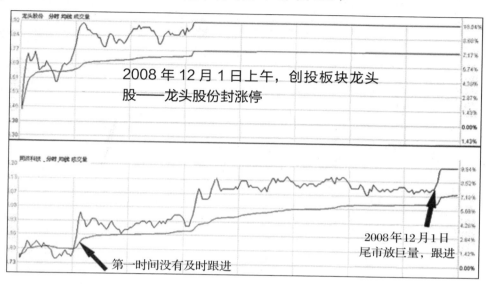

图4.28 龙头股份和同济科技走势图

客户号	市场	业务类别	证券代码	证券简称	成交数量	成交价格	成交的金额	成交日期	成交时间
20874498	沪A	卖出	600846	同济科技	30,000	5.56	166,800.00	20081202	13:50:51
20874498	沪A	卖出	600846	同济科技	16,163	5.39	87,118.57	20081202	09:47:08
20874498	沪A	买入	600846	同济科技	16,163	5.11	82,592.93	20081201	14:47:47
20874498	沪A	买入	600846	同济科技	30,000	5.1	153,008.47	20081201	14:46:55

图4.29 "二刚"成交记录截图13

实战案例：西藏天路

2010年2月3日，西藏板块启动。西藏发展（000752）、西藏旅游（600749）早盘先后涨停。下午"二刚"选定跟踪目标股西藏天路（600326），在其放量异动时买入，买入价16.24元和16.39元（涨停价）。同时，由于龙头股第二天开盘不久继续强势涨停，板块炒作势头不减，"二刚"所跟风的西藏天路于第三天才获利了结。（图4.30、图4.31）

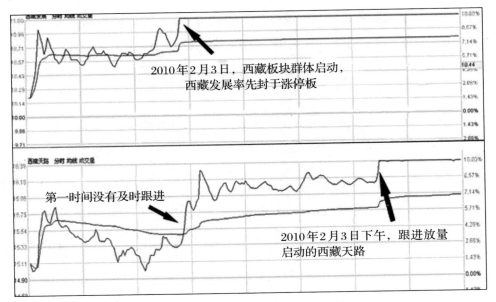

图 4.30　西藏发展和西藏天路走势图

市场	业务类别	证券代码	证券简称	成交数量	成交价格	成交的金额	成交日期	成交时间	报盘时间
沪A	买入	600326	西藏天路	5,000	16.39	81,950.00	20100203	14:56:33	14:56:33
沪A	买入	600326	西藏天路	5,000	16.39	81,950.00	20100203	14:54:26	14:54:13
沪A	买入	600326	西藏天路	5,000	16.39	81,950.00	20100203	14:21:18	14:20:43
沪A	买入	600326	西藏天路	2,339	16.34	38,219.26	20100203	14:19:25	14:19:17
沪A	买入	600326	西藏天路	5,000	16.39	81,950.00	20100203	14:14:49	14:14:49
沪A	买入	600326	西藏天路	10,000	16.24	162,400.00	20100203	14:14:15	14:14:15

图 4.31　"二刚"成交记录截图 14

实战案例：航天电器

2010年11月4日，航天军工板块再次高位拉升。航天长峰（600855）因重大利好，开盘即一字封涨停，同时，航天晨光（600501）也一字涨停，航天科技（000901）也很快封住涨停。由于这一板块突然启动，速度过快，且整体处于高位，出于安全考虑，"二刚"没在第一时间及时跟进。直到尾市，因见这一板块的涨停龙头股封单坚决，预测第二天还会有好的表现，他们便在尾盘买入同板块没有涨停的航天电器（002025）。第二天，果然不出所料，

龙头股继续涨停，航天电器开盘也快速跟风冲高，他们即时获利7%卖出。（图4.32、图4.33）

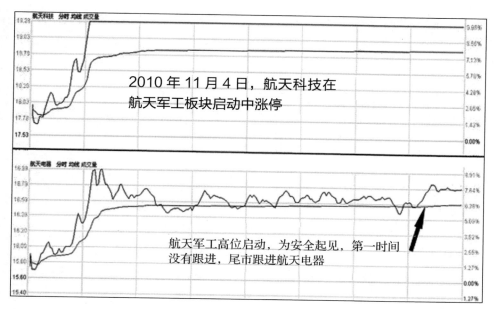

2010年11月4日，航天科技在
航天军工板块启动中涨停

航天军工高位启动，为安全起见，第一时间
没有跟进，尾市跟进航天电器

图4.32 航天科技和航天电器走势图

市场	业务类别	证券代码	证券简称	成交数量	成交价格	成交的金额	成交日期	成交时间
深A	卖出	002025	航天电器	40,000	17.99	719,600.00	20101105	09:52:26
深A	卖出	002025	航天电器	12,900	17.89	230,781.00	20101105	09:51:45
深A	买入	002025	航天电器	10,000	16.799	167,990.00	20101104	14:48:59
深A	买入	002025	航天电器	10,000	16.7	167,000.00	20101104	14:38:48
深A	买入	002025	航天电器	10,000	16.65	166,500.00	20101104	14:37:47
深A	买入	002025	航天电器	10,000	16.61	166,100.00	20101104	14:36:26
深A	买入	002025	航天电器	12,900	16.59	214,011.00	20101104	14:35:33

图4.33 "二刚"成交记录截图15

要诀7：跟风买进后的第二天，根据龙头股走势，选择卖出时机。因很难判断热点炒作是否会持续，而且做的是跟风股票（跟风股票与龙头股票的涨幅间存在一定差异），所以应选择快进快出。一般有利润，冲高即考虑分次卖出。

要诀8：若跟风失败，则及时止损。股市风险无时不在，任何一种操作方法都不可能达到100%的成功率。当热点板块炒作失败，龙头股走势疲软，即使亏损也要及时止损出局。

在"背离"中抢反弹

在大跌市道中，股市一片惨绿，岂能获利？"二刚"在"背离"中抢反弹的两把"撒手锏"，不仅让他们在跌势中避免亏损，而且屡屡得手，获益不菲。

在实战中，除了跟风龙头股是"二刚"获利的最主要手段外，他们还有许多运用娴熟的超短线获利战法，其中在跌势中抄底的两种方法，是他们的两把"撒手锏"。

连续暴跌买入法

股价经历连续暴跌后，6日乖离率超过-20，虽然此时日K线尚未有止跌迹象，但在30分钟和60分钟K线走势图中，因盘中反弹，MACD出现"底背离"现象，即股价创新低，MACD不再创新低，这时就是"抢反弹"的好机会。

实战案例：广电电子

2007年6月5日，广电电子（600602）在经历了"5·30"连续5个跌停板之后，6日乖离率盘中达到-25，60分钟K线图中MACD出现背离，"二刚"以5.49元跌停板价格买入，当天该股打开跌停板，收于6.09元。第二天，冲高卖出，获利10%以上。同时，在6月5日还买入了海欣股份（600851），也于次日获利卖出。（图4.34、图4.35）

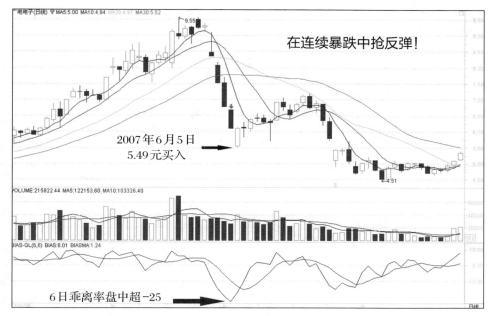

图 4.34 广电电子走势图

市场	业务类别	证券代码	证券简称	成交数量	成交价格	成交的金额	成交日期	成交时间
沪A	买入	600851	海欣股份	18,000	10.8	194,400.00	20070605	13:31:28
沪A	买入	600602	广电电子	30,000	5.49	164,700.00	20070605	13:30:55
沪A	买入	600602	广电电子	20,000	5.49	109,800.00	20070605	13:29:14

图 4.35 "二刚"成交记录截图16

实战案例：金钼股份

2008年9月18日，经过反复下跌的金钼股份（601958）从历史最高价27.47元一路跌破10元，跌幅达60%多，6日乖离率和日线MACD均出现背离，股价创新低，而此时这两个指标均不再创新低，预示该股随时都有可能出现超跌反弹。这天，该股下午跟随大盘放量反弹，见势，"二刚"以10.20元重仓抢进。第二天，因国家出台重大救市利好，该股开盘即涨停。（图4.36、图4.37）

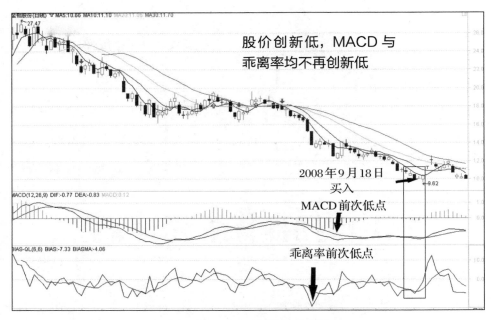

图4.36　金钼股份走势图1

市场	业务类别	证券代码	证券简称	成交数量	成交价格	成交的金额	成交日期	成交时间
沪A	卖出	601958	金钼股份	75,000	11.4	855,000.00	20080919	09:25:01
沪A	买入	601958	金钼股份	70,000	10.2	714,000.00	20080918	14:17:51
沪A	买入	601958	金钼股份	5,000	10.1	50,500.00	20080918	13:45:02

图4.37　"二刚"成交记录截图17

日线"小双底"结合MACD指标背离买入法

股价经过一波较长时间的反复下跌后，连续反弹，MACD线止跌向上，DIF金叉MACD，此时，可跟踪选定这类目标股。当目标股再次缩量回落，到达前期低点附近时，形态上构成"小双底"，而此时MACD指标线却继续上行，DIF只是小幅回压甚至上行，与股价形成背离，此时是极佳的买入时机。

实战案例：金钼股份

金钼股份（601958）自2010年初始，反复盘跌，至7月5日股价创出新低，而此时MACD不再创新低，与股价形成"背离"，产生一波小幅反弹后，股价于7月16日再次接近前期低点，DIF和MACD指标没有跟随回落，K线形态形成"小双底"。此时，逢低分批买入，之后该股迅速突破小双底颈线，成为市场中一匹耀眼的黑马。（图4.38、图4.39）

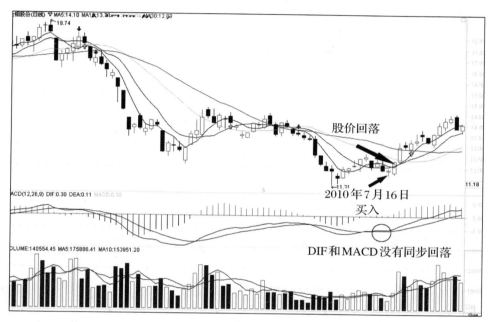

图4.38　金钼股份走势图2

市场	业务类别	证券代码	证券简称	成交数量	成交价格	成交的金额	成交日期	成交时间
沪A	买入	601958	金钼股份	5,000	11.896	59,478.00	20100716	14:30:56
沪A	买入	601958	金钼股份	20,000	11.804	236,070.98	20100716	14:02:05
沪A	买入	601958	金钼股份	20,000	11.787	235,735.78	20100716	14:01:50

图4.39　"二刚"成交记录截图18

实战案例：吉林敖东

吉林敖东（000623）从2008年年初快速下跌，至4月3日最低跌幅达到60%左右。之后，展开一波反弹，DIF底位金叉MACD，当股价反弹结束后回落至前期低点附近时，DIF和MACD却同时上行，与股价的下跌形成了背离。4月23日该股跟随大盘放量大涨，"二刚"以35.51元果断追高买入。之后，该股连拉两个涨停。(图4.40、图4.41)

图4.40　吉林敖东走势图

客户号	市场	业务类别	证券代码	证券简称	成交数量	成交价格	成交的金额	成交日期	成交时间
20874498	深A	买入	000623	吉林敖东	22,900	35.51	813,179.00	20080423	11:28:04
20874498	深A	买入	000623	吉林敖东	6,000	35.483	212,899.00	20080423	11:27:47

图4.41　"二刚"成交记录截图19

实战精要

当"小双底"形成，股价回落与MACD背离时，买入后短线赚钱的概率很大。若成功向上突破颈线，持股时间还可稍长一点。还存在另一种情况：探"小双底"反弹后，不能迅速突破颈线，而是横向震荡，DIF回压MACD后有走弱迹象。这时，要考虑未形成"双底"形态的可能，应及时止盈或止损出局。

　　例如，中国石化（600028）于2008年2月4日经过前期下跌产生一波快速反弹后，股价于2月25日再次回落到前期低点，而DIF指标只是小幅回压，"二刚"在前期低点附近分次以16.13元和16.45元买入。之后，反弹两天，"二刚"以超短心态止盈卖出。此后，该股并未迅速突破"小双底"的颈线位，而是横盘震荡，MACD指标趋势走弱，双底形态最终未形成。（图4.42、图4.43）

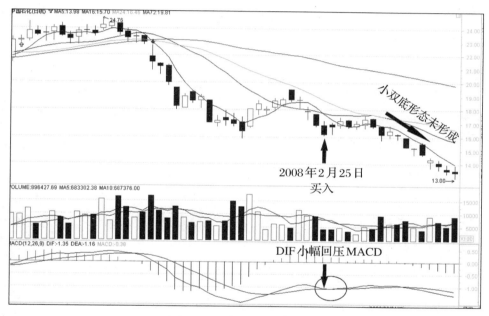

图4.42　中国石化走势图

市场	业务类别	证券代码	证券简称	成交数量	成交价格	成交的金额	成交日期	成交时间
沪A	卖出	600028	中国石化	8,000	17.31	138,480.00	20080227	10:05:11
沪A	卖出	600028	中国石化	5,000	16.95	84,750.00	20080227	09:31:11
沪A	买入	600028	中国石化	5,000	16.45	82,250.00	20080226	14:42:12
沪A	买入	600028	中国石化	8,000	16.13	129,040.00	20080225	14:58:02

图4.43　"二刚"成交记录截图20

在大盘暴跌中狙击强势股

漫漫长夜，北斗最耀眼。沧海横流，方显英雄本色。在大盘暴跌中，狙击那"万绿丛中一点红"，也是"二刚"超短线的常用技法。

采访中，"二刚"对我说，历史上的动荡岁月里，杰出的英雄人物辈出，正所谓，乱世出英雄。而股票市场上也是如此，敢于在弱市中横刀立马，逆市上涨的品种往往是下一波的反弹龙头。因此，在实战中，他们对此类股票非常关注，并经常对它们展开"狙击"。

2007年"5·30"当天及以后数日连续暴跌，令广大投资者触目惊心。虽然过去几年了，但仍如在眼前，许多人在暴跌中亏损累累。然而，"二刚"却在这场下跌风暴中，成功地狙击到了表现十分坚挺的中牧股份（600195）、广船国际（600685）、浦发银行（600000）。

实战案例：中牧股份

5月30日，大盘受股票交易印花税由1‰上调至3‰的影响，暴跌6.5%，中牧股份当天异常抗跌，在下午脱离大盘，向上攻击，并在14点30分由绿转红，显示其主力资金的凶悍。"二刚"在仔细观察后，于尾盘以均价23.68元买入，第二天趁拉高卖出。（图4.44、图4.45）

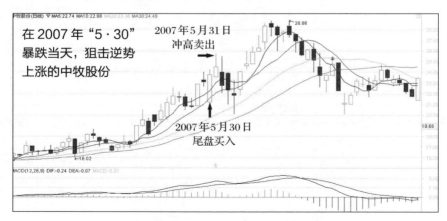

图4.44　中牧股份走势图

市场	业务类别	证券代码	证券简称	成交数量	成交价格	成交的金额	成交日期	成交时间
沪A	卖出	600195	XD中牧股	4,000	24.663	98,652.00	20070531	09:52:51
沪A	买入	600195	中牧股份	2,000	23.7	47,400.00	20070530	14:58:37
沪A	买入	600195	中牧股份	2,000	23.66	47,320.00	20070530	14:57:25

图4.45 "二刚"成交记录截图21

实战案例：广船国际、浦发银行

在"5·30"暴跌当天，有一个板块一枝独秀，那就是蓝筹股板块。在题材股暴跌之时，蓝筹股不跌反涨，或跌幅明显小于大盘。"二刚"敏锐地发现了这一现象，连续出击广船国际和浦发银行，5月31日获利卖出，顺利完成超级短线操作。（图4.46～图4.48）

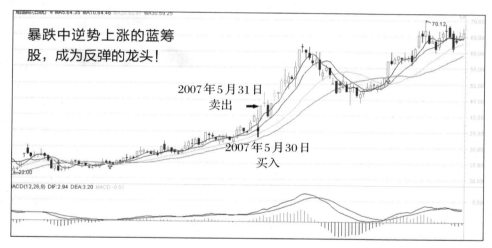

图4.46 广船国际走势图

类似"5·30"狙击强势股的案例数不胜数。近几年，凡是遇到大盘暴跌，"二刚"都十分关注在跌势中表现优秀的强势股，在大跌中捡"皮夹子"。

实战案例：宏达股份

2010年5月17日，上证指数大跌5.06%收出巨阴线。"二刚"考虑到大盘已经连续暴跌，短线风险得到一定程度的释放，于是再次采用"弱市买强势

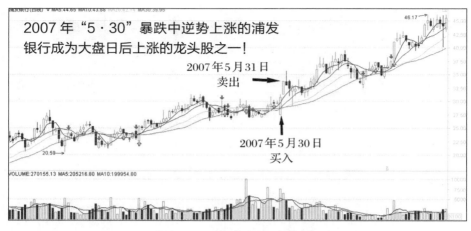

图 4.47　浦发银行走势图

市场	业务类别	证券代码	证券简称	成交数量	成交价格	成交的金额	成交日期	成交时间
沪A	卖出	600685	广船国际	10,000	40.5	405,000.00	20070531	09:38:20
沪A	卖出	600000	浦发银行	5,000	32.104	160,517.50	20070531	09:38:19
沪A	买入	600000	浦发银行	5,000	30.65	153,250.00	20070530	14:28:55
沪A	买入	600685	广船国际	10,000	40.05	400,500.00	20070530	13:57:10

图 4.48　"二刚"成交记录截图22

股"的战法，以12.40元的价格买入当天逆市上涨的宏达股份（600331），第二个交易日获利卖出。（图4.49、图4.50）

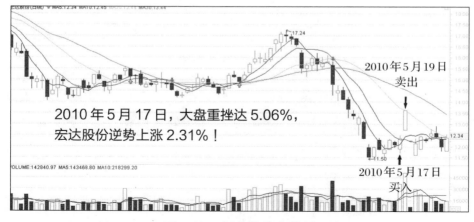

图 4.49　宏达股份走势图

市场	业务类别	证券代码	证券简称	成交数量	成交价格	成交的金额	成交日期	成交时间
沪A	卖出	600331	宏达股份	9,054	12.97	117,430.38	20100519	09:30:46
沪A	买入	600331	宏达股份	9,054	12.4	112,269.60	20100517	14:59:59

图4.50　"二刚"成交记录截图23

实战案例：紫金矿业

2011年2月22日，上证指数高开低走，当天大跌2.61%。由于大盘是连续上涨后的首次大跌，主力资金不可能全身而退，"二刚"以7.71元买入全天强势上涨的紫金矿业（601899）。第二天，他们按一贯的短线手法获利卖出。（图4.51）

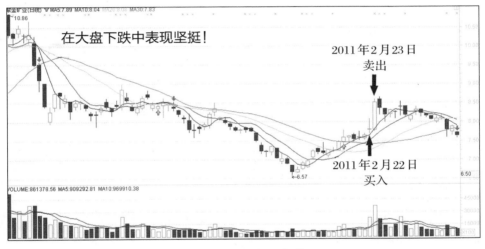

图4.51　紫金矿业走势图

实战精要

大盘暴跌中买强势股，可采取对比的方法，找逆大盘而上涨的股票做目标（方法是在大盘急跌时，不停地翻看深沪两市的涨跌幅排行榜）。如果是整个板块都能逆市上涨，其后往往是下一轮大盘上涨的龙头板块，例如2007年"5·30"大盘暴跌时的金融板块及部分二线蓝筹股。

找到目标股后，要仔细查看。不能买第二天停牌的，业绩不好的股票也应放弃。

买入时要控制好仓位，并做好第二天的交易计划，宜快进快出。

要对大盘的整体走势做全面的分析判断，如能买在下跌的末端，成功率更高。

跟随趋势，看长做短

在股票交易中，准确判断大盘和个股的运行方向是每个投资者梦寐以求的。"二刚"利用画趋势线来帮助判断大盘方向并进行短线操作的战法也是屡建奇功。

在采访中，我经常看到"二刚"在K线走势图上画趋势线，禁不住问他们："你们是超级短线手，难道也这么重视大盘和个股的中长期运行趋势？"

"常言说，趋势是股票操作的好朋友。只有准确判断和把握大盘、个股运行的趋势，短线出击的成功率才会更高。""二刚"回答。

他们一边说着，一边打开电脑，画出一条条的趋势线，并讲述趋势线在实战操作中的重要意义：

将1999年5月K线和12月K线的最低点，连接成一条上升趋势线。2001年7月大盘跌破趋势线后，就此进入长达5年的大熊市。

连接2006年11月K线和2007年2月K线的低点，形成上升趋势线。2008年1月上证指数跌破该趋势线后，进入狂跌，短短一年，股指从6124点跌到1664点，万千股民再次回到水深火热之中。

连接2009年3月K线和2009年5月K线的低点，形成上升趋势线。2009年8月跌破此趋势线后，大盘就此步入震荡市。（图4.52）

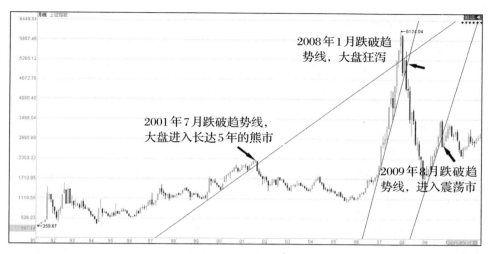

图4.52　上证指数月线图1

2006年5月，上证指数突破连接2001年7月K线和2004年4月K线的高点形成的下降趋势线后，展开了石破天惊的大牛市。

2009年1月，上证指数突破连接2007年11月K线和2008年1月K线高点形成的下降趋势线后，大盘连续上涨了5个月。（图4.53）

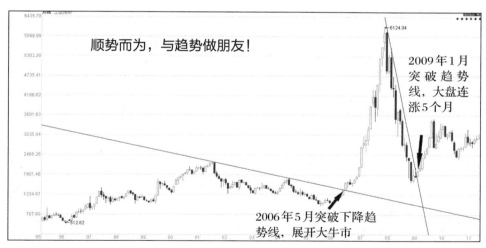

图4.53　上证指数月线图2

从上述图例中，我们可以很直观地知道趋势线有多么重要。股票突破下降趋势线就是很好的买入机会，而跌破上升趋势线就要及时清仓卖出，回避巨大风险。

结合股票运行的这一重要特征，"二刚"在中线趋势较稳的情况下，频繁进行短线交易。他们这样做，既能有效规避风险，又能抓住不少机会。

实战案例：古越龙山

2009年2月，上证指数突破了连接2007年11月K线和2008年1月K线高点形成的下降趋势线，由下降趋势变为震荡上涨趋势。同期，古越龙山（600059）也由下降趋势转为震荡上行趋势。2009年2月6日，该股放量突破了长达两个多月的盘局（连接2009年1月19日K线高点形成的阻力线），强劲拉升。"二刚"当天以均价8.79元买入，迅速获利。（图4.54、图4.55）

图4.54　古越龙山走势图

市场	业务类别	证券代码	证券简称	成交数量	成交价格	成交的金额	成交日期
沪A	卖出	600059	古越龙山	100,000	9.595	959,539.38	20090211
沪A	卖出	600059	古越龙山	87,200	9.6	837,130.00	20090211
沪A	买入	600059	古越龙山	44,100	9.461	417,234.00	20090210
沪A	买入	600059	古越龙山	143,100	8.782	1,256,634.00	20090206

图4.55　"二刚"成交记录截图24

实战案例：2009年8月空仓

2009年8月6日，上证指数跌破了连接2009年7月14日K线和7月22日K线低点形成的上升趋势线。"二刚"当天将股票全部清仓，回避了一波大跌。（图4.56）

图4.56　上证指数走势图

实战案例：柳钢股份

2009年9月3日，上证指数突破了连接2009年8月5日K线和8月27日K线高点形成的下降趋势线，由下跌转为震荡上行，"二刚"开始积极进行短线交易，柳钢股份（601003）也随大盘止跌回升。9月8日，该股放量突破了连接8月4日K线和8月21日K线高点形成的下降趋势线，他们以均价7.17元果断买入，此后该股大涨。（图4.57）

实战案例：锡业股份

2011年1月28日，大盘突破了连接2010年11月11日K线和2011年1月7日K线高点的下降趋势线，转为上升趋势。锡业股份（000960）在2月10日回踩连接2010年11月2日K线和2010年11月11日K线高点形成的下降趋势线后再续升势，"二刚"以34.8元买入后，第三天获利卖出。（图4.58）

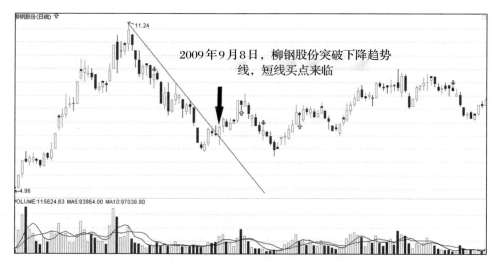

图 4.57　柳钢股份走势图

图 4.58　锡业股份走势图

实战精要

　　月线是大趋势，作为买卖点而言，稍显迟钝；周线处于月线和日线之间，既不过于敏感又不至于滞后，最适合做中线趋势参考的指标。

趋势无处不在，15分钟是短线趋势里必看的指标之一，能帮助尽快获知买卖点。

时间周期越长，管理性就越强：月线管理周线、周线管理日线、日线管理分钟线。

一般而言，突破趋势就意味着运行方向的改变，操作者要迅速做出反应。

尾声：踏过荆棘，拥抱未来

穿着棉衣来，换上单衣归。转眼，在江城生活快三个月了。当我怀着依依惜别的心情，告别这座武昌起义发生地的英雄城市，再次回首那滚滚长江水、巍巍黄鹤楼时，不禁心潮起伏。

我忘不了在江城与"二刚"朝夕相处的日子。他们是江城千万投资者中两个极普通的投资人，也是在沪深股市这块沃土上默默耕耘的一对好兄弟。他们平凡、执着、勤奋、不畏艰辛，一步一个脚印地在股市风雨中前行。

他们两人不仅树立了正确的投资理念，还把自己的理念与技艺无私地传播给更多的投资朋友。

临别前，我曾参加"二刚"与投资朋友的一次交流会。他们互相倾吐心声。一位大姐的人生很不幸，年轻时，丈夫以身殉职，英年早逝。她含泪生下遗腹子，并坚强地生活，一直把儿子抚育成有用之才。她堪称生活中的强者，但在股市里，却不敢面对自己遭受的挫折与失败。她曾听从股评人士的蛊惑，以48.60元的最高价买入中国石油，11元挥泪出局。从此，她不敢听人谈论股票，不敢看一眼中国石油那暴跌不止的K线图。她夜夜噩梦不断，惊醒后满脸是泪。交流会上，当听到"二刚"讲述他们在失败中崛起的故事和防范风险"把钱留住"的经验时，她感动不已。

"大姐，股市充满刺激，充满欢乐，也同样充满着痛苦。你在股市中想迈向成功，第一步，就要从敢于面对失败开始！"冯刚中肯地说。

"当年我错买深金田，曾葬送了半生心血。在当时，这相当于3套120平方米房子的首付款。但人不能永远生活在阴影中。大姐，踏过荆棘，前面就是坦途呀！"邹刚深情地鼓励道。

忠言，真情，打动着热泪盈眶的大姐。

是的，博弈的征途上，并非一帆风顺，失败并不可怕。在变幻莫测的股海风云中，我们只有永不言败，孜孜不倦地学习本领与技艺，才能满怀激情地去迎接美好的明天，拥抱沪深股市的春天！

硝　烟：

> 长线是金。一只会下
'金蛋'的鸡，你当然不愿意
把它低价卖给别人！

他像一只猎鹰，近年来，一直翱翔在"军工"这片浩瀚的海天。他以一个价值投资者的智慧与战略目光，在"军工"这个独特行业中，深度挖掘出一只只具有重大重组题材的超级黑马股，并长期持有，战绩骄人，被羊城投资人誉为"军工黑马猎手"。

投资简历

个人信息

黄咏，别名：硝烟，微博名：广州硝烟。男，1970 年生，本科学历。

入市时间

1995 年。

投资风格

立足价值投资，追求投资的高确定性，喜好集中投资高成长企业，优先投资重大资产重组和行业成长叠合的品种。

投资感悟

追逐中国的复兴与崛起，只买让自己睡得着觉的股票。牢记世界上最伟大的交易商——股票作手杰西·利弗莫尔的一句话："只要这只股票表现对头，只要市场表现也对头，就不要急于去实现利润。"

第5章

△

军工黑马猎手

——广州职业投资人硝烟捕捉"军工重组黑马"纪实

他戴副眼镜，脑门锃亮，眉宇间透着睿智和儒雅之气。一看，就是一副"聪明绝顶"、学问很深的学者模样。

这是我飞抵广州，在白云机场见到前来接我的硝烟时，他给我的第一印象。

引子：珠江边，一位专做"军工重组"的猎手……

这天上午，我在通过QQ与广州电视台《对话财经界》栏目资深节目主持人卢先生聊天儿。当谈及广东的民间高手时，他对我说："白老师，广州的黄咏是个很出色的投资人。这几年，他专做军工重组股，买的洪都航空（600316）、*ST昌河（600372，现名：中航电子），股价都翻了好几倍，赚了不少钱，很值得你采访呢！"

我听后，一时兴起，急切地想见见这位很有个性、专注挖掘军工重组黑马的民间高人。于是，我便匆匆收拾行装，于当天深夜赶赴羊城，终于与硝烟相聚珠江之畔，开始探寻这位出色猎手在军工这片浩瀚的领域里，发掘和捕捉超级成长重组黑马股的绝技。

少年英才痴迷"智力游戏"

痴迷"智力游戏"的"小棋王"与聂卫平有盘未下完的棋。在他"不惑年轮"的背后，始终有一颗激情博弈的心在跳动……

采访一开始，我问硝烟："一个名牌大学毕业的英才，是如何踏入股票市场的？"没想到，他不假思索，脱口一句话作答："我喜欢智力博弈游戏！"

"他有点'脑力多动症'，凡是动脑子的事情，没哪个是他不喜欢的。"周末，与硝烟一家聚餐聊天儿时，他夫人这样评价他。

的确，他的股市人生，是从酷爱"博弈"开始的。硝烟出生在一个"教师之家"和"棋手之家"。

他的父亲是中学校长，大姐和夫人都是教师。父亲和叔叔是当地有名的象棋棋手。每年春节当地举办象棋比赛，经常是两人轮流当冠军。从小耳濡目染，硝烟对棋牌也情有独钟。进入大学后，无论是围棋、国际象棋、五子棋，还是桥牌、升级、斗地主、拱猪，他基本都是看一样学一样，学一样精一样。毕业后，他拿过广州市桥牌双人赛亚军，而让他更难忘的是和聂卫平一盘没下完的棋。

"1995年我达到了棋迷事业的顶峰。"硝烟开玩笑说。那一年《广州日报》43年社庆，邀请了围棋棋圣聂卫平、象棋棋王许银川到广州举办应众活动。硝烟通过五轮的激烈交手，从几百名棋手中夺得了与聂卫平和许银川对弈的资格。

12月3日，硝烟迎来了和偶像对弈的时刻。早上是聂卫平一对六的围棋"车轮战"。面对棋圣，硝烟使出浑身解数，居然下出了几个让老聂皱起眉头的"手筋"。其他5个棋手顶不住老聂的妙手，一个接一个败下阵来，后面车轮战变成了硝烟和老聂单独的对弈。遗憾的是，直到活动时间结束，那盘棋还没下完。

"不过，一天内对弈两位国手，我既感到极大的荣幸，又感到作为一个棋迷的满足。"硝烟说，"之后，我在棋牌上花的功夫大大减少了。也就是那一年，我开始了对股票技术的研究。"

"为什么从一个棋迷，又变成了股票迷？"听着硝烟的故事，我问他。

"你看，那闪烁的盘面，跳动的数字，有多吸引人，"硝烟说，"自从接触了证券市场，我就很快发现，股票投资的复杂性、趣味性远胜于棋牌。那些在屏幕上变幻莫测的数字和图形，是一个个更具挑战性的'超级博弈游戏'。"

可以看出来，从硝烟入市的那天起，他就决意要在这个更高层次的博弈中成为一个出色的"棋手"，以展示自己的智慧。

1995年，硝烟开始了对股票技术的研究。但那时，股票还仅仅是他的一个爱好。也正是那一年，当时在广东可口可乐公司担任IT主管的硝烟，"下海"创办了一家IT技术服务公司。

他是一个有梦想的人，他要闯荡出一番事业。

1998年，硝烟看到互联网的发展前景，便一腔热血投入到互联网发展热潮中。他和香港一家公司合作建立了一个房地产资讯网站。香港合作方负责初始投资和后续的融资上市工作，硝烟负责研发和运营。经过两年的建设，网站初见规模，香港部分媒体相继进行了报道，也吸引了不少风险投资机构。

2000年初，香港投资方与一家国际投行签订了风险投资协议，准备引入第一笔2000万美元的风险投资。但就在这时候，以纳斯达克崩盘为标志，网络股泡沫开始全面破灭。投行退却了，合作的香港投资方也退却了。

钱"烧"完了，网站上市的梦彻底破碎了。

但是，硝烟在"毁灭"中却有了意外的收获。在网站筹划上市的过程中，他和风险投资机构和投行有了深入的接触，对企业上市的整个运作过程有了亲身体验。

当了5年的公司"老总"，筹划了两年网站上市，让硝烟深深了解到资本市场的功能和一、二级市场的分工与衔接。他清晰地认识到，之前，自己研究的数字和图表，只是股市的表象，真正决定股价的，还是股票代码背后的实体企业和它的成长能力。

同时，硝烟对股市有了全新的认识："股市不仅仅是一个赌场，它对实体经济，特别是一些新兴产业的发展有着至关重要的作用。没有股市，很多成长性企业无法得到足够的资金发展，社会进步就不会这么快。"

在经受网络破灭的"劫难"中，在大起大落中亲身经历了市场风险的硝烟，感悟颇深。

他说："1999年的全球网络股泡沫，其实是市场过度片面反映了互联网行业的发展潜力和成长性，但忽略了网络股实现盈利的不确定性及风险，所以最后在二级市场盈利效应驱使下滚成了巨大的泡沫。"

这次互联网泡沫的破灭，给他以后的职业投资提前上了一堂生动的风险教育课。他认识到，投资要取得成功，成长性和确定性缺一不可。

"要买能让你睡得着觉的股票"，硝烟追求投资确定性的理念就是从这时候开始形成的。

两年20倍

"开弓没有回头箭。"他抓住了股市的拐点，充分享受沪深股市股改的红利性机会，资金连续翻番。

硝烟真正成为一名职业投资人，是从2005年股改开始的。他的原始积累，也正是抓住了这次难得的机遇。

那是2005年8月，沪深股市开始实施股权分置改革。证监会主席对股改发表"开弓没有回头箭"的一番话，激荡着硝烟的心。

"沪深股市最好的投资机会来了！"硝烟看到这是沪深股市一次历史性的拐点，认定参与股改，将是最确定性的投资机会。于是，他辞了所有工作，开始全身心地投入到他挚爱已久的股市。

在那段日子，他日夜忙碌着，把所有精力都放在研究股改线索与方案上，尤其是实施股改的高成长股上。

中兴通讯（000063）是他选择的第一只全仓介入的股改优质股票。2005年11月11日该股出股改预案，11月24日复牌，次日硝烟果断地全仓介入。12月29日，G中兴10送2.5的股改方案实施，不仅一分钱没跌，当天就填满权，还涨了1.95%，创造了股改的一个神话。硝烟从中获利30%，淘了大大一桶"金"。

首战告捷的当天，正好他颇为看好的海油工程（600583）公布了股改方案，硝烟立马又全仓买入了海油工程。之前，他曾对海油工程这家公司做过一些调查了解。他得知这家公司的很多职工领了工资和奖金，都马上去买自己公司的股票，所以他对该股十分看好。他的分析判断，让他再次获取厚利。

2006年1月，硝烟以独到的目光，瞄上了一只高成长性股票，那就是海螺水泥（600585）。

这是一只他在股改前就提前介入的股票。问及他当时买入的理由，硝烟说："它的市场占有率不断提高，成长性非常好，但当时没有股改的股价却比港股低20%左右。比A股贵20%的港股受到国际机构的热捧，A股便宜并且含有股改权利，很值得投资。"

他从这只股的股改行情中获得30%的收益后，并没有收手，一直持有，不断进行波段操作。"这只质地优秀的股票，从股改到2007年10月，股价涨了10倍。它是送给我'银子'最多的一只股票。"至今，硝烟对操作海螺水泥的历程仍难以忘怀。

在2005年至2007年的大牛市中，硝烟以他的投资智慧，紧紧抓住了沪深股市的拐点和股改的历史性机遇。牢牢把握股改这一特殊的制度性红利机会，使他这个在网络泡沫中"落难"的投资人东山再起，资金不断翻倍再翻倍，一路顺风。

他对股票成长性的挖掘能力，在这两年牛市期间得到了淋漓尽致的发挥。

石油济柴（000617）是他在股改中收到的最后一个"大红包"，也是他深度挖掘并持股时间较长的一只高成长性重组黑马股。

2006年12月，股改已接近尾声。这时，硝烟对尚未股改的上市公司作了仔细的过滤分析，他的目光锁定到属于央企的石油济柴。这是一只很有潜质的股票，母公司是中石油装备集团，资产质量优良，有较强的重组预期，有可能借股改机会同时进行整体上市。

于是，他于12月13日以15.20元的价格毫不犹豫地买进。12月29日，石油济柴停牌公布了10送2.8的股改方案。2007年3月6日方案实施，股价在10送2.8之后，最高涨到了20.48元，硝烟的账面获利达72%。但是股改方案并没有出现硝烟盼望的整体上市，于是他决定继续持有等待。这个股票他一直拿到了2007年底，最高利润近6倍。

股改行情告一段落，但2007年的大牛市行情依然如火如荼。硝烟开始在单边上涨的行情中挖掘市场价值还没充分体现的成长股。受益农产品批发市场集中化的农产品（000061），受益西飞集团整体上市的西飞国际（000768），中间业务快速发展的招商银行（600036），都为他带来过不菲的利润。

后来，在市场估值普遍高企的情况下，他买入了中信证券（600030）。"券商的业绩是与牛市同步的，只要行情继续，中信证券作为券商龙头，它的业绩都能跟得上股价的上涨，市盈率保持在适当的水平。"正是这个半年时间涨了一倍突破百元的券商龙头，让硝烟在牛市的后半段仍然跑赢了疯狂的大盘。到2007年11月，他的资产在从2005年开始的牛市中已经获利超过20倍。

挖掘"军工黑马"，攫取7倍收益

金融风暴中，股市跌得惨烈，他竭力寻找安全的"避风港"。最终，他把目标锁定在了不受经济周期影响的军工行业。

"硝烟，听说这几年你专注投资军工股，业绩十分优秀，翻了不少倍，是吗？"采访中，我问被人们称作"军工黑马猎手"的硝烟。

"嗯。谈不上什么优秀，只能说，我抓到了军工行业的一些大的机会吧。"硝烟谦虚地回答。

"你操作军工股，不会是有内幕消息吧？"

"没有，我专注于军工股投资，主要是看好它的成长性和确定性。做军工股，是基于研究的结果。经过仔细的研究分析，我发现军工行业正处于追赶式发展时期，同时整个行业开始进行规模庞大的资产重组，未来必然产生很多巨无霸型上市公司。买入军工股是为了分享这个历史性的机遇。"

"听说你买军工股，像*ST昌河（600372，现名：中航电子）、洪都航空（600316）这些大牛股，介入的时间比公募基金要早许多，成本比他们也低很多，是吗？"

"对。"

"那么，你最早是什么时候开始关注军工股并介入的？"

"2008年11月吧。"

"当时，你是基于什么考虑？沪深两市一千多只股票，为何你独独青睐军工概念的股票？"

"2008年，以美国为首刮起的金融风暴飓风席卷全球。沪深股市和世界股市一样，遇到了前所未有的惨烈下跌。要是从2007年10月的6124高点算起，至2008年10月28日的1664点，跌幅高达72.8%。"

"你也有所损失？"

"是。我也不例外。牛市中赚到的20倍钱，缩水了不少。"

"手中的股票一直拿到下跌的终点？"

"不。到奥运前，我已看到跌势不止的势头，就斩仓出局，之后一直空仓观望。"

"是什么时候又开始操作的？"

"10月底11月的样子，见大盘跌不动了，国家的利好政策也不断出台，我就重返股市了。"

"空仓几个月后，再入股市，当时在操作策略上有什么想法？"

"安全第一。这是当时最主要的想法。"

"为什么这么想？你过去在牛市是个激进派，怎么突然变保守啦？"

"是时势改变了我。在一轮熊市的惨烈下跌后，当时的市场气氛还很恐惧，人们都看不清经济复苏的前景。所以当时在选投资标的时，主要考虑是寻找局部的'避风港'，选些不受经济周期影响的品种，或者是逆周期的品种。"

"当时你具体选了哪些品种？"

"一开始是介入了基建板块。因为政府明确提出'保8'（8%的GDP增长）的目标，实施了宽松的货币政策和积极的财政政策，具体标志性的措施是配套投入4万亿元加强基础建设。我重返市场的最后决心就是看到了这个4万亿元投资，于是我首先买入了受益于高铁建设的华东数控（002248）和远望谷（002161）。"

后来基建股涨得太快了，硝烟开始重点投资军工板块。军工行业的需求是很特殊的，基本是独立于经济周期。它的成长性，并没有因为金融危机的到来和经济周期的变化而受到丝毫影响。在经济复苏不太明朗时，这种标的，是个不错的选择。

"你做出选择后，就开始操作军工股了？"

"是的。卖出华东数控和远望谷之后，就开始向军工股板块'进军'了。"

"你能否把你挖掘和操作军工股的过程详细地讲述一下？"

"可以。"

说着，硝烟打开历史交易账户，再现他当时操作军工股的历程：

实战案例：中航光电

买入时间：2008年12月3日

买入价格：11.50元～11.80元

卖出时间：2009年4月7日

卖出价格：24.50元左右

交易收益：持股4个月，获得了一倍多的收益。（图5.1）

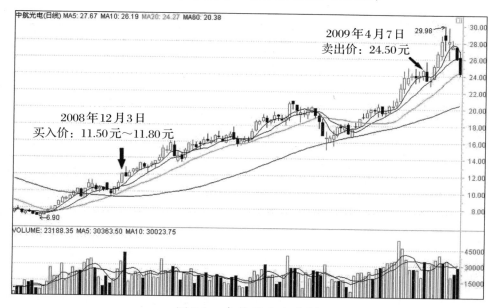

图5.1　中航光电走势图

买入理由：

中航光电（002179）的主要产品是光电连接器，是技术含量很高的电子元件，广泛用于空军、海军装备，在军品市场份额中占比很高，有稳定的需求。

中航光电的产品还面向通信厂商、轨道交通和新能源装备等民用领域，这些都是发展前景很广阔的领域。

经过与上市公司沟通，发现其订单充足，产能利用饱满，制订了大规模扩产的发展计划。买入时其动态市盈率不到20倍，属于典型的高增长低估值的品种。

实战案例： 火箭股份

买入时间：2008年12月25日

买入价格：8.30元～8.50元

卖出时间：2009年4月7日

卖出价格：12元～12.30元

交易收益：45%（图5.2）

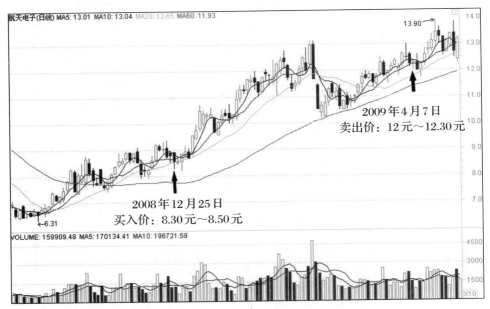

图5.2　火箭股份走势图

买入理由：

火箭股份（600879，现名：航天电子）生产航天用电子元器件，需求稳定增长，市盈率在军工股里面相对较低。

2007年火箭股份成功增发募集资金，用于通信对抗、星载接收机、空间动基座、无人机等项目，这些项目建设周期较长，但为公司长期发展提供了持续的动力。

大股东航天时代电子持股比例低，一直有计划注入资产实现整体上市。

买入时技术形态非常好，从盘面看有机构持续增仓。

2009年1月20日，是美国总统奥巴马就职的日子。就在这一天，中国发布了"国防白皮书"。硝烟敏锐地感觉到了，这是一件不同寻常的历史性事件。它意味着国防建设将从"韬光养晦"走向快速发展阶段。在过去，为服务经济建设大局，我国国防建设一直处于忍耐阶段。随着经济利益扩大到全球范围，国防事业远远滞后于国家利益的延伸。国防急需补课，军队急需现代化装备，军工行业的历史使命任重而道远。

"从韬光养晦到争做一流军事强国，2009年将成为中国军工股元年。"硝烟这么认定，并在网上发表军工股研究专帖。

最终，他把投资的标的，选在军工行业的中航系股票上。

"军工股那么多，为什么你对中航系的股票情有独钟？"采访中，我问。

硝烟回答："因为它具有重大的重组题材。而重组题材，是市场永恒的操作热点。它给了沪深股市最充满魅力的投资机会，曾创造一个个神话。如重大资产重组股泛海建设（000046，2年30倍）、中国船舶（600150，1年10倍）、广晟有色（600259，1年7倍）、中航电子（600372，2年9倍）都与重组题材有关。"

硝烟接着解释："当前，中航集团正在实施着一个庞大的整合。由原来的一航、二航合并组成中航工业集团，并提出了10年内达到1万亿元产值的目标。中航集团还提出充分利用资本市场，计划将80%以上的资产注入相关的上市公司。这是一个投资人梦寐以求的机会。

"从高速的行业发展、清晰的重组规划、庞大的壳外资产，完全可以预见到，中航系现在这些几十亿元到一百多亿元市值的股票，经过重组和发展，未来大部分会发展成上千亿元甚至几千亿元规模的庞然大物。2008到2013年是中航系股票密集重组的时期，长线看是最佳的介入时点。从此以后，我把核心的研究集中在军工行业，特别是中航集团的重组和整体上市上。我相信，这些公司里面会诞生出一匹匹大黑马。"

"的确，这是一片值得投资的天地。方向确定后，你在投资方案上又做了哪些具体工作？中航集团下面有十几家上市公司，你是怎么筛选出具体的投资目标的？"

"方向明确后，我就通过各种方法搜集中航系的资料，列成表格，把每

个上市公司和它背后的母公司的资产做了一一对比。"（表5.1）

表5.1　各业务板块上市公司规模占比情况

主要分/子公司	上市公司	上市公司资产规模占比	上市公司收入规模占比
集团整体	集团内A股上市公司	17%	18%
中航直升机公司	哈飞股份	14%	37%
中航发动机公司	航空动力	22%	30%
	ST宇航		
	成发科技		
中航系统航电公司 中航系统机电公司	中航电子	10%	10%
	中航光电		
	中航精机		
	东安黑豹		
防务分公司	洪都航空	8%	6%
	成飞集成		
中航飞机公司	西飞国际	49%	68%
中航通用飞机公司	贵航股份	26%	36%
	中航重机		
	中航三鑫		

　　一般来说，上市公司业务规模在对应的母公司里面占比越小，其重组空间越大，重组后业绩增长的效果也越明显。由表5.1可以看出，整体上市完成程度最低的是防务分公司，只有8%的资产在上市公司，然后是系统公司（占母公司的10%）、直升机公司（占母公司的14%）、发动机公司（占22%）。

　　然后，再结合各自的资产质量、发展前景和整合时间点信息，最后硝烟把目标锁定在中航集团系统子公司下面的*ST昌河（600372，现名：中航电子）和中航精机（002013），防务子公司下面的洪都航空（600316），发动机子公司下面的航空动力（600893），直升机子公司下面的哈飞股份（600038）上。

"你投资的案头工作做得可真细呀！"

"一分耕耘，才能有一分收获嘛。"硝烟认真地说，"在投资上，不能有丝毫的偷懒。"

"确定目标后，是否很快介入了？"

"没有。我一直等待时机。我时时密切关注我选定的标的公司的重组进程。很快，机会就来了。2009年1月23日，*ST昌河发布了预亏公告。按照规定，连续3年亏损应该要退市。但是这时候*ST昌河的股价不但没跌，下午还快速拉升。我意识到，*ST昌河实施重组的时间点已经很接近了，于是在2月2日果断买入。"

"这是你成功操作了中航光电、火箭股份以后，做的又一只重头的军工股？"

"对。除了在西飞国际上做了一个短差外，*ST昌河和洪都航空是重仓或满仓操作的，这两只股票也是我持股时间最长、收益最大的股票。"

"请你具体讲讲挖掘这些股票的理由和当时的操作思路是什么。"

"好。"硝烟说。

实战案例：*ST昌河

买入时间：2009年2月2日

买入价格：5.36元

第一次卖出时间：2009年4月7日

第一次卖出价格：7.80元

交易收益：46%

第二次卖出时间：2009年9月20日

第二次卖出价格：25元

交易收益：366%（图5.3）

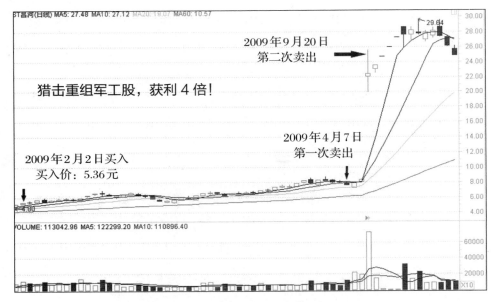

图 5.3　*ST昌河走势图

买入理由：

　　*ST昌河（600372，现名：中航电子）是中航集团下面的一家企业，原来以生产汽车为主，但昌河汽车在市场竞争中并没有取得成功，连年亏损，成为濒临退市的*ST一族。但是在中航集团大规模整体上市的背景下，*ST昌河反而成为一个很好的壳资源。2008年12月17日，股东大会通过了*ST昌河的资产置换方案。按照方案，*ST昌河将完全剥离汽车资产，置换为中航集团的优质航电资产。该方案奠定了*ST昌河成为中航集团航电资产整合平台的地位。

　　航电产品是航空工业中技术含量和利润率较高的部分，中航集团内对应的资产数量庞大并且毛利率较高，*ST昌河确定了航电资产整合平台地位，持续获得注入资产是可以期待的。

　　按照中航航电公司的规划，到2017年航电公司业务收入目标为1200亿元。而*ST昌河当时市值不到22亿元，这个市值远远不能匹配中航集团航电资产平台的地位，发展空间极大。2009年1月23日上市公司公布预亏，*ST昌河股价不跌反涨，呈利空出尽加速上涨的走势。

卖出理由：

2009年4月7日接近上市公司披露2008年年报时间。按照规定，连续3年亏损将暂停上市一年以上。当天*ST昌河股价跌破10日线，为防范技术走势判断错误的风险和停牌时间过长等不可预测的风险，决定先卖出本金部分，利润部分留下参与重组。

2010年9月20日，*ST昌河复牌，当天不设涨跌幅限制。由于停牌期间又推出了加码的重组方案，复牌当天得到市场的大力追捧，最高涨至25.58元。由于股价超出原来估计，所以在25元附近将剩下筹码兑现。

实战案例：西飞国际

买入时间：2009年3月2日

买入价格：19.75元

卖出时间：2009年3月3日

卖出价格：22.2元

交易收益：12%（图5.4）

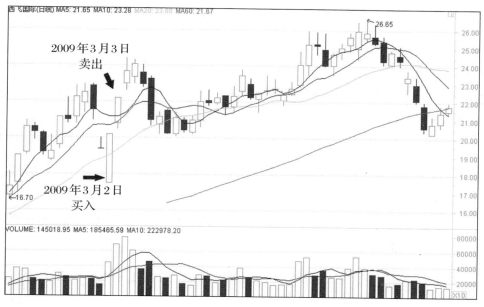

图5.4　西飞国际走势图

买卖理由：

西飞国际（000768）在2009年2月27日接近2008年年报披露的时候，突然跌停。3月2日低开后迅速拉高，机构买入比较明显。硝烟判断，前一个交易日的跌停应该是提前反映年报业绩利空，3月2日应该是长期投资者趁机低买的最好时机，所以即时跟进。

3月3日公布年报，有10股转增12股的利好，开盘不久就涨停。因为是基于短线买入，一天获利12%已经很满意，所以当天在涨停板位置兑现利润。

"对西飞国际的操作，你只做了一个短差？"

"只能算是一次小'插曲'吧。当时只是手头上有一些闲置资金，又有这样的机会，就操作了一次短线。"

"你在*ST昌河上，算是淘了一桶重金，获利4倍。昌河第一次卖出后，你又买入了什么股票？"

"从*ST昌河中出局后不久，因为4月23日是海军节，我们得知国家领导人将出席海军的阅舰式。所以我们提前买入了具有航母概念的中国船舶（600150）。它的母公司是中国船舶工业集团，是我国海军军舰的两大生产基地之一。当时，市场正在刮着'中国航母风'。

"另外，按照军工企业的改革方向，军舰制造资产未来也将注入上市公司。整体上市完成后，中国船舶将会消除民用船舶制造的强周期性，成为一个能够持续增长的企业，估值将得到很大的提升。果然，随着海军节的到来，中国船舶股价步步攀升，从买入时的63元，最高一直飙升至104.60元。当然，我没拿那么久，因为我发现了更大的新投资机会。"

"你发现了哪些新的投资机会？"

硝烟回答："2009年6月，我敏感地察觉到洪都航空（600316）盘面的异动。按照中航集团的整体上市规划，防务分公司的重组整合应很快要开始了。这是一个不容错过的投资机会。所以，我不再等待重组预案的出台，在6月1日，以20元的价格开始买入洪都航空。"

实战案例：洪都航空

买入时间: 2009年6月1日～6月12日

买入价格: 20元～21元

卖出时间: 2010年11月11日

卖出价格: 37.47元（中间有10送6，相当于除权前的60元）

交易收益: 持有期间最高达4倍收益，卖出时有3倍收益（图5.5）

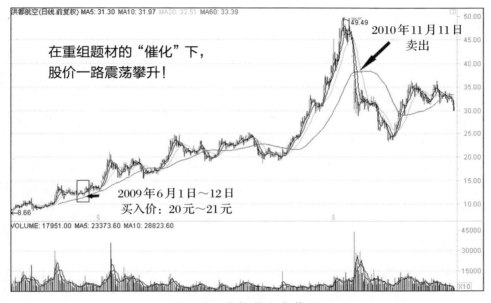

图5.5 洪都航空走势图

买入理由：

中航防务分公司是中航集团里面整体上市完成度最低的，同时重组空间也是最大的一个板块。按照原来的规划，其防务资产将注入洪都航空（600316）。

中航防务分公司下面的成飞集团、沈飞集团、洪都集团在我国军工企业里面技术含量极高，除了为空军提供现役战机，其转包业务和出口业务发展也很快，比如洪都的K8教练机，成飞的枭龙战斗机，出口前景非常好。即使空军自用部分资产不进入上市公司，仅仅是出口产品注入，就可以大幅提升上市公司业绩，并且后续出口产品如猎鹰、歼10，都是明星级的产品，极富想象空间。

如果枭龙、歼10能注入上市公司，洪都航空可能会更名为中航防务，成为两市中第一个具备纯正防务概念的上市公司，将会得到资本市场的热烈追捧。

2009年4月份有一波力度很强的上涨，从盘面看，应该是长期投资机构建仓的位置，到6月已经基本调整到位。

卖出原因：

原计划在2010年11月15日第八届珠海航展开幕前后卖出，因为准备注入的战机在珠海航展将会亮相表演，届时可能有一个阶段性高点产生。

上市公司在2010年11月11日突然发出一个"史上最绝情公告"，称"中国航空工业集团公司从未考虑过将所属防务资产注入公司，未来也不会考虑将防务资产注入公司"。这个公告完全否认了中航集团自己的规划以及上市公司2009年年报的相关口径，与之前调研了解的情况也不符合。但事情已经发生，无论这个公告背后出于哪种原因，可以肯定的是，洪都航空已经失去后续重组整合的确定性。经过仔细考虑，硝烟决定先退出比较安全，于是在11月11日晚上提前挂单，以跌停板价格卖出。第二天果然跌停，并且一直没有打开，但幸好成交量较大，卖出挂单还是全部成交了。

自2008年底至2010年11月，硝烟一直坚守在军工行业挖掘重组黑马股，可说是硕果累累。据统计，他的累计收益达到7倍。至今，他对军工重组股的投资热情不减。

采访中，我曾问硝烟："遇到洪都航空的'重组意外'，造成股价突然下跌，使你原来的4倍利润缩到只剩下3倍。这有没有影响你对军工行业重组股的继续挖掘和研究？"

"虽说洪都航空重组的意外事件出现的原因至今还不得而知，但它并没有影响我对军工行业和中航集团重组的继续关注。我一刻都没有停止挖掘军工重组潜力股的步伐。"硝烟说。

"你的执着精神很难得。2011年，有什么新的动作，可否透露一些？"

"我是个价值投资者。我从不靠听小道消息买卖股票。我的研究成果也不保密。"硝烟说,"2011年美国国防部长盖茨访华期间,中国的四代隐形战机在毫无先兆的情况下进行了首飞。这又是一个标志性的事件。"

"你从中发现了什么玄机?"我问。

"这不仅意味着中国的战机技术已经快速地接近美国,而且在某些方面已经超越俄罗斯。我仔细地研究了歼20首飞的各方面信息,发现歼20所采用的发动机是我国自己生产的。"

"这一发现很重要?"

"当然。要知道,航空发动机一直是我国航空工业的'短板'。过去,无论是民用机还是军用机,大部分都使用进口的发动机。现在采用国产的,说明我国在发动机领域已经取得了长足的进步。在军用机生产领域,以后全面替代从俄罗斯和乌克兰进口的发动机指日可待。这对A股市场的航空动力(600893)这一上市公司来说,无疑是一个极大的市场。"

"根据你的研究,这家上市公司目前状况如何?"

"此时,航空动力正在进行着一次整合。"硝烟介绍道,"根据2010年12月31日航空动力的公告,航空动力将收购西航集团、深圳三叶、贵州黎阳和南方工业的发动机资产。按照中航集团的规划,航空动力将是发动机整机的整体上市平台,这又是一个未来的'巨无霸'公司。按照中国航空工业发展的速度,航空动力在10年内将成为一家市值数千亿元的大公司。否则,它支撑不了中国航空工业的快速发展。而它现在的市值仅有100多亿元。"

"既然你分析它的前景如此好,你是否马上买进了这家上市公司的股票?"

"是。"硝烟说,"2011年1月份,我利用大盘下跌的时机,开始分批建仓航空动力。到1月底,航空动力已成为我仓位最重的品种。"

"在我采访期间,我看到你一直还在加仓买入。这几天大盘暴跌,已买入持有的,都有点怕,而你却是越跌越买,你对它可谓信心十足呀!"

"我对持有这只股票心里的确有底。"硝烟认真地回答,"在买入后,我于2011年上半年数次到这家公司调研。经过与这家公司的交流,一方面,我看到公司整体上市的工作在积极推进；另一方面，我还亲眼看到这家公司的生产非常繁忙，业务状况完全符合我们的预期。除此之外，我还看到航空动力的民用产品也极有潜力：它的工业燃机可用于'西气东送'，替代进口的产品；它的斯特林发动机可用于光热发电，一旦光热发电实现产业化，这肯定是个重量级的产品。经过调研之后，更坚定了我持股的信心。"

"到现在已经有收益了吧？"

"虽然这只股还没有赚到多少利润，但我坚信，它的未来不会让我失望。"硝烟对他的判断深信不疑。

在"沉默"中让利润奔跑

股票市场"黑马"如云，为什么不少人却只赚些小钱，或沾沾自喜地出局，或轻易被震下"马背"，而他却能执着坚守，赚多翻几倍的钱？……

作为价值投资者，硝烟是一个极具耐心的人。而在有耐心的背后，支撑他意志的，则是他对投资标的的深度挖掘与研究。

2009年6月1日，硝烟以20元价格买入早已看好并跟踪已久的洪都航空后，该股股价就逐步震荡走高，到7月30日公司公布第一期整合方案的前夕，股价已上涨到33.86元。硝烟自买入后，账面资金已获利69%，两个月有如此收益，按理说，已相当不错了，也够满足了。

但硝烟并不满足。他不打算出局，决定继续守候。"为什么？"我问。

"因为防务子公司最主要的资产是成飞集团和沈飞集团，在这次重组中并没有注入上市公司。"

但，令他没想到的是，股票复牌后，股价竟出乎意料地连续下跌，最低跌到了25元左右。

"当时，你不怕？没出来？"

"尽管股票下跌，但这时，我的信心并没有任何动摇。我认为，防务子公司还有更优质的资产将要注入上市公司，值得我继续守候。这一守，就又守了一年零三个月。"

"一年多，那是多么难熬呀！"

"是。在这一年多时间里，盘中有多少黑马从眼前跑过，诱惑着我，但我没有动心。洪都航空的股价随着大盘不断震荡，时上时下，我没有因为它股价的波动而波动，我更关心的是防务子公司的整体上市方向有没有变化。值得欣慰的是，从上市公司的年报、董事长的公开言论，或者是证券分析师的研究判断，防务子公司的资产继续注入上市公司都是比较明朗的。既然方向没有变化，我就没有在意它的短期股价涨跌，而是耐心地等待再等待，直至迎来它的主升浪。"

"*ST昌河的操作中，你也守候了一年。这种漫长的等待，是许多投资者难以做到的。"

"没有这种等待，就很难获取几倍的收益。在方向明确的情况下，时间往往就是金钱。"

"跟你一起做的朋友，或听你建议买入的股友，在长期的守候中，有没有埋怨过？"

"当然有过。"硝烟深有感触地说，"等待和守候，是一种煎熬、一种折磨，是常人很难做到的。但我们必须学会忍耐，要坚守心中的方向，要在最煎熬中战胜自我，最终，我们要让利润在沉默中奔跑！"

"你立足中长线投资，这些年重点操作了几只军工重组大牛股，也取得了丰厚的利润。但你有没有想过，在持股过程中，如果能做些波段操作，会取得更加多的利润？而死守着一只股不动，放弃做波段，会不会丧失许多获利机会？"采访中，针对他的操作方式，我向硝烟发问。

"这的确是投资中常碰到的一个问题。"硝烟说，"在2009年到2010年，我的股票换手率很低。2009年6月买入洪都航空之后，我就开始锁仓。在之后一年半时间里，集中持有*ST昌河和洪都航空，基本没有交易。我觉得这是价值投资的自然结果，当你将一家企业了解得比较清楚，发现它的成长性足够，市场表现也符合你的预期，而股价始终没有很大透支，这个时候，简单持有是最好的。

"是长期持有，还是波段操作，这是一个投资者经常考虑的问题。如果持有的话，你可能会坐'过山车'，也可能会错失其他股票的盈利机会。如果做波段操作，你卖出后股价若继续上涨，你就可能错过了一只大牛股。相信很多人曾经买入过大牛股，但是大部分情况都只赚几个点就跑了，结果总是在不同的品种里面跑来跑去，最后反而亏钱。"

"那这两种方法，究竟哪种方法好呢？"

"我觉得波段操作和长期持有都是可行的方法，关键是在什么情况下使用什么方法。"硝烟回答，"如果你看好的是一家企业的长期发展，并且你确信这家企业的发展速度能达到你的盈利要求，这个时候买入后持有就可以分享企业的成长。如果你擅长技术分析，或者准确分析到企业的短期利好因素，这时候你买入主要是基于短线理由，那么单次操作的目标收益就不宜定得过高，一旦股价达到你的目标收益或者趋势发生改变就要结束这次操作。"

实战精要

对持有的企业很了解。最好企业所在行业的发展能看到5年以上增长的大趋势。

买入的位置要比较低。最好在经历过一次较大的调整之后，或者涨势初起的时候买入。

对这家企业的成长速度和目标价要有一个预期，要看到比较明朗的股价空间。

虽然长期持有不需要操作，但对企业的发展动向需要保持足够的了解，在企业发生变化的时候能够及时了解，并决定是否需要提前退出。

如果你找到一个发展明朗并且空间足够的企业，那就是一个会下"金蛋"的鸡，你当然不愿意把它低价卖给别人，所以捂股是很自然的选择。

当然，捂股过程中也会有高抛低吸做短差的诱惑，但硝烟认为，如果持有的股票年收益预期有一倍以上，就没必要做高抛低吸了，因为这个短差操作的难度和你在一年跌一半的股票里面做反弹获利的难度是一样的。既然持有收益够，短差难度高，就应该放弃短差机会，就像熊市里面没必要抢反弹一样。

唯一需要提前卖出的情况，就是企业发生重大变化，让你无法确信它的发展能否达到你的预期。这时候，你应该及时退出，换到另外一个更确定的企业。所以，持有过程中的跟踪了解是必不可少的。看似简单的持有，其实包含很多跟踪判断的工作。如果工作不到位，靠运气买股，说不定持有一年下来还会亏损。

"你讲的4个关键点和卖出的原则，对一个长期持股者来说，确实非常重要。不知对持有的品种上，有没有特别的要求？"我问硝烟。

"适合持有的品种，必须同时包含高成长性和确定性。如果你找到这样的标的，耐心等到它估值合适的时候买入就可以。你不需要再买进卖出，因为你选择的企业，有一个优秀的管理团队天天在帮你赚钱。你需要做的仅仅是拿着它的股票做它的股东。"硝烟笑道，"当然，再好的企业也应该有个合适的价格。如果股价超出你的预期，在高位忍痛割爱把股票卖给别人，换到一个更被低估的成长企业，也是不错的选择。"

长线投资六大秘诀

长线投资怎么才能获得比较大的利润？他坚持操作成长股和重组股的六大秘诀，揭示出了其中的奥秘。

"硝烟，在股市里，许多投资者往往是被套后被动进行长线投资。而你这几年做长线投资却显得很轻松，业绩也很突出。那么，你是如何做长线投资的？其中成功的秘诀又有哪些呢？"

"其实，做好长线投资，并不难，"硝烟说，"根据多年的实战经验，我体会到，要想做一个成功的长线投资者，关键是要掌握好以下六点。"

紧紧抓住成长股

股市长线盈利的根本就是企业的成长。抓住成长股，就等于抱到一只天天下金蛋的鸡。沪深股市的背景是规模庞大并且处于快速增长的中国经济，股市充满投资成长股的机会。

成长投资并不困难，就是找到高成长的行业和企业，在股价合理的时候买入并持有。

很多人认为股市是一个赌场。确实，如果你试图判断股价几天里的涨跌，市场充满不确定性，有很强的赌博色彩。但对长线投资来说，股市绝不仅仅是赌场。A股上市公司每年平均盈利增长经常超过20%，甚至有时候超过30%，还有许多年增长高达100%的上市公司。在上市公司业绩强劲增长的推动下，指数长期走势肯定是大涨小回，中枢不断抬高。个股更是这样，持续高成长反复创新高的个股比比皆是，10年10倍的股票也不在少数。

成长企业大致可以分为3类：内涵增长、外延增长和周期性增长。

内涵增长的典型是一些市场空间巨大的新兴产业中的龙头企业。比如军工产业中的航空发动机产业，2011年～2012年开始爆发的北斗导航产业，2013年～2015年开始爆发的直升机产业等。找到这些行业的龙头，就可以分享这些行业的高速成长。此时中国经济处于转型期，国家密集出台各项政策和规划，多花些时间研究，可以找到高成长行业的线索。而且当时各个行业纷纷制订"十二五"规划，更给出了这些行业未来五年发展速度的预期。

外延增长指的是通过并购重组产生的企业拐点式成长，典型案例是*ST昌河的重组。经过两年的密集重组，企业将原来亏损的汽车业务全部剥离，脱胎换骨为一家带垄断性质的航电系统生产企业，不但业绩大大改善，而且企业的发展前景也一下子变得极为广阔。

周期性成长是特殊的成长，有些行业存在周期性的景气高低时期。如果一个周期型企业每次在行业周期低谷的时候都能好于上一个周期，每次周期高点也可以好于上一个周期，可以视为一个周期性成长企业。这类企业处于低谷的时候，价格会变得很低廉，这时候往往是买入并长线持有的好时机。

重组股是投资的捷径

重组出牛股，成功的重组经常让股价一飞冲天。每年的十大牛股，绝大部分是重大重组的个股。买重组股的方法有点像投资拆迁房，股市密集实施资产重组，就相当于一个城市处于频繁拆迁的过程中。政府和开发商为了城市建设顺利，会让利给被拆迁的人。作为投资人来说，如果知道哪里要拆迁，赶紧去那里买个破房子参与拆迁，一般会获利丰厚。

很多人认为重组股很难把握，盈利都是依靠内幕消息。事实上，部分企业重组投资机会靠公开信息是可以把握的。

投资重组股首先是要找到公开的重组信息。比如，企业股改时候的公开承诺、母公司公开发布的集团重组规划、地方政府公开发布的地方国资重组规划、行业主管部门公开发布的行业并购重组规划等，就是最明朗的重组线索。

然后，需要了解有哪些资产可能会注入上市公司，这些资产的规模和质量如何。如果可以注入的资产超过上市公司现有资产，并且质量优于现有资产，就应该重点关注。

当你关注的上市公司公布增发预案的时候，是一个比较确定的介入时间点。按照规定，上市公司增发价不低于增发预案前20天均价的90%，只要增发能成功，在增发预案公布时买入一般是比较安全的。

追求确定性

要选择一个长线投资标的，确定性最重要。股市机会很多，但很多表面的机会后面都隐藏着莫大的风险。要保持经常性的盈利，投资前不但要考虑机会和收益，更重要的是要提前考虑好风险和不确定性。就像你要投资开一家店，做一家工厂，如果你看不清3～5年的业务前景，是不能轻易投资的，否则一不小心就会血本无归。当你把风险因素都考虑清楚了，当股价短期有波动时，你才能保持足够的信心和耐心。

研究长线投资品种要花费的功夫很多，对行业大趋势、企业的经营细节和动态，都要尽可能深入把握。一个人的能力是有限的，所以你不能关心过多的机会，一定要集中在机会最大和最有把握的领域。其他没有太大把握的机会，统统要放弃。放弃没有十分把握的机会，就是规避了风险。"只买能让你睡得着觉的股票"，这是长线投资的一个要点。

耐心等待合适的买入时机

投资盈利的多少，有相当一部分取决于买入的价格和时机。股市的波动很大，再好的企业，也不能在股价已经严重透支的时候买入。如果你能够看到一个企业价值和目标价格，那么你买入的价格和目标价格之间的差价，就是你的利润。买入价格越低，利润越高。

好的买入时机有几类：

股价波动低点。 大盘是引起股价波动的一个重要因素。当市场恐慌的时候，股票会被过度抛售，这个时候是长线投资者捡金子的时候。

板块之间的轮动也会形成阶段性的低点。一般来说，长线投资者喜欢在市场不关注的时候低价买入股票，在市场过度追捧透支股价的时候卖出。

还有，就是有时候你关心的企业发生看似很严重但是不影响企业长远发展的利空事件，如果股价下跌过多，也是不错的买入时机。比如三聚氰胺事件之后是买入伊利股份的好时机。

经营出现向好拐点。 当行业景气出现向好拐点时，是周期性企业最好的买入时机。

行业出现重大政策支持，市场前景突然打开时，是理想的买入时机。比如投资新兴产业就应该密切关注政策动向。

另外，企业重量级产品投入市场的时候、企业将发生大规模并购重组的时候，都是很好的买入时机。

多种因素共振买点。影响股价的因素大致可以分为基本面因素、消息面因素、资金面因素、技术面因素。如果这几个因素里面有两个以上因素同时出现有利股价的情况，往往会形成市场共振。这个时候买入，就比较安全而且效率也比较高。比如有一种典型情况，快速成长的企业其股价经历了一段较长时间的调整，底部形态构造完整，这时候又碰到一些重大催化事件，这个时候如果看到股价开始放量启动上涨，是极佳的买入时机。

对不同的品种使用不同的操作方法

硝烟习惯把股票标的按照成长速度和确定性分为三类：第一类是战略品种，指的是确定性很高并且成长速度超过市场平均速度两倍的；第二类是战术品种，指的是成长确定性很高，但是成长速度达不到市场平均速度两倍的；第三类是交易品种，指的是可能增速很高，但是确定性不够的。

战略品种只要在估值合理的价格区域尽量逢低买入就可以，买入后可以长期持有；战术品种应该找到很确定的买入时机，买入后可以波段操作，及时获利了结；交易品种一般只能在大盘上涨期买入，在大盘下跌期不能接"飞刀"，因为这类股票跌下去可能没有底。

减少不必要的交易

据统计，80%以上的短线交易都是无效的，真正贡献利润的是10%～20%的交易。对具备确定性高成长前景的企业，只要价格没有透支，捂股是最简单的。如果你主要关心的是企业的长期发展，股价因市场情绪变化引起短期波动是无关紧要的。是金子总会发光，成长股的价格中枢总是会随着企业业绩成长而不断抬高。如果股价仅仅因为大盘波动而下跌，对价值投资者来说，往往是买入而不是卖出的机会。股价还在被低估的时候，尝试高抛低吸往往得不偿失，过度交易的最后结果经常是把牛股放跑。

那什么是必要的交易呢？一个就是企业发生重大变化，使企业成长速度或者确定性受到影响，这时候你必须及时退出；另一个是股价上涨过快，超出了企业成长速度可以支撑的范围，或者股价已经达到自己的目标价格，这时候应该换成成长空间更大的股票。

懒人投资法

"在股市里面，懒人活得更长。"他认为，减少亏损的第一个方法就是减少交易，减少没有把握、没有必要的交易。在合适的机会，把资金放在最确定的个股上，持有至获得足够的盈利，懒人也能赚钱。

在股市里面，懒人活得长

"在股市里面，懒人活得更长。"采访中，我多次听硝烟这么说。他说，这是一位股市老前辈教诲他的。多年来，他一直铭记在心。

硝烟说，在股市里，太勤快并不是优点。大部分个人投资者频繁地进行短线交易，但结果往往大部分都是亏损的。而简单拿着一只理由充分的股票，只要买得不是太贵，坚持下去却经常可以赚到钱。实际上，减少亏损的第一个方法就是减少交易，减少没有把握、没有必要的交易。在合适的机会，把资金放在最确定的个股上，持有至获得足够的盈利，懒人也能赚钱。

如果没时间选股，就买指数基金

如果你没有时间去研究行业和个股，最简单的方法是买指数基金。按照A股上市公司的复合增长速度，指数中枢上行的速度每年大致是15%以上，也就是说可以期待每年15%以上的收益。如果选择杠杆型的指数基金，比如双禧B、银华锐进、瑞福进取等，它们复合上涨的速度大概可以达到20%。

主人与狗的故事，教你如何判断指数的高低

无论投资个股还是指数基金，判断指数高低很重要。如果在指数中枢以下买入，投资安全而且高效。但如何判断指数的高低呢？我们可以借用一下德国投资专家科斯托兰尼对经济体与股市关系的比喻。他说，一国经济体与股市如同主人与狗，狗儿随主人散步总是忽前忽后蹦蹦跳跳，但终究是随着主人的方向走。一趟遛狗下来，主人走了1公里，但狗儿通常已来回跑了4公里。

我们将这个比喻延伸一下，狗儿和主人还应该有一个极限的距离，就是中间绳子绷直的时候。根据A股的历史，上证指数2005年的998点、2008年的1664点、2010年的2319点，都是属于绳子绷直的时候。这三个点位复合抬高的速度是每年18%左右，正好和上市公司过去几年的整体成长速度一致。

这样，我们大概可以认为主人正在以每年18%的速度在前行。按照A股过去的波动规律，指数每年振幅很少低于30%。如果我们以30%作为A股合理波动幅度，那么我们可以算出在股指处于极限低点（即绳子绷直）的时候，主人（即合理的指数中枢）应该在狗前方大致15%左右的位置。这样，我们就可以推算出2010年7月初主人（合理的指数中枢）处于2319×1.15=2667（点）的位置。

有了主人（即股市经济）和狗（即极限低点）这两个数据，我们就可以对未来股市走势做出数量化预测。如果主人的速度没有减慢，到2011年7月初，指数合理中枢应该是2667×1.18=3147.06点，极限低点应该是2319×1.18=2736.42点。也就是说，指数在2011年7月初走到3147点是正常反映经济发展的。如果出现极端的恐慌情况（比如流动性紧张等），也很难低于2736点。如果考虑经济逐步放缓，可以留出3%～5%的安全边际，也就是相当于上证指数到2011年7月初，很难跌破2600点～2650点的位置，因为这时候绳子已经完全绷紧。即使在最极端的情况下，狗暂时挣脱了绳子，也会很快被主人抓回来。

在狗落后于主人的时候，买入股票是比较安全的；在绳子绷直的时候，是最佳的买入时机。

"我看到你在一个股票论坛上曾经准确预测到2010年2319点的低点，用的是不是就是这个方法？"听到这里，我问硝烟。

"是这样，这个规律我们在2009年已经总结出来。我看到2001年2245点高点到2007年6124点高点复合增长是每年18%左右，2005年低点998点到2008年低点1664点的复合增长速度也是每年18%左右。基于对数字的敏感，我认为这不是偶然的。经过仔细琢磨，我认为这是因为，股市在短周期看似无序，在长周期必然反映经济发展的规律。后来我就把主人和狗的比喻在A股市场进行了量化应用。2010年的低点预测是很简单的，从2008年到2010年主人已经走了两年，速度是每年18%左右。所以极限低点也会有两次18%的抬高，2010年低点＝2008年低点1664点×1.18×1.18＝2317.95点。我在2009年5月17日对上证指数下跌极限低点做出了预测，结果最后低点是在7月2日出现的2319点。误差仅两点，这说明这个方法是有效的。"

结合股市趋势进行买卖

除了股市的高低点，我们还可以简单判断一下股市的趋势。对长线投资者来说，可以使用半年线来判断股市的趋势。半年线上行并且指数在半年线以上，可以认为股市在走上升趋势；半年线下行并且指数在半年线以下，可以认为股市在走下跌趋势。其余为震荡走势。

结合上面说的指数高低判断方法，我们买卖的方法可以更完整。我们可以在指数处于合理中枢以下的时候买入，比较好的时机是接近极限低点的时候，越跌越买。另外，指数开始走出上升趋势的时候，可以加仓买入。当指数走到合理中枢以上的时候，要留意卖出时机，一旦指数开始走下跌趋势，就要果断减仓。

不到买入时机就不买，不到卖出时机就不卖，投资盈利可以确定而轻松。

尾声：有了耐心，时间就是最好的朋友

在采访硝烟时，我曾想到过这样的问题：他买的军工股也有不少投资者买入过，像*ST昌河、洪都航空这些军工黑马股，有不少人包括他的一些朋友也曾"骑"过，但都没有他赚得多。有的甚至每股赚一两块钱就跑了，拿到翻倍的就很少了；能拿股价翻几倍的，更是少之又少。而硝烟却做到了。

为什么他能守着多赚几倍的钱？原因在哪儿？

杰西·利弗莫尔说的一句话，能概括硝烟赚大钱的秘密："耐心，耐心，再耐心——不是速度——才是成功的关键。如果一个精明的投资者把握好这一点的话，时间就是他最好的朋友。"

李华军：

> " 好股票新高之后是更高！ "

他长年隐居在远离大都市的偏僻小岛渔村，秉承华尔街顶尖投资大师威廉·欧奈尔倡导的追逐市场"领导股"的选股思路，潜心研究强势高成长股票，并以战略投资的锐利目光与不凡气概，勇擒高价成长股，在2006年至2011年上半年，他的业绩增长30多倍，被当地投资人誉为小岛"欧奈尔"。

投资简历

个人信息

李华军，别名：先锋。男，1971 年 5 月生，硕士研究生学历。

入市时间

1993 年。

投资风格

对价值成长股进行趋势投资。

投资感悟

投资，是买公司，不是买指数。

第 6 章

△

小岛"欧奈尔"

——记民间高手李华军捕捉强势龙头股的传奇故事

2011年5月30日。

让亿万投资者牵肠挂肚的沪深股市,自2011年4月下旬以来,已经下跌了一个多月。

3000点失守,2900点失守,2800点、2700点相继被击穿!

那一根根绝杀瘆人的"大阴棒",撞击着亿万投资者的心。许多人亏损累累,资产大幅缩水,连一些在2010年赚了大钱的机构,也大呼"进入2011年太难赚钱了"……

引子:小岛牛人

然而,当我慕名来到这个神秘的小岛,走进这个边远渔村,寻访隐居在这里的"渔村黑马王"李华军时,我不禁为他"红彤彤"的账户和逆势拉阳的投资业绩而震撼:

从2009年8月4日至2011年5月30日,大盘指数从3478.01点跌至2706.36点,跌幅达22.2%。而李华军的账户资金,整整翻了两倍! 5年多时间,他的资金增值了30多倍。

同时,他操作的妻子的小账户,从2006年11月份开户时的1.5万元至2011年5月30日变成了98万元,增值60多倍;他妹妹的账户,自2010年1月

1日至2011年5月30日，盈利达178%。

再细看账户的历史交易，他买进的几乎都是表现卓越的成长股龙头。远的不说，仅2010年以来，他就先后捕捉到包钢稀土（600111）、海通集团（600537）、莱宝高科（002106）、爱尔眼科（300015）、万邦达（300055）、精功科技（002006）和中恒集团（600252）等一批暴涨的黑马股！

"哇，你真可谓小岛牛人啊！"看到李华军打开的账户上显示出的骄人战绩，我禁不住咋舌称赞。

为什么一只只飙涨黑马股，他都能捕捉到，而且获利如此丰厚？他究竟有何"神功"？

而让我更想不到的是，创造这一佳绩的，不是在繁华的大都市，也不是大机构，而是隐居在这个小小渔村的一个来自遥远新疆、名不见经传的"小人物"！

白天，当这位好客的新疆人来接我时，他在村委会门口把车停下，犹豫了好一阵子才说："我住乡下，你从大城市来，待不惯，我还是把你安排在远处的宾馆吧！"

"不用。"我说。

"你千里迢迢来，住村里太委屈你了。"

"我当兵40多年，大宾馆能住，火车站也能睡。我就和你吃住在一起，只要你能把你捕捉黑马的绝活亮出来，比给我吃好住好还要舒坦！"我笑道。

六大"龙头"给力翻倍

2010年至2011年上半年，大盘波澜起伏，涨跌无常，他却能不失时机勇擒市场六大强势龙头，使业绩翻倍。他挖掘和操作龙头股的全程，给人以启迪。

"从2009年8月至今不到两年的时间内，大盘一直处在弱市调整中，基本没有什么趋势性的投资机会，多数人感到行情很难做，不赔钱就算是高人了，而你却一直在获利。从你的几个账户来看，竟翻了两番，你有什么秘诀吗？"一落座，我就急切地向李华军发问。

"用当下流行的话说，主要是高成长龙头股'给力'的结果。"

"都抓了什么龙头股，这么'给力'？"

"你看，"李华军打开他账户近年的交易记录，"爱尔眼科、万邦达、包钢稀土、精功科技、莱宝高科、中恒集团和海通集团，这些高成长股，对我来说，都是大功臣。"

"你真像华尔街投资大师欧奈尔一样，选的都是市场的'领导股'，难怪收益这么好！"

"我非常崇尚欧奈尔'要购买上涨潜力雄厚的股票'的选股法则。"李华军回答。

"你能否把当时擒拿这些龙头股的过程讲一讲？"

"可以。"李华军打开K线图和交易记录，并对着电脑，坦诚地解析和回放他操作这些高成长股票的全程。

大盘自2009年8月4日见3478.01点高点后，陷入了绵绵下跌的调整中。一直到2011年上半年我到小渔村采访时，大盘仍在"下沉"中。

大势在调整，中国经济在转型。处在弱市中的投资者，显得有点迷茫。

然而，这时的李华军却在中国经济转型中，看到正在突起的新兴经济蕴藏着巨大的发展潜力和很多投资机会。面对弱市震荡的行情，他改变了自己的投资思维，采取了"弃大盘，重成长股"的投资策略。

他开始着力寻找"伟大的公司"。

2009年10月30日，创业板在A股市场登陆，许多公司质地优秀。他经过研究，发现其中有许多投资机会。其中，爱尔眼科和万邦达便是他最早关注的两只股票。

他投资"翻倍"的故事，便从这里讲起——

进"爱尔眼科"，看病看成股东

这是李华军买进爱尔眼科（300015）之前发生的一件事。

那是2009年6月，李华军的母亲眼睛疼痛，视力模糊，他就上网去查相关信息，有网友推荐"爱尔眼科"，但李华军发现这是家民营医院，就不太放心。于是，他向一位医生朋友打听，那位医生朋友向他介绍说这家眼科医院效率高，医生比较负责，声誉还不错。

李华军知道公立医院看病的麻烦，就带着母亲走进了爱尔眼科。医院人不算多，很快见到了医生。检查后，医生说是青光眼。医生详细讲解了这个病的情况，包括一些治疗方法及其利弊，最后决定给李华军母亲做手术，然后再吃药控制。

一个星期后，李华军的母亲就出院了，全部疗程花费5000多元，和网上查的费用4000多元接近。他感觉整个看病过程很顺利，医生很负责，效率高，环境也比公立医院好很多，并且这里可以用医保，收费稍贵但很值。他当时想，如果多有几家这样的医院该多好，那很多人就不会畏惧去看病了：排队3小时，看病3分钟。

之后，当爱尔眼科在创业板发行的时候，对其有着切身感受的李华军，就更加关注它，并对它进行长期跟踪。最终，他成了这家上市公司的投资股东。

以下是李华军投资爱尔眼科（300015）的分析、交易全程。

基本面分析

此时，该公司是我国规模最大的眼科民营医疗机构，也是国内一家发展速度最快的眼科医疗机构，向患者提供各种眼科疾病的诊断、治疗及医学验光配镜等眼科医疗服务。"爱尔"品牌成为具有全国影响力的眼科品牌，是国内医师数量最多的眼科医疗机构之一；公司的管理团队均具有多年眼科医疗行业从业经验，对行业的特点有着深刻的了解，对行业的发展现状和动态有着准确的把握；采取"三级连锁"的商业模式，通过下属各连锁眼科医院向眼病患者提供眼科医疗服务，已在全国12个省（直辖市）设立了19家连锁眼科医院，门诊量、手术量均处于全国同行业首位。

投资要点。 从2009年开始的10年，将是民营医院最黄金的10年。具体可体现在以下四个方面：

第一个方面，医院正处在破冰垄断的时期，在国家政策的支持下，社会资本加速进入，带来的是超常规发展。

第二个方面，民营眼科连锁，到了涌现大公司的时候了。眼科这一医学专科，易进行标准化流程操作，天然适合连锁。同时，公立医院不重视眼科；眼科容易在地级市截留病源，比较适合连锁；眼科连锁的天花板（增长瓶颈）特别高，空间很大。

第三个方面，眼科连锁医院发展壮大所需的要素，爱尔眼科都不缺，它完全有能力把眼科连锁做好。爱尔的先发优势对其竞争对手而言是致命的，跑出来的只会是爱尔：爱尔2009年上市融资8.82亿元，抢先全国布局。一招先，步步先，之后它将在市场准入、医生资源、品牌积累、病人信任等多方面阻截对手。

第四个方面，爱尔眼科有可能突破连锁模式前高后低的宿命。爱尔前5年增速很高，后5年利润也有望维持较高增速。李华军测算了爱尔2010年～2020年的盈利波动曲线后得出结论，2010年～2015年是公司收入、利润的高速增长期；2015年之后，利润增速的维持需要公司通过提高"坪效"、提高单个客户的ARPU（平均用户收入）值来保持。从前几年高速发展中体现出来的管理，使李华军看好爱尔团队的调整能力。因此他相信，高速扩张期过后，爱尔能从内部挖潜，保持较高利润增速。

判断。 爱尔眼科的业绩具有10年10倍的能量。

估值。 爱尔眼科2009年2月28日总股本13350万股，总市值60多亿元。以它2010年3月1日50.90元的收盘价计算，预测公司2010年～2012年的业绩和估值如下（表6.1）：

表6.1　爱尔眼科2010年～2012年业绩和估值

财务指标	2010 年	2011 年	2012 年
每股收益（元）	1	1.5	2.25
PE	51	34	23

股东结构。 从持股结构上看，属于管理层个人控股，股东和管理层利益一致。上市后，还未披露报表，暂无机构持股数据。

结论。 前景广阔的高成长公司，估值偏低，在市场乐观的情绪中，有大幅提升的可能，值得积极关注。

操作过程

评价投资适宜度，确定投资仓位。 投资适宜度是李华军评判个股操作时机以及控制仓位的一个指标，是对大盘环境、市场情绪和板块强度等因素综合评分的结果（后续有详细介绍）。当时，大盘比较平稳，市场气氛比较看好新兴产业，投资适宜度为72，有买入时机时，可以6成～8成仓位参与。

技术走势及介入时间。 2010年2月1日，有机构配售的670万股上市流通。从2010年1月15日开始调整，2月3日最低到39.01元，然后沿5日均线一路上行。2月24日当股价接近前期平台整理的低点46.50元时开始放量。当日该股成交量增加一倍，后续几日成交量稳步放大，股价保持小幅上行。3月1日其股价接近前期高点51.52元。经过两天缩量调整后，3月4日该股放量突破前期高点51.52元，即将完成圆弧底的突破。从该股5日移动平均线可以看到，其形态已构成一个标准的圆弧底。第二天它继续放量上涨，形成突破。当天，李华军重仓买入该股。

持有及卖出原则。 具体分以下四种情况：

情况1： 涨幅不超过30%，以是否有效跌破10日均线为卖出原则；放量跌破10日线，且后续4个交易日内不能收复10日线即为有效跌破。

情况2：涨幅超过30%后，遇到高位巨量收阴，减仓。

情况3：高位横盘或者调整7日以上，出现放量跌破或者基本确定即将跌破5日线时，卖出观望。

情况4：止损位50.10元。

情况5：2010年3月29日，该股放巨量冲高，但上涨动能明显衰竭。下午，李华军确定该股当天要收阴线，以69.70元的均价减仓。2010年4月13日，该股高位盘整多日后，巨量下跌，盘中跌破5日线，符合卖出原则，李华军以71.20元的均价清仓。

收　益

本次操作时间一个多月，盈利33.2%。（图6.1）

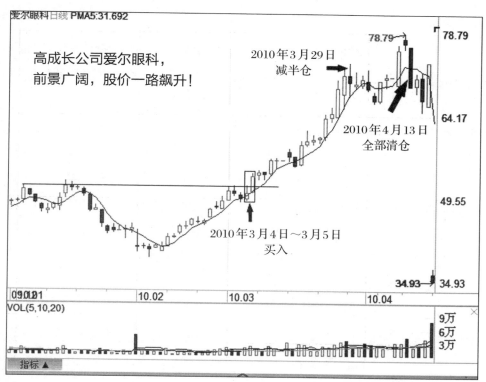

图6.1　爱尔眼科走势图1

留在珠江边的思考

李华军的家就在珠江边。每天，他都在江边散步。当他漫步江边时，看到灰黄色的江水以及不时漂上来的死鱼，心情却怎么也轻松不起来。

他常想，要是珠江还像十几年前那么清澈和鱼虾满河，该有多美啊！

时光不能倒流，现状也不能改变吗？2009年底，一则新闻报道，广州市政府宣布两年投资5亿元治理河水污染，要还清水于民，引起了他的关注。

"污水即将清澈，一个股票投资者能做什么呢？找机会买点治理污染的公司的股票可能是一个不错的选择！这就是我留意万邦达（300055）这只股票的开始。"李华军说。

下面是李华军投资万邦达（300055）的分析、交易全过程。

基本面分析

北京万邦达环保技术股份有限公司拥有行业内最顶尖的设计师、项目经理与工程师团队，致力为客户的水处理系统提供优质、完善并可持续发展的解决方案和创新技术。这种方案可以保护企业安全生产和环境，优化运行时间，减少维修和运行费用，并提高产品质量。

公司于1998年在北京成立，其宗旨是通过独立、创新、专业的知识为客户提供专家级的水处理系统整体解决方案，以满足客户的业务需要。公司提供的是多专业、全面性的工程建设服务，包括可行性研究、设计、采购、现场监管、施工、调试运转、项目管理、委托运营。既能为项目提供全面、系统的服务，也能弹性地提供个别阶段和个别专业的技术服务。

投资要点。具体可从以下五方面着手：

第一个方面，行业空间巨大。近年我国工业用水保持高增长，2007年工业用水总量1400亿吨，工业废水排放量246亿吨。按工业用水每吨1元、工业废水每吨3元的运行费用测算，每年工业水处理系统仅运行费用就高达2100亿元。

第二个方面，专业水样数据库和全方位服务模式是公司核心竞争力。

公司定位于为国内大型煤化工、石油化工项目的水处理系统提供整体解决方案，将服务范围拓展到集排水、给水、中水回用为一体的全方位EPC（工程总承包模式），并形成设计—总包—托管运营的一站式服务。

第三个方面，高壁垒。由于该行业存在资质壁垒、技术壁垒、资本壁垒、经验壁垒，所以新进入者难以立足。

第四个方面，高成长。公司自2008年开始高速增长，2009年成功进军托管运营业务。预计2010年～2012年，公司收入复合增长72%，净利润复合增长80%。

第五个方面，2010年2月26日上市，总股本8800万元，收盘价81.30元，总市值72亿元，属于新兴产业，在已上市A股中没有可比公司。

估值。以万邦达于2010年3月8日93.30元的收盘价计算，预测公司2010年～2012年的业绩和估值如下（表6.2）：

表6.2　万邦达2010年～2012年业绩和估值

财务指标	2010年	2011年	2012年
每股收益（元）	1.8	3.5	6
PE	52	27	16

股东结构。从持股结构上看，属于管理层个人控股，股东和管理层利益一致。刚刚上市，暂无机构持股数据。上市后的3天内，机构大幅买入，显示了大资金对它发展前景很看好。

结论。公司动态估值偏低，在得到市场认可后有大幅提升的可能。

操作过程

投资适宜度评价。大盘比较平稳，市场比较看好节能环保产业，投资适宜度为76，可以6成～8成仓位买入。

股价走势及介入时间。公司发行了2200万股，每股发行价格为65.69元，上市当天上涨了23.7%，第二天即高开，一路上涨，连涨4天。这期间，有4

家机构斥资6500万元大举买入，这在创业板股票上是首次出现。2010年3月4日收盘价96.77元，然后就缩量横盘。3月9日，该股调整时的量能比前几天上涨时缩减了50%以上，此时，李华军开始分批买入。

持有和卖出原则。具体分以下四种情况：

情况1：涨幅不超过30%，以是否有效跌破10日均线为卖出原则。

情况2：涨幅超过30%后，遇到高位巨量收阴，减仓。

情况3：高位横盘或者调整7日以上，出现放量跌破或者基本确定即将跌破5日线时，卖出观望。

情况4：止损位90元。

2010年4月1日，该股高位放量调整，短期涨幅已超过30%，下午确定收阴时，以125.20元均价减仓；4月13日放量跌破5日线，此时高位盘整了9天，故以131元均价全部卖出。

收　益

2010年3月9日到4月13日，一个多月时间，盈利32.5%。（图6.2）

图6.2　万邦达走势图

一场"官司"的启迪

这是大打"稀土保卫战"的一场官司。

2010年3月，李华军从新闻中突然听到，美国联合日本要到WTO（世界贸易组织）和中国打官司。这场官司的目的是要求中国取消产品的出口限制。

他想，过去经常听说中国的产品在某某国家又遭受了反倾销调查或者被征收高额关税，此时却变成美国、日本这种发达国家要挟中国放宽出口，真是怪事了。是什么东西有这么金贵，有如此大的魅力非卖不可，"少卖"竟还惹恼了美国？

原来是稀土！被发达国家抢着要买的东西，肯定是好东西啊！他仔细研究一下，发现它确实潜力无穷！

以下是李华军投资包钢稀土（600111）的分析、交易全过程。

基本面分析

公司是国内稀土行业规模最大的生产企业，其稀土矿产品生产能力为全国的65%左右，是中国乃至世界上最大的稀土产业基地。稀土在高新技术产业、精密军事电子装置、光学器件、通信装置、新能源等领域，是一种不可或缺的重要原材料。

投资要点。具体可从以下两方面着手：

第一个方面，我国稀土现状——低价流失现象十分严重。具体有以下三种表现：

表现1：产量世界第一。我国的稀土蕴藏量和产量在世界上都排第一，是举世公认的稀土资源大国。我国供应了世界稀土需求的90%。

表现2：储量降至52%。海外市场需求的刺激，使国内稀土乱采滥挖。各种各样非法小作坊的无序开发，造成了稀土资源的大量损耗。多年下来，中国的稀土可开采储量从10多年前的占世界80%多，下降到了如今的52%。

表现3："萝卜价"。由于过度开采、盲目竞争现象严重，我国的稀土资源始终没有得到有效保护和开发，资源效益也没有呈现出来。此时的稀土价格不到最高价格的1/10，可谓"萝卜价"，主营稀土的包钢稀土的业绩也自然可想而知。

第二个方面，自2008年以后，国内的稀土相关政策和国外的环境正在加速改变。具体有以下七种表现：

表现1：包钢稀土国贸公司成立于2008年12月10日，对包头的稀土原料产品统一收购、定向销售。

表现2：2009年6月29日，商务部下达了《关于稀土2009年度第二批一般贸易出口配额》的通知，规定稀土配额量再度减少8%，这是中国连续5年减少稀土出口。

表现3：2010年3月15日，国土资源部下发通知，决定继续对钨矿、锑矿和稀土矿实行开采总量控制管理。同时，通知表示，2011年6月30日前，原则上暂停受理新的钨矿、锑矿和稀土矿勘查、开采登记申请。

表现4：工信部表示，2010年将建立稀有金属储备制度。2010年2月9日，根据内蒙古自治区人民政府批复的《内蒙古自治区稀土资源战略储备方案》，内蒙古自治区人民政府批准，由包钢稀土下属的内蒙古包钢稀土国际贸易有限公司实施包头稀土原料产品战略储备方案。储备资金将主要由企业自行承担，自治区、包头市、包钢（集团）公司将共同给予贴息支持，自治区贴息1000万元，包头市贴息1000万元，其余由包钢（集团）公司贴息。

表现5：中国之声《央广新闻晚高峰》2010年3月29日报道，美国众议员麦克·考夫曼最近提出了一项法案，要求国防部和其他联邦部门振兴美国稀土工业，并呼吁建立国家稀土储备。该法案要求美国开始购买稀土矿产品，并将之纳入国家储备。

表现6：美国联合欧盟和日本就中国限制钨、锑和稀土等稀有金属出口问题，向WTO提起诉讼。

表现7：2010年8月10日，内蒙古自治区下发《关于开展稀土资源开发秩序专项整治的工作方案》。方案明确，为巩固整顿和规范稀土矿产资源开发秩序工作成果，构建稀土资源开发秩序监管长效机制，内蒙古自治区人民政府定于2010年7月至12月开展"打击、整合、管理"稀土资源专项行动，以进一步整治内蒙古自治区稀土开采、选矿、冶炼秩序，并明确到2010年年底，在内蒙古自治区范围内实现稀土战略资源由包头钢铁（集团）有限责任公司专营。

判断。为何各国政府对稀土如此关注？那是因为信息产业、新能源产业等几大产业正成为各国经济转型和调整结构的重点，有望成为经济发展的新引擎，而稀土因其特性，注定成为发展这些产业的核心资源。稀土面临着从工业"味精"到工业"粮食"的深刻转变，对它的需求也到了一个新阶段。而供应上，中国政府已经认识到不能再廉价供应稀土了，产业整合和供应减少已不可避免，未来的稀土既然是战略性核心资源，也必将是高价的。

估值。以2010年7月30日收盘价43.30元计算，预测公司2010年～2012年的业绩和估值如下（表6.3）：

表6.3　包钢稀土2010年～2012年业绩和估值

财务指标	2010 年	2011 年	2012 年
每股收益（元）	1.02	2.1	2.8
PE	42	21	15

机构持股。2010年半年报机构持仓36%，比2010年一季报的24%增加了50%。

结论。在供应收紧和需求增大的情况下，稀土未来价格必将上涨，包钢稀土的业绩必将大幅提升，包钢稀土的股票价格在不久甚至是几年内都可能会大幅攀升。可说潜力无穷，可积极关注。

操作过程

投资适宜度评价。大盘处于反弹趋势中，新兴产业热度高，投资适宜度68，可以6成～8成仓位寻机介入。

股价走势及介入时间。包钢稀土（600111）从2010年5月28日见到44.59

元的高点后开始回调，7月5日跌到32.36元后随大盘反弹，量能稳步放大。8月3日，该股冲击46.24元的两个月新高后回落，随后几天缩量整理。从图形上看，正在形成"带柄杯形"，只等放量突破。8月10日放量上涨，但当天早段拉升过急，午盘又迅速回落，收带长上影的阳线，短线不是最好的买入时机，继续等待。8月11日缩量，收小阳十字星。8月12日放量稳步上涨，突破概率已超过90%，当天买入。

持有和卖出原则。具体分以下四种情况：

情况1：股价涨幅不超过30%，以是否有效跌破10日均线为卖出原则。

情况2：涨幅超过30%后，遇到高位巨量收阴，减仓。

情况3：高位横盘或者调整7日以上，出现放量跌破或者基本确定即将跌破5日线时，卖出观望。

情况4：止损位43.10元。

包钢稀土在2010年8月20日放量跌破了10日均线，后续4天未能站上10日线，按原则是需要卖出的。但考虑到它第四个交易日即8月26日成交量已经大幅萎缩，再考虑到稀土的产业前景非常乐观，前期多头主力几次明显以巨量资金买入，股价未见明显上涨就进行回调，调整均表现为小阴小阳，可以判断是主力资金故意在调控股价的走势，因此对于这一估值有大幅提升空间的潜力股选择了继续持有，多观察几天。

8月27日，股价就放量上涨，印证了李华军的看法。9月9日放出近期天量后小幅上涨，9月10日不能继续上涨，说明短期多头动能已经衰减，同时短期涨幅已经超过50%，故以71.50元的价格减仓。经过一段时间调整后，股价再次上升，10月18日放量调整，但并未触及5日线，故坚持持有。11月2日，包钢稀土放量跌破5日线，此时高位盘整时间已经超过7天，故以90.80元均价全部卖出。

收　益

本期操作时间两个多月，获利70%。（图6.3）

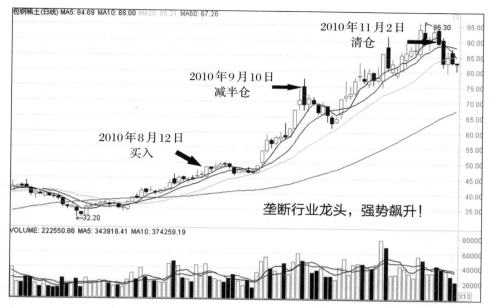

图6.3　包钢稀土走势图1

朋友聚会聚出个"金元宝"

2009年5月12日，李华军和几个朋友一起吃饭。席间，谈起了手机。有个朋友买了iPhone（苹果手机），他们就拿来比较，发现它操作很灵敏，也很方便。

李华军第一次接触了电容式触摸屏的智能手机，发现电容式触摸屏和电阻式触摸屏的使用效果真的差异很大。投资意识很强的他判断，这种电容式触摸屏的智能手机必将是未来的潮流，买苹果公司的股票肯定错不了。

"但是，我们买不了美国公司的股票。如果苹果公司的产品畅销，那为它供应上游核心部件的供应商业绩也肯定会好，A股中会是谁呢？研究后，我发现非莱宝高科（002106）莫属。"李华军说，"后来我买入了莱宝高科，持股一个月就赚了44%，真没想到，一次朋友聚会，竟聚出个'金元宝'呢！"

以下是李华军投资莱宝高科（002106）分析、交易全过程。

基本面分析

　　该公司是国内首家自主掌握STN型ITO导电玻璃生产技术和彩色滤光片核心技术的企业，已成长为国内液晶上游显示材料领域的龙头企业。

　　投资要点。 具体可从以下五方面着手：

　　第一个方面，该公司是美国苹果公司的主要供应商，iPhone热销带动小尺寸电容式触摸屏材料市场快速发展：近年来，苹果公司代表产品iPhone的旺销，带动整个触摸屏智能手机市场快速增长。据Gartner预计，2012年触摸屏智能手机销量将达到4亿部，占智能手机的比重约为82%。触摸屏智能手机市场的火爆也带动其上游材料，小尺寸电容式触摸屏材料市场的快速发展。

　　第二个方面，苹果公司的另一重磅产品iPad的热销带动中大尺寸电容式触摸屏材料市场的快速发展：2010年4月3日iPad推出以来，仅28天销量就突破百万部，第二季度销售量更是达到327万部。这将积极带动莱宝高科未来中大尺寸触摸屏产品的放量。

　　第三个方面，该公司掌握了光刻和镀膜这两项核心工艺，是电容式触摸屏的国内领导企业。

　　第四个方面，2011年全球电子行业增速将放缓，智能手机和平板电脑是近2年~3年内最具成长性的电子终端产品。

　　第五个方面，该公司小尺寸电容式触摸屏扩产进程稳步推进，预计大尺寸触摸屏项目有可能会提前投产，因此两块触摸屏业务均将充分享受下游终端蓬勃发展的盛宴。

　　判断。 触摸屏材料业务是该公司未来盈利增长主要动力，随着该公司小尺寸触摸屏材料产能的扩张和中大尺寸触摸屏材料生产线的筹建，未来几年将是公司触摸屏材料业务的收获期，其作为国内电容式触摸屏的龙头企业，极有可能获得超预期发展。截至2010年9月30日，该公司总股本42885.44万股，总市值158亿元，相对于公司面对的上千亿元市场规模，属于中等偏小，有巨大的成长空间。

估值。2010年10月14日，该公司发布1月～9月业绩预告修正公告，将此前预计的120%～150%的净利润同比增速上调至150%～160%，综合考虑产能释放和未来两年电容式触摸屏的需求爆发，以2010年9月30日该公司股价36.90元的收盘价计算，预测公司2010年～2012年的业绩和估值如下（表6.4）：

表6.4　莱宝高科2010年～2012年业绩和估值

财务指标	2010 年	2011 年	2012 年
每股收益（元）	1	1.8	2.8
PE	37	21	13

机构持股。2010年半年报机构持股38%，比一季报的22%增加了70%还多，高层管理团队持股700万股。

结论。相对于未来两年的业绩，该公司此时处于低估值状态，随着业绩逐渐明朗，未来6个月股价有50%的上升空间，短线极有爆发力，应密切关注。

操作过程

投资适宜度评价。大盘处于强势上涨中，但中小板在下跌，投资适宜度55，可以5成仓寻机介入。

股价走势及介入时间。该公司股价在2010年10月8日创下37.58元历史新高后，连续放量下跌6天，跌到了10月18日的最低点29.99元。深究原因，不是公司基本面出了问题，而是从10月8日开始，国内股市出现了戏剧性变化。由于预期美国的量化宽松政策会带来全球流动性的泛滥，前期一直因流动性不足而股价持续低迷的大盘周期股获得了一剂强心针。由于股市中当时流动性依然是不足的，只能卖掉前期表现较好的小盘股去买未来预期会好的大盘周期股，从而出现了一波惨烈的多杀多。

不过，好股票受市场情绪影响的时间很短，很快莱宝高科就恢复了强势，回调开始后的第10天，即2010年10月21日，以巨量涨停的形式收复了失地，形成了"V形反转"的走势。第二天即10月22日跳空开盘，高开高走，出现了突破性缺口，"V形反转"形态确立，当天李华军果断买入。

持有和卖出原则。具体分以下五种情况：

情况1：涨幅不超过30%，以是否有效跌破10日均线为卖出原则。

情况2：涨幅超过30%后，遇到高位巨量收阴，减仓。

情况3：高位横盘或者调整7日以上，出现放量跌破或者基本确定即将跌破5日线时，卖出观望。

情况4：止损位36.9元。

情况5：以2011年最乐观的业绩2元，其35倍市盈率即70元为止盈目标。

2010年11月5日，该股出现了第一根放量阴线。股价在56元上方时，20天内李华军获利已超40%，以57元均价减仓。11月22日，股价已经达到70元目标价位，风险已大，故他全部卖出。

收　益

本期操作时间一个月，获利56%。（图6.4）

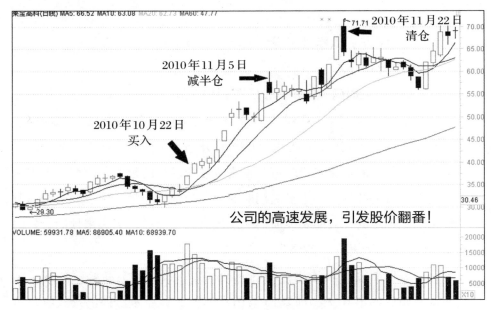

图6.4　莱宝高科走势图

寻找"救命药"，结识中恒集团

这是李华军讲述投资中恒集团（600252）亲历的一个"前奏"故事：

2010年6月25日，李华军接到一个同学的电话："你再帮我买些药吧，血栓通粉针，150毫克的，广西梧州制药厂产的，30盒。"

"要这么多啊，上次买的用完了吗？"

"还没有，最多一个星期就没了。我爸用了这个药后效果不错，我等会儿就汇钱给你，明天能寄出吗？"

李华军说："好的，等会儿就和我朋友联系，明天应该能寄出。"

李华军的同学在新疆，他父亲几个月前发生脑卒中。一个月前，李华军突然接到同学的电话，问李华军能否帮他在广州买些血栓通冻干粉针寄过去。同学父亲的主治医生建议他自己想办法买这个药试试，当时用的药效果不理想，这个血栓通新疆又没有卖的。后来，李华军就找了个做医药销售的朋友，从他们公司买了10盒寄给他同学。

放下电话，李华军立即联系了那个朋友，跟他说还要买30盒血栓通粉针。可是，他这位朋友说当时货不多，只能先给他10盒，下个月货到了再给些。

一时，李华军感觉很奇怪，现在的东西还有供不应求的？于是就问他："这是什么药啊，居然会缺货？"

朋友说："这是一种中药，目前梧州制药厂的产量有限，为保证治疗的连续性，必须保证优先供应已经在做治疗的病人和使用的医院。"

"这个药难道只有这一家药厂生产？"

"是的，这个品种只有这一家。其他有类似的，但效果就差些。"

原来如此！在这个普遍生产过剩的时代，居然有供不应求的商品！这个公司如果上市了，绝对不能错过啊！很快，李华军就得到了答案——生产血栓通粉针的，就是这两年已经涨了10倍的大牛股：中恒集团（600252）。

以下是李华军投资中恒集团（600252）的分析、交易全过程。

基本面分析

该公司是全国中药企业利润百强，所拥有的梧州制药集团有着近50年的发展底蕴和产业基础，拥有中华跌打丸、妇炎净、血栓通冻干粉针等一系列名牌产品。

投资要点。具体可从以下四个方面着手：

第一个方面，主打药品血栓通。心脑血管药品＋基本药物目录独家品种＋慢性病长期用药的特点，使其拥有明星品种的品质。从政策和行业规律来看，可以长期看好。

第二个方面，产能瓶颈松动，如今仍处于成长初期。从产能上看，2011年血栓通冻干粉针产能将达到3.3亿支，提取产能将达到3.5亿支，产能瓶颈将完全打开，一直限制血栓通发展的产能瓶颈将不再是问题。从市场来看，无论是在二三级医院的高端市场还是在基层市场，该公司产品都还有大量的空白可以填补，销量的增长仍然可期。

第三个方面，产品有较大提升空间。从产品生命周期来看，中恒的血栓通目前尚处代理放量阶段末期，产品还有较大的提价空间。伴随产品销售量达到一定规模，提价将给公司业绩带来明显的弹性。

第四个方面，传统业务与新开发业务并进。传统业务基本稳定，新开发的饮料受益于王老吉打开的凉茶饮料市场，前景不错，可能成为未来的明星产品。

估值。2010年7月30日股本27293.69万股，以收盘价33.47元计算，市值不到100亿元，预测公司2010年～2012年的业绩和估值如下（表6.5）：

表6.5　中恒集团2010年～2012年业绩和估值

财务指标	2010 年	2011 年	2012 年
每股收益（元）	1.5	3.3	5
PE	22	10	7

机构持股。该股为机构长期重仓持有，2010年半年年报显示机构持股40%，比一季报的33%增加了20%多。其中董事长持股22%，是公司实际控制人。

结论。市场尚未充分认识到该公司所具有的成长性。伴随公司逐步兑现业绩，李华军认为，市场也将逐渐承认该公司的地位，而给予该公司应有的估值水平。

因此，虽然该公司股价从2009年7月到2010年7月已经上升了一倍多，但这种由于基本面质变引起的价值回归，使它的股价仍然有较大的上升空间，可以适时重点出击。

操作过程

评价投资适宜度，确定投资仓位。大盘处于反弹趋势中，市场对医药行业认可度较高，投资适宜度70，可以6成～8成仓寻机介入。

股价走势及介入时机。在大盘情绪恶化和国家医改政策可能会对该公司的盈利造成不利的双重影响下，该公司股价自2010年6月17日开始进行了一波快速的调整，到8月底已完全收复了失地。该公司于8月30日进行了2010年中期分红：10股送10股。当天股价放量上涨，从除权后的K线图可以清楚看到，当天的股价运行在"带柄杯形"的手柄区域，盘中突破前期高点后，买入。

持有和卖出原则。具体分以下四种情况：

情况1：涨幅不超过30%，以是否有效跌破10日均线为卖出原则。

情况2：涨幅超过30%后，遇到高位巨量收阴，减仓。

情况3：高位横盘或者调整7日以上，出现放量跌破或者基本确定即将跌破5日线时，卖出观望。

情况4：止损位18.60元。

卖出时间。该公司股价2010年9月份波动幅度不大，进入10月份后，市场风格发生很大变化，出现了大幅杀跌。在大盘周期股大幅上涨的情况下，该公司的股价也走得比较弱，为回避市场风险，于10月11日，当其出现放量下跌时李华军卖出，均价24元。

总结。本次操作时间一个月，由于大盘环境发生了较大变化，未取得预期收益时便卖出了，总收益率20%。

再次买入时间。经过近两个月的横盘整理，2010年11月4日，该公司股价巨量上涨，轻松地突破了前期高点，当天李华军果断买入。

该公司于2010年11月6日发布公告：11月22日股东大会审议通过子公司梧州制药与步长医药签订产品总经销协议的议案。协议若能生效，公司制药板块2011年将实现含税收入23亿元，2012年将达30亿元，以后3年均有递增。

事件影响。此协议的签订，将使该公司在未来不仅业绩提升明确，估值水平也将得到提升。

清仓时间。受此鼓舞，随后几天股价大幅飙升。2010年11月10日，该股放出天量涨停，但出现了很长的下影线，显示多头力量已开始衰弱。11日不能继续上涨，且量能依旧偏高，说明多空分歧很大，短线需要调整，故减半仓止盈。

经过几天调整后，2010年11月23日、24日连续两天股价再次向上攻击，但量能明显萎缩。11月25日，股价已经不能维持强势，说明多头的攻击将会暂停，持股的风险将大于收益，故李华军清仓出局观望。

总结。在基本面利好消息的强烈刺激下，20天内该公司股价上涨超过60%。李华军于是对卖出时的原则做了些调整，重点考虑多头上涨动能的持续性。

收　益

本次操作50多天，盈利51%。（图6.5）

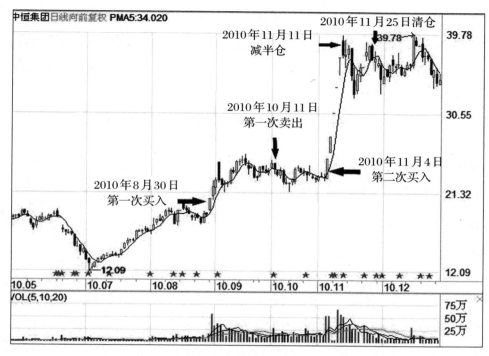

图6.5 中恒集团走势图

一个海岛女孩的哭诉：我们的家园在哪里？

2009年12月哥本哈根气候会议上，一个来自海岛国家的女孩声泪俱下地陈述："CO_2所导致的温室效应使海平面不断上升，我们的国家每天都面临着被海水淹没的危险。如果这种情况得不到控制，十几年后我们的国家将彻底消失在大海中。请你们救救我们吧！"

听到这些，李华军颇感震惊和同情：人类生存面临的危险似乎比他想象的严重得多。这些岛国的人并没有做错什么，却要他们承担人类发展的代价。使用传统能源煤炭石油等，大量排放CO_2，使全球温度增高，冰山融化，从而导致海平面升高，岛国濒临灭亡！那么，需要怎样控制CO_2的排放呢？这个人类发展和生存的矛盾，已经到了必须抉择的时候了。

寻找可替代的清洁能源，是人类可持续发展甚至生存所必须尽快解决的问题，也是未来几十年有最大经济利益的领域。太阳能是此时最有可能成为答案的选择，当然也会是最值得投资的领域，这个行业内的核心领导企业必然"钱"途无限！这，正是李华军投资生产太阳能设备的上市公司精功科技（002006）的由来。

以下是李华军投资精功科技（002006）的分析、交易全过程。

基本面分析

该公司传统业务包括纺织机械、建材机械和工程专用车销售；新能源业务包括多晶硅铸锭炉、剖锭机以及多晶硅片的销售，2007年自主研发出太阳能铸锭设备。

投资要点。具体可从以下四个方面着手：

第一个方面，铸锭炉进口替代空间巨大。2010年，该公司屡屡公告大单，标志着该公司铸锭炉已经全面获得市场认可，国内其他厂家开发的铸锭炉还未形成规模，质量也不稳定，精功科技以先发优势将独享巨大的国内进口替代市场。国内2010年以前的铸锭炉市场主要被美国GT太阳能公司控制，占据了80%的市场份额，精功科技的铸锭炉比GT的同类产品便宜1/3，质量却不逊色，某些方面还超过它。随着国内主流大厂开始认可精功科技的产品，凭借超高的性价比和本土企业的快捷服务优势，在铸锭炉的市场份额上，预计精功科技很快就会超越美国GT公司。国内未来几年铸锭炉市场年均规模不少于70亿元，以获得50%的市场份额计算，铸锭炉销售额将达到35亿元，而2010年精功科技铸锭炉的销售额只有2.5亿元。

第二个方面，该公司产品的市场空间较大。随着国内光伏装备的升级换代以及持续的核心部件的维修与服务，将进一步拓宽该公司产品的市场空间。核心部件石墨热场一般3年更换一次，其价值占设备总价值的30%，该部分基本上由原供应商更换。

第三个方面，该公司的研发部门也在加紧对硅片生产线上另外两种关键设备——剖锭机和线切割机的研发。剖锭机已于2009年年中研发成功，2011

年将开始贡献利润；而线切割机此时已进入实质性的市场调研、方案设计等前期阶段，预计将于2011年年底完成样机试制。可以预见，利用在铸锭炉市场形成的品牌效应和客户渠道，必将大大有利于未来这两种设备的开拓。该公司将有望从单一的设备制造商向生产线系统集成商转型。

第四个方面，2011年2月18日晚，该公司公布了2010年年报。该公司发布的年报显示，其2010年太阳能设备新增订单总额18.4亿元，年底在手的订单也不少于15.9亿元，远超市场预期。这充分确保了该公司2011年的业绩高增长，也显示了公司的强大竞争力和超预期发展的前景。

估值。以2011年2月15日收盘价42.32元计算，该公司的市值不到60亿元，预测公司2010年～2012年的业绩和估值如下（表6.6）：

表6.6　精功科技2010年～2012年业绩和估值

财务指标	2010年	2011年	2012年
每股收益（元）	0.48	1.8	2.8
PE	88	24	15

机构持股。2010年年报显示，机构持仓比例从2010年9月30日的4.99%大幅飙升至2010年12月30日的43.10%，很多基金和阳光私募纷纷在2010年三季度高位抢进。

结论。该公司身处新兴行业，具有进口替代概念，订单驱动特征明显。当时股价调整已比较充分，未来每一次设备订单公告（特别是剖锭机）都会成为股价上涨的驱动因素，值得重点关注。

操作过程

投资适宜度评价。大盘处于当时反弹高点区域，太阳能行业受欧洲光伏政策的影响存在不确定性，投资适宜度65。

股价走势及介入时机。精功科技前期在一系列订单的催化下，于2010年12月21日创下了历史新高53.98元，然后进入了调整，于2011年1月25日见到近期低点36.51元，之后逐步震荡走高。2月10日股价再次探底37.52元后，开始温和放量走高，走势图形成了双底形态。2月18日，该股突然放巨量冲高，符合买入条件，但放量过大，故李华军少量买入。在年报已出，公司成长性已经确定的情况下，2月21日开盘时，他即加仓买入。

持有和卖出原则。具体分以下四种情况：

情况1：涨幅不超过30%，以是否有效跌破10日均线为卖出原则。

情况2：涨幅超过30%后，遇到高位巨量收阴，减仓。

情况3：高位横盘或者调整7日以上，出现放量跌破或者基本确定即将跌破5日线时，卖出观望。

情况4：止损位44.10元。

2011年4月14日，高位横盘20天的精功科技出现冲高回落放量的阴线，成交量比5日均线放大一倍以上，盘中跌破5日线，故当日以均价64.20元全部卖出。

收 益

本次操作时间不到两个月，盈利34%。（图6.6）

图6.6　精功科技走势图

一波三折找"真谛"

从买入庄股带来的灾难，到追逐"海市蜃楼"带来的幻灭，再到价值投资的成与败，十多年来，一波三折，他寻找着股市投资的真谛……

庄股疯狂表演，第一桶金瞬间蒸发

李华军读大学的时候，就对经济学感兴趣。大学期间，他看了经济和金融方面的中外书籍，上大三时就听说了上海和深圳发新股认购证发生的一些轰动事件。渐渐地，他对证券产生了浓厚兴趣。

1993年4月，就在李华军毕业前夕，一天下午，他从吐鲁番结束实习刚回到乌鲁木齐，见证券公司门口排长龙，得知周末宏源信托（即后来的宏源证券）要发认购证，便立马回家向父母借了5000块钱。他雇了30个人，排了两天两夜去领认购证（当时一人限领一张），赚了5万多元。后来宏源信托被暂停发行约半年，其间，他靠低买高卖认购证又赚了十几万元。

1994年，李华军带着这笔从一级市场和"一级半市场"淘到的近20万元，开始参与沪深股市第一庄股——界龙实业（600836）的炒作。

作为沪深股市的庄股鼻祖，界龙实业于1994年2月24日上市。当时的沪深股市可谓风雨飘摇，两市大盘指数刚刚经历过50%的下跌。3月上旬，就在这"腥风血雨"之中，界龙实业开始了其第一庄股的疯狂表演。

大盘指数节节败退，由800点跌到了694点。而界龙实业却连涨7天，较2月底上市的时候上涨85%。

3月11日最精彩的一幕上演：界龙实业一开盘就直飞云天，到了午后已经比开盘时上涨近3成。

股市暴富的神话在目瞪口呆的股民眼前活生生地上演。当天买进的人，欣喜若狂；更多没有买界龙实业的人，疯狂填单"抢进"。

而就在此时，界龙实业却突然"翻脸"，股价瀑布式地暴跌，至当天收盘的时候，股价已经跌到了18.50元，比23.20元的开盘价还要低两成多。许多刚刚还眉飞色舞的人，纷纷将沮丧凝结在脸上。

在资本大鳄表演完之后，股市如同一潭死水，静得几乎没人敢涉身其中。李华军于3月7日以16元开始买入，3月9日以21元融资买入，3月11日以25元再次融资买入，先后共融资了18万元。但3月11日界龙实业的一个"翻脸"，便让他爆了仓。他在20元全清，亏损了14万多元。这真是黄粱一梦啊！（图6.7）

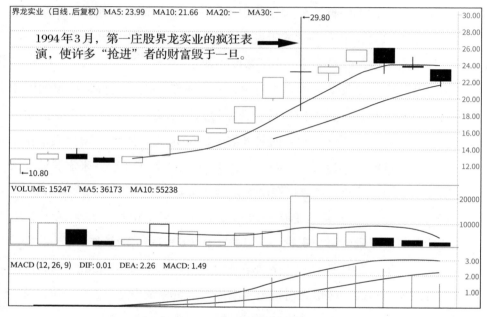

图6.7 界龙实业走势图

至此，李华军在股市淘的第一桶金瞬间蒸发。

8年投资，四壁皆空

界龙实业的炒作惨败，使李华军大伤元气。他决定离开股市休息一段时间，反思自己的错误和教训。没想到这次的休息却救了他，从1994年4月份开始，股市一直跌跌不休，一直跌到7月底的325点。8月1日，证监会出台了"三大救市政策"股市才又活跃起来，他也才又重新进入了市场，但此时的他，追逐主力的热情已不在了。

1996年股市大牛，不断有垃圾股飞上天，李华军也跟风炒作垃圾股，曾经炒作的东北电（000585，现名：东北电气）3天就翻了1倍，从5元直接涨到了10元以上，但1996年12月16日《人民日报》特约评论员发表的一篇文章引发了股市大跌，又让他一夜回到了炒股前。

1999年5月19日到2000年这段时间，科技网络股风云再起。李华军又加入到了对科技概念股的追逐中，他感觉股市赚大钱的机会终于来了。1999年12月30日，他以8.50元买入上海梅林（600073）。2000年1月4日，上海梅林连续6个涨停。到他2000年1月24日以18元卖出，不到一个月收益竟翻了一倍。（图6.8）

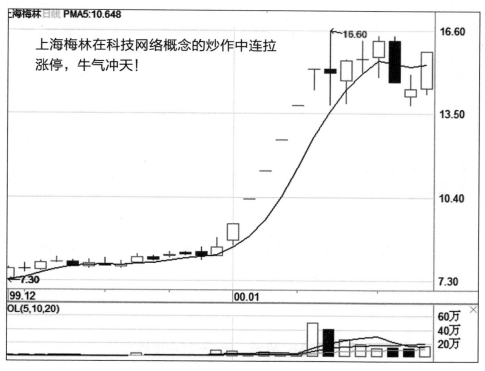

图6.8　上海梅林走势图

不过，泡沫终究是要破灭的。2000年2月28日，当他以60元杀入综艺股份（600770），准备大干一场，再做一波大行情的时候，市场却和他开了个玩笑：第二天该股即跌停，然后一直下跌。直到2000年6月，他忍无可忍，在33元左右全部割肉出局，亏损了60%。（图6.9）

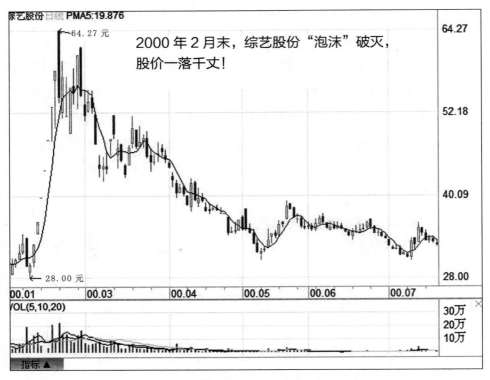

图6.9　综艺股份走势图

炒作综艺股份失败后，李华军天天在反思：从1993年入市到2000年，他投资股市已经8年了！8年，自己到头来却一无所获，四壁皆空。真是惭愧呀！

学巴菲特投资法，斩获250%收益

跟庄，失败；炒概念，还是失败。投资的路真可谓步步充满坎坷。但在失败面前，李华军从没有停止他的投资探索之路。

直到有一天，一堂巴菲特投资方法的讲座令他顿开茅塞。巴菲特完全是靠投资股票成了世界富豪，这说明股票真的是一座金矿，关键是你是否掌握了"挖金矿"的技术。于是，他制订了计划，以巴菲特为老师，认真学习他"挖金矿"的技术。

从2002年起，李华军先后攻读了MBA（工商管理硕士）学位，考取了注册会计师，又读了十几本关于股票的书，基本确定了以价值投资为主、技术操作为辅的理念。虽然在实践中几经失败，但他一直相信沪深股市是一座金矿。

当2006年股市重新"走牛"后，他说服妻子，把准备买房的15万元全部投入股市中，因为他认为股市比房产更有投资价值。在如火如荼的行情中，李华军按照巴菲特的投资逻辑，首先挖掘价值被低估的股票。五粮液（000858）是与茅台齐名的高档酒，2006年销售收入73亿元，股价8元，总市值不到200亿元；贵州茅台（600519）48亿元销售收入，股本9.4亿元，股价50元，总市值470亿元。相比茅台，五粮液被严重低估。因此，李华军开始重点关注五粮液。

大盘自2005年6月6日创下调整新低998.23点后，近一年的时间逐步攀升到1300多点，基本处于上升通道中，五粮液股票从2006年3月31日股改除权后一路上行，2006年4月24日突破前期高点后开始两天的调整，27日继续上涨，形成突破之势。此时大盘环境向好，是绝好的买入时机，李华军便开始介入五粮液。

2006年4月28日五粮液涨停。后面的8个交易日中，该股涨了60%多。2006年5月19日，李华军看到该股短期上涨动能衰竭，故全部卖出。

在这次"辉煌战役"中，由于李华军挖掘价值低估的股票，10天获利不菲。（图6.10）

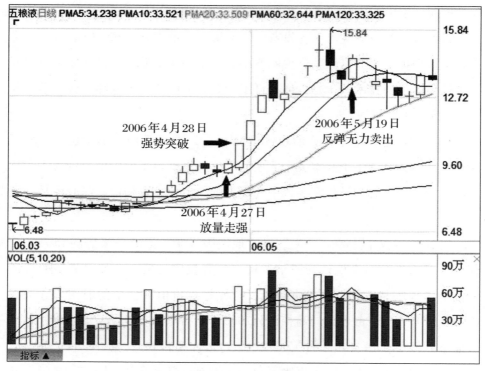

图6.10 五粮液走势图

万科投资成与败，价值模型有瑕疵

　　价值投资就是要求买入值得投资的好企业的股票。但买入好企业的股票，并不一定能赚到钱。李华军在投资万科A（000002）中的成与败，深刻地揭示了这一点。

　　万科A可谓国内地产股的佼佼者，不论是规模、声誉，还是业绩都可成为地产股的标杆。李华军于2007年7月10日以20.50元买入万科A，一直持有。直到大盘创下6124点的高点后，为回避较高的系统性风险，他于11月5日以37.20元卖出，4个月获利80%多。

　　随后的时间里，万科A跟随大盘一路下跌。2008年6月16日，10股送6股除权后，继续下跌。6月20日股价已跌至10元以下，当天股价企稳放量。

从基本面看，万科业绩依然很好，估值很便宜。李华军记得巴菲特的一句名言："当别人贪婪时要恐惧，当别人恐惧时要贪婪。"于是他计划抄个大底，当天以9.80元左右的价格重仓买入万科A。

随后几天，万科A并没有因为他的"贪婪"而止跌，而是跟随大盘继续探底。为了能坚持到底，怕自己因情绪波动卖出万科A，他干脆关了电脑，出去旅游了半个月。当2008年8月7日他回到家再看时，万科A的股价已到了8块钱，他依然选择了坚持。2008年8月22日万科A的股价跌破了7元，他的信心彻底丧失了，以6.90元全部清仓，两个月亏损了30%多。后面一个多月里，万科A继续下跌，股价最低到了4.80元。（图6.11）

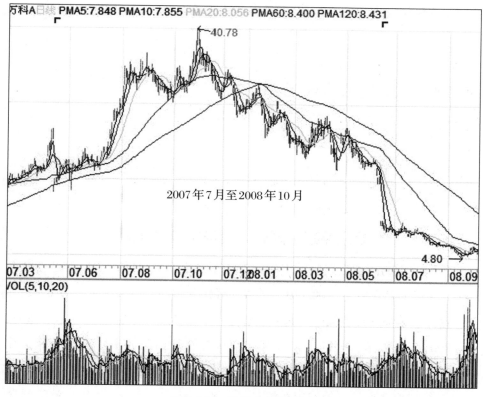

图6.11　万科A走势图1

这是李华军用价值投资法投资遇到的一次挫折，他深深思考着，想搞清楚问题究竟出在哪儿。后来，他明白了，价值投资并非买到一只好股票长期持有那么简单。要利用价值投资模型投资股票，必须对企业了解得非常彻底，对它的价值判断不能出现大的偏差，对企业内部经营情况的变化要有能力及时了解。同时，买入的价格要有足够大的安全边际。

另外，在股价没有企稳时进行抄底是个风险很大的操作，抄底后，又以价值投资、坚持持有为策略，没有及时止损，从而造成巨大亏损。价值是随企业的发展而变化的，估值更是和股市环境密切相关。因此，必须动态调整价值评估，尤其是在A股这样还不成熟的市场，企业经营风险和道德风险都很大。而且散户和主力机构的信息严重不对称，若散户机械地套用巴菲特的价值持有操作方法，将面临难以回避的巨大风险。

建立成长股趋势投资模型

至2009年8月，大盘距2007年6124点的高点还差近一半，为什么一些股票已迅速收复"失地"并创出历史新高？高成长股卓越的市场表现给他以重要启迪。走过"迷茫"，他开始建立自己的成长股趋势投资模型。

峰回路转靠成长，趋势投资显身手

千曲万折的探索之路是艰难的。李华军真正建立自己的成长股趋势投资模型，是从对江苏国泰（002091）的成功操作开始的。

这要从他关注锂电池的一则故事讲起。

2008年国庆节，他的一个大学同学从美国回到深圳出差，李华军去看他。那位同学读完博士后就留在美国搞锂电池研究，这次回国是去深圳一家化工厂谈技术合作的。他们很久没见了，那几天正好放假，李华军就陪同学到处走走，顺便也就陪他去了这家化工厂。

工厂老板希望他的同学能以技术作价入股生产锂离子电池的电解液。那位同学已掌握了这方面的核心技术，并且申请了相关专利。据这位工厂老板介绍，由于锂电池近年畅销，锂离子电池的电解液此时国内需求很旺盛，但因技术难度大，要求高，国内能生产的企业很少，还需要进口。

国内生产量最大的是江苏华荣公司，占了近1/3的市场份额。华荣公司是个什么公司？在国内上市了吗？李华军听后，对这个问题比较感兴趣。"没有。"老板说，"不过，它的母公司江苏国泰在中小板上市了。"江苏国泰，李华军记住了这个公司。

返回后，李华军便开始对江苏国泰进行深入研究。他发现江苏国泰业务主要分为外贸和化工两块。外贸业务比较稳定，没太多亮点，但公司控股的子公司所从事的锂电池业务却是潜力无限，其利润预计占到2008年公司净利润的40%。公司生产的电解液主要面向中高端客户，在笔记本电脑和手机电池中有较大的市场。未来电动工具、电动自行车、电动汽车等产业的发展将带动锂电池电解液行业实现新的跨越，也为公司该业务的发展带来了广阔的想象空间。2007年，公司电解液年产量为2490吨，已达到世界第二的水平。预计2008年、2009年继续保持较高的增长速度，年增长有望超过50%。

继而，李华军对锂电池整个行业发展的优势及江苏国泰的走势进行了一番细致的研判：

第一，锂电池由于工作电压高、能量密度大（重量轻）、无记忆效应、无污染等优点，正在逐步取代镍镉电池和镍氢电池，唯一的缺点是成本稍高。

第二，江苏国泰业绩不算差，按2008年4月26日10股送5股除权后算，2007年每股收益0.33元。电解液业务近几年成长速度很快，的确很有前途。不过，它的股价当时的表现也和大盘一样很不好，还在下跌中。有了万科A割肉的教训，他决定先关注它。

2008年10月16日江苏国泰创下3.90元的低点后，随大盘进行了一波反弹行情。这时，李华军看到投资机会到了。他在11月7日该股放量突破时，以4.65元的价格买入。之后，股价反弹到11月11日的6.18元后开始调整。考虑到当时的宏观经济环境，大盘趋势也不明朗，李华军在6元开始减仓。

2008年12月2日，江苏国泰再次放出巨量向上冲击前次高点，比5日均量高2倍，于是他当天果断加仓。

他当时的持有和卖出原则是：一是持有到业绩高成长被市场认可后卖出，这一般要等到年报或者季度报披露或者消息明朗；二是股价大幅上升后出现技术上的破位下跌须卖出。

随后的两个月内，江苏国泰无视大盘的涨跌，沿10日线一路飙升，最高到2009年2月13日的16.98元。2月17日，江苏国泰出现第二个放量阴线跌破10日线，表明破位下跌确定，李华军以15.50元的价格全部卖出。两个多月的时间里，他获利250%（图6.12）。

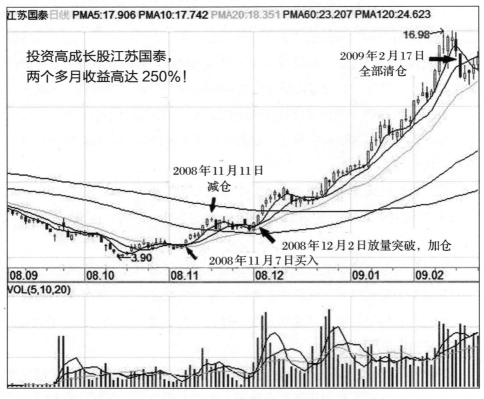

图6.12 江苏国泰走势图

随后，江苏国泰最低调整到12.30元，但随着高成长性被市场认可，后面几个月也一直呈现上涨态势。江苏国泰2008年年报显示，它当年净利润增长了52%。

总结对江苏国泰的成功操作，李华军说，关键是做到两点：

一是对其高成长性的提前挖掘和坚持。二是选择了合适的时机买入和持有，在其调整后放量突破时买入，既提高了操作效率又回避了可能看错的风险。

至于获利两倍，李华军认为，这还要感谢市场的"错杀"，将一只好股票以这么便宜的价格给了自己。

高成长股的共同点：新高之后有更高

江苏国泰的成功操作，给了李华军以深刻的启迪：股票市场投资的真谛，就在于着力寻找伟大的公司，挖掘有巨大上涨空间的潜力股。

在接下来的日子里，股市中的运行现象，恰恰应验了这一点：2009年大盘的反弹最高到了3478点，离2007年的高点6124点还有近一倍的距离时就停止了。尽管如此，却有很多股票"收复"了2007年以来的大部分"失地"，有的甚至创了历史新高，如江苏国泰（002091）、东方雨虹（002271）、华东数控（002248）、川大智胜（002253）、登海种业（002041）等。研究这些股票会发现，它们有一个共同特点：业绩优良，行业空间大，成长性好，属于小市值公司。

李华军再度审视自己曾操作过但没能守住的飙涨龙头股苏宁电器（002024）：从2004年7月上市的30元，其间大盘跌宕起伏，它却一路上行，到2009年8月股价已高达900元（复权价），涨到足足30倍。由此看来，高成长的好公司回报率是惊人的。

"但实际操作中，一个很重要的问题是，怎么才能筛选到真正的高成长股？"采访中，我问李华军。

"很多股票都有可能是成长股，而最终能如预期成长的股票是少数。"

李华军回答，"成长股和大多数股票一样，其股价大多时间也是在投资者的怀疑、迷惘和犹豫中跌宕起伏的。经过千锤百炼后，真正的成长股慢慢就浮出了水面。"

"那么，成长股有什么特点可以识别？"我又问。

"我以为，真正的高成长股票应该是能不断创新高的股票，"李华军说，"股票创新高或者准备创新高，说明它上升动能很足，也暗示了它基本面良好，符合预期。技术走势这时可帮助投资者筛选股票。投资者有了前期对公司基本面深刻的研究，再经由市场千锤百炼后的选择，判断一只真正的成长股的准确性就大大提高了。当技术上再出现突破性买点时，获利的概率就能超过80%。"

"买进万邦达时，股价已高达96元多了，你真是胆大。对许多投资者来说，在这么高的价格买入，是想都不敢想的事。"我听着他追逐成长股的故事，对他的一些"冒险"行为有点不解。

"股价固然有高低价之分，但我买股票看重的是它的质，看它值不值这个价。根据我的测算，买入万邦达时，虽然它的股价已接近百元，在一般人眼里，都是'天价'了。可经过对这家公司的仔细研判，我认为，以它当时的价格仍有很大的上涨空间，这是我敢在那么高的价位买入的最主要原因。"李华军回答。后来，它果然最高涨到了150元，也证明了好股票具有"新高之后有更高"这一重要特征。

美国投资大师欧奈尔有这样一句话："股票创新高也是一种新发展。"根据调查，有98%的投资人在股价创新高时，都不敢进场买进股票，因为他们担心股价已经涨得过高。其实，股市有一种特性，即看起来涨得过高的股票还会继续上扬，而跌到接近谷底的股票可能还会继续下滑。

李华军是这么说的，也是这么做的。经由多年的磨砺和苦苦探索，他终于在2009年确定了自己的投资原则：强势高成长股票突破时买入，判断错误时坚决止损。

价值成长股趋势投资法的关键

李华军的价值成长股趋势投资法的关键有3点：

◆ 股票强势突破时要敢于高位买。

◆ 必须是基本面预期良好的股票。

◆ 一旦判断失误，要勇于止损。

第一点和第三点取决于投资理念；第二点则取决于所选公司的基本面、技术分析的正确性以及市场环境。

采访中，我问李华军："为何你坚持在强势突破时才买？"

他回答，二级市场股价的变动，蕴含了很多信息，包括股票的供需关系、企业的经营状况等。股价的变动是众多投资者投资行为合力作用形成的，它反映了人类的心理和行为习惯。从K线上看，所有股票的股价运行都是呈波浪形的。波浪形的运行模式决定了股价走势中必有主升浪，主升浪就是从突破盘整和下跌趋势开始的。正如欧奈尔所说："要购买上涨潜力雄厚的股票，不一定要选择价格已经跌到接近谷底的股票。有时候，创新高的股票前景可能更是海阔天空。"

抓住主升浪，就等于让你能在短时间内获得股票上涨的主要利润。同时，抓主升浪的操作模式，还可以避免一些不确定因素可能导致的下跌。

我接着问他："为何要选择基本面预期良好、成长性较高的中小盘股？"

李华军说，从投资标的的选择角度看，此时我国已经开始运行新一轮朱格拉经济周期（指9～10年周期波动，是一种中等长度的经济周期。——作者注），起点应该是从2009年起，以消费与新兴产业为经济引擎，大盘蓝筹股反映的是上轮经济周期的中坚产业。经济周期本身的运行规律，必然迫使经济转型不可逆转，产业扶持政策、市场开放、制度优化、增长模式的转变、进口替代、消费升级等，都为中小企业的成长提供了快速发展的空间。因此，大盘蓝筹估值跌破历史低位是必然，而具有广阔成长空间的中小企业才是未来的投资重点。

"为什么买入后不一直持有高成长的股票？"

李华军解释说，虽然投资高成长的股票可能带来高回报，但同时它们都具有高风险。风险主要来自几个方面：

成长性股票的规模一般较小，抗风险能力较弱，经营环境的变化会给业绩带来较大波动，从而引发股价的大幅波动。李华军操作过的汉王科技（002362）也曾给他带来较好的回报。他当时买入是因为看好它在电子书这个新兴市场中的发展前景。不过，后来由于其他强大竞争者参与到电子书行业中，尤其是苹果推出了iPad，它的竞争优势未能再保持，已经难以再持续高增长了，股价自然也一落千丈。

投资者给予成长股的估值受市场情绪影响较大。在业绩增长确定以前，一般来说，市盈率较高的成长股股价会因为估值的调整而引发大幅震荡。比如，受大盘调整的影响，万邦达和爱尔眼科等股票，后面都经历过从高位回落50%以上的走势。

信息不对称也产生风险。作为一个中小投资者，投资还面临着信息严重不对称的风险。来自企业的内部信息往往左右着公司的股价，买入并持有期间，当预期达不到时风险很高，这是李华军操作中见好就收的主要原因。比如对成长性良好的江苏亿晶光电借壳海通集团（600537）的操作，从2009年至2011年期间，为防范一些不确定因素（借壳进度和经营状况），他曾"三进三出"，既获得了丰厚的利润，也规避了公司基本面发生变化时对股票估值产生的影响。

"那么，为什么要坚决止损呢？"

关于止损，李华军很讲原则。通常在突破时的关键价位买入后，跌幅超过买入价的7%～8%时，他就坚决止损。股票投资投的是未来，买的是大概率。未来是不确定的，止损就是为了预防因预期出现较大差距从而招致巨大损失而设立的一个方法。只要你赚钱的时候能多赚，亏钱时少亏，即便10次买入成功了5次，你最终也是赚钱的。但若不设止损，10次投资中1次巨大的失败就可能带来毁灭性的打击，尽管你可能做对了9次。比如李华军买入万科A时，信心很足，亏损后不愿止损，以致损失巨大。

选股原则及买卖时机

在沪深千余只股票中，如何去判别哪些是高成长股？又如何把握它的买点和卖点？他选成长股的六大标准及买卖方法，是其中的诀窍。

发现高成长股的路径

一开始采访李华军，听着他讲述捕捉强势龙头股的故事，我就不止一次地问他，是如何发现和选到这些优质股票的。

李华军说，要想发现和选到强于大盘的高成长股票，总结起来，必须做到以下4点：

做个生活中的有心人。要注意和观察人们在热衷什么，你的同事、朋友们谈论最多的是什么，最喜欢的是什么，等等，这些都会为你提供发现好股票的线索。比如，当朋友们都在2010年追逐苹果的iPhone和iPad时，其实就是提醒你苹果公司和苹果的供应商们业绩将会很好。

多关心政治和国家经济政策。关注国内外经济发展变化的动向，从中筛选出有价值的信息。往往这些政治和经济政策的变化，都预示着微观层面上企业未来的经济利益的巨大变化。比如，国内稀土政策的变化，美国、日本对稀土供应的敏感，都反映了稀土的重要性和转换为收益的可能性。

留意券商、基金和阳光私募等机构的动向。机构投资者一般比较重视基本面的研究，研究实力也比较强，从他们的关注和投资对象中可筛选出你也感兴趣的投资标的，这样做你的效率会提高很多。万邦达一上市，机构就高位大量买入，也提供了发现它的线索。

关注股价异动的股票。要追究其异动的原因。当一只股票明显和大盘或者板块内股票不同步，尤其是不同步下跌时，要追查其内在原因，看是不是基本面有重大变化。2010年10月，绝大多数小盘股都在下跌，而莱宝高科却能不断走强且逆势创新高，就显示了它具有未来成为牛股的巨大潜力。

通过基本面确定投资标的，李华军有六大标准：未来发展前景、核心竞争力、盈利表现、机构和管理层的持股情况、规模大小、估值。具体内容如下所述。

未来发展前景

判断公司的未来发展前景，主要是看公司所处行业的性质、行业的发展空间以及行业内的竞争强度。

行业性质。公司所在的行业决定了它是否具备高成长公司的潜质。这是因为行业的性质往往决定着一家公司的发展模式。研究行业性质时主要考虑：行业壁垒的高低、产品或者服务是否容易实现差异化竞争、该行业中公司成本转嫁能力的强弱、管理的复杂性、规模发展的瓶颈大小以及需求的弹性等。

行业差别对企业发展前途产生的影响，就像生活中人们年轻时选择的工作对未来人生产生的影响一样。做农民或者做商人，都是工作，但未来成功的机会以及成就的大小肯定会不同。所处产业不同，企业所得到的利润、承受的竞争压力以及获得成功的概率也不同。苏宁电器能成为大牛股是因为它选择了一个好的行业：2002年到2008年是中国家电业发展的黄金年代；连锁经营的模式又为它添上了翅膀。类似地，我们可以重点在医疗服务、节能环保、新能源等容易实现快速发展的行业中找寻潜力股。

行业空间。行业空间主要是看行业的"天花板"在哪儿。要成为一家市值超过1000亿元的公司，你不可能在一个行业收入规模1000亿元的范围内寻找。那些国家政策积极扶持的具有高成长发展潜力的公司，"天花板"都足够高，这是成为高成长股的一个必要条件。

行业竞争强度。这要分析现有公司的数量、规模、竞争激烈程度、行业壁垒、退出成本等，还要看是朝阳行业还是夕阳行业，是快速发展的行业还是平稳发展的行业，是国家政策鼓励的行业还是限制的行业等，这些都会影响行业内公司的竞争状况，甚至生存能力。通过研究行业毛利率的高低，可以判断行业的竞争程度和该行业内公司的获利能力。

核心竞争力

投身了前景广阔的行业后，能否成功还得看公司的"内功"。是否有核心竞争力是公司能否在竞争中胜出的关键。竞争力的强弱最终也表现为"护城河"的宽度，"护城河"越宽，公司的持续成长能力也就越强。

判断公司的竞争力主要看以下几点：

具有独特的竞争优势。如公司是否具有或者未来可能具有技术独占、产品或者服务相对垄断、资源垄断等优势。如果具有其中一种，就相当于在公司外挖了一条护城河。有了护城河，公司就可以安心地发展壮大，同时赚取高额利润，而其他有心想分一杯羹的公司只能在河对岸干瞪眼。比如，包钢稀土就有垄断稀土的优势，精功科技的铸锭炉技术有较大的领先优势，这些都是它们高成长的基础。

通常，看一家企业竞争力强不强，要看这样几个标准：

◆它所具备的优势，其他企业有无？

◆这种优势是否容易模仿？

◆这种优势能持续多久？竞争中的贡献有多大？

◆企业为保持这种优势做了哪些工作？

◆这家企业明显的劣势在哪里？

毛利率的高低。毛利率的高低是企业获利能力的数量化指标。一般来说，毛利率高于同行业竞争对手的企业，有较强的竞争实力和较高的管理水平。只有较高的产品毛利率才可能承担公司的费用，获得较高的净利润。比如，中恒集团的产品毛利率高达80%，而一般的医药产品毛利率都在30%左右，因而中恒集团能够高速成长，其股价表现卓越便是一种必然。

销售收入高增长。收入高增长是高成长的前提，最能说明市场对它的产品或者服务的认可。比如采用夺取市场占有率策略的一些公司，腾讯、淘宝、360、爱尔眼科等，利润可能短期没跟上，但圈定了顾客和占领了广阔的阵地后，其利润将呈爆发性增长。爱尔眼科处于扩展期，前期扩展的费用大幅侵蚀了利润，但它的收入每年有50%以上的高增长，预示着未来几年，当扩张速度减慢后，净利润将有大幅提升。

盈利表现

研究公司过去的盈利表现，对比业绩预测，可以看出公司是否在持续高增长或者业绩出现拐点即将高增长。在公司业绩出现拐点时能够及时介入，可伴随它的成长获取丰厚的收益。比如，精功科技在2010年以前的盈利不好，但2010年随着公司铸锭炉的销售放量，业绩出现拐点，未来业绩大幅增长可期。这里要强调的是，看现在和过去的盈利增长数据，为的是判断未来最可能的增长速度和增长的持续性。

机构和管理层的持股情况

市场上基金、保险机构、大的投资公司和私募基金一般资金雄厚，对投资标的都有比较专业的研究，寻找到他们认可的股票可以使你的研究工作事半功倍。管理层持股意味着他们的利益与股东一致，经营效果会更好，股权激励制度也起着类似作用。

规模大小

"小股本，大行业"公司的成长性最为可期。市值小而公司成长空间大，意味着成长潜力大。彼得·林奇在《战胜华尔街》中说："投资大、小企业都能赚钱，但如果你专注于小企业，你可能干得惊人地好！'小的'不仅是美丽的，而且是最能赚钱的。"

股价与企业的成长是休戚相关的，一个小企业成长10倍，它的股价可能翻20倍。虽然长期的高速增长是不可靠的甚至是危险的，但是由于小企业的起步基数小，面对巨大的市场，连续几年的高速增长是可以做到的。如果投资者能够提早发现一个新兴产业中有强大竞争实力的、注定会成为产业巨人的小企业，无疑就是找到了一座金矿。

估 值

一般在业绩确认前，对成长股的超高成长性市场都会半信半疑，从而给予估值折价。例如中恒集团，2009年其利润比2008年增长了1.5倍，2010年预计比2009年增长2倍，每股收益将达到1.5元，但市场在2010年9月给予其2010年动态市盈率不到16倍，2011年动态市盈率不到8倍的评估，显然它被市场低估了。

当市场给予的估值较低，而公司未来可能超预期时，股价在未来就具备了非常大的上涨空间。

产品或者服务是否有超预期发展的潜力？外部因素是否会促成超预期？两项中只要有一项出现，即可重点关注。如莱宝高科的产品产能增长可能超预期，同时Apple产品销售超预期，引发莱宝高科产品的销量和价格超预期；精功科技属于自身产品销售超预期；包钢稀土则是由国家政策的力度导致的超预期。

买卖时机的选择

绝大多数投资者，包括机构投资者，无论是市场新手还是经验丰富的老手，都倾向于购买从头部下跌，或者已经在底部的个股。原因也很简单，买入处于底部的股票感觉像捡了便宜货。但是实际上，看上去价格高、风险大的股票，反而能够再创新高；而看上去价格低、风险小的股票，则通常继续走低。

由于信息的不对称，大多数投资者获得的信息是不全面的，而股票的走势往往暗示了基本面的信息。一只有潜力的成长股，其市场表现总是强于大盘指数和同类型股票的，我们往往可以从股价走势中寻找线索。

买点的选择是股票投资的重要问题，所谓"选股选时"，除了选股，就是选择买入时机了。李华军选择在股价向上趋势比较确定时买入，因为当股价放量突破关键价位时，判断趋势的成功概率很大，这时买入能比较好地获利和回避调整的风险。不同形态的形成有其内在的逻辑，突破的确认和买点也不同。这里，我们结合案例中用到的图形来进行说明。

带柄的杯形

"带柄的杯形"是强势成长股突破上涨中常见的一种图形，是美国投资大师欧奈尔总结的经典图形之一。

在"带柄的杯形"这种形态中，正确的买入时机是在股票价格上升到比杯柄形区域（C、D、E点）的最高价格还高1/8处。虽然我们称该点为"新高点"，但它实际上是突破柄形交易区域的新高点，通常比过去的实际高点（A点）略低，有时也会略高。（图6.13）

成长股股价随着时间推移是不断向上的，经过前期一段不少于30%的上涨后，股价受到了获利盘的打压会回调，回调后（不超过20%）看好公司的投资者会不断买入，而抛压也会越来越轻。当股价升到前期高点时，获利盘和前期套牢盘会形成较大抛压，股价会形成回落。

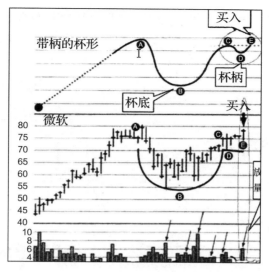

图6.13　带柄的杯形示意图

如果看好后市的资金较多，则股价回落的幅度不会太大，一般不超过10%。一旦股价企稳，多头会重新入场。此时，股价位于前期高点附近，多头起初会比较谨慎，若空头力量也比较薄弱的话，就会出现量价平稳的走势。

经过几天的多空胶着，想入场的多头发现股价很难再下跌了，再等就会买不到筹码，于是纷纷买入。此时，市场上的浮动筹码比较少，多头的"抢货"必然表现为股价放量上涨。但这时股价只是刚刚上涨，毕竟只是些先知先觉的资金在买。此时就是最好的买点，后市上涨概率会超过90%。并且，由于前期已经充分地释放了空头的力量，后期上涨的幅度会比较大，大多会超过30%。

简单地说，就是股价放量上升即将创出新高时，是最佳买入时机。

下面案例中包钢稀土的第一次买入点就是以这种图形展开突破的。形成这种图形，要求从A点到E点，调整时间不少于6周，高点A之前经历过一段时间的上涨，涨幅不低于30%。A点到B点调整一般要达到20%～30%，C点到D点的回落幅度一般不超过10%，可偶尔超过10%但绝不可超过15%，否则就可能形成双底形态或其他形态。（图6.14）

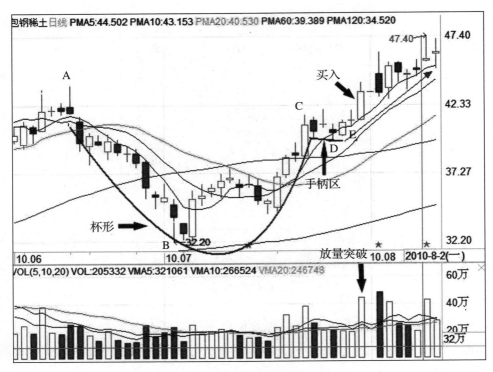

图6.14　包钢稀土走势图2

说到这儿，自然就会出现一个问题：为什么不能在杯形区域的底部（B点，也就是"坑底"）买入呢？这样不是获利更丰吗？

这是因为以下原因：

在股价走出底部区域前，你不能确定是否已经到底。股价走出底部区域前，可能是下跌中继，也可能还会出现"双重底""三重底""头肩底"的形态。

图6.15是2007年11月1日万科A从高点A开始下跌的图形（复权后的价格）。如果在第一个低点B点买入，它还会出现第二个低点C点。即使在D点，你认为已经跌得很低的时候买入，它还会出现更低的E点。

做强势股的原则是，买入后如果下跌8%必须止损。低位买入时，我们并不知道股票价格是否还会下跌。如果继续下跌，就要止损。所以，必须等待更可靠的技术信号表明股价确实止跌并将大幅上涨时再买入。

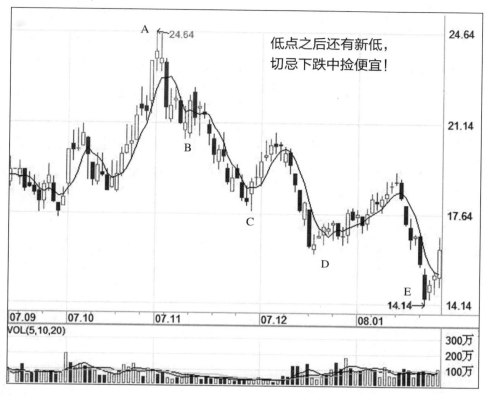

图6.15　万科A走势图2

　　股价在低位徘徊时，技术面上不能证明它将来会大幅上升，这时候买入的可能是一只不怎么样的股票。李华军的策略并不是希望用最低的价格买进一只上升空间可能不怎么样的股票，或者不知何时能涨的股票，而是希望在最有利的时机买入一只价格会大幅上涨的股票。通过对过去股票的分析，李华军发现在基本面和技术面配合良好的情况下，在最佳买入点买入的股票不会跌去8%，并且最有可能充分展开价格上升运动，上升幅度至少30%，同时风险最小，收益最高。

5日移动平均线圆弧底

　　圆弧底是一类底部扎实、上升动能较大的形态。能形成这类形态的股票基本面一般比较好，当它受大盘或者其他一些利空因素影响时，股价会有一个单边下跌的过程，但由于其基本面质地优良，利空释放后，抛盘会越来越少，股价跌幅也会不断变小。多空平衡后，受空头思维的影响，做多意愿起初也不强烈，看好未来的多头只进行尝试性买入，股价就在交易极其清淡的环境中，小阴小阳交替出现，略向上行。

在利空或者大盘的影响被逐渐淡化后，空头的情绪变得比较稳定，抛盘不会太多，也不会再大幅杀跌，多头对利空的影响也在逐步消化。基本面预期良好，支撑买入力量不断增强，从而股价不断回升，振幅不会太大，整个下跌和回升过程像一个圆形锅底。单从K线的走势看，这种圆弧底并不明显。5日移动平均线是和K线走势最接近的均线，它有平滑的作用，消除了个别K线的影响，从而使圆弧底非常明显。5日移动平均线圆弧底图线的形态宛如一弯新月。

一般来说，圆弧底的形成一般需要5周以上的时间。形成时间越长，调整时间越充分，底部越扎实，上升动能越大，上升幅度一般在30%以上。圆弧底是强烈的见底信号，一旦放量突破，即确认图形形成，股价将会有一个月以上的中级上升行情，投资者应在圆弧底突破时，积极介入。

比如，爱尔眼科在2010年1月4日开始调整，到3月1日形成5日均线的圆弧底，3月2日和3日回踩圆弧底，3月4日冲高回落，5日再次放量向上，形成突破。3月5日就是最佳买入的时机。（图6.16）

仓位控制

仓位控制也是股市投资成败的一个关键。李华军信奉的投资理念是买公司，不买指数，因此不会完全以大盘趋势来控制仓位。因为他觉得国内股票市场已经到牛熊不明显的时代，大牛和大熊的条件都不具备，最多是上下震荡。

在这种情况下，选股是最重要的。但是，大盘波动比较剧烈或者市场情绪很差时，对强势股也会造成较大的短期影响。因此，他操作股票时会考虑

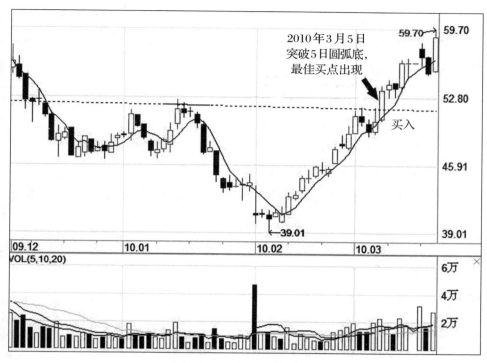

图6.16　爱尔眼科走势图2

投资的市场环境，从而决定买不买，以及买多少仓位。市场环境包括大盘表现、宏观政治经济环境、市场情绪、市场资金和板块强度，这几项因素李华军把它们归纳为一个指标：投资适宜度。通过计算投资适宜度，按照投资适宜度的得分来控制仓位，从而回避短期风险。

投资适宜度分5档：

◆乐观（80分以上）：可全仓积极做多。

◆正面（60分～80分）：可持仓6成～8成积极做多。

◆中性（40分～60分）：可持仓4成～6成做多。

◆负面（20分～40分）：可持仓4成以下做多。

◆悲观（20分以下）：关注强势股，暂停操作。

下面以包钢稀土为例，说明投资适宜度的评分。

大盘表现：按强弱力度评分。牛市70分～100分，平衡市50分～70分，熊市0分～50分。

大盘在2010年7月2日探底2319点后，当年7月～8月一直处于回升中，有回调的风险，但整体走势偏强，李华军的评分是60分。

宏观政治经济环境：按是否有利于股市评分。积极影响70分～100分，中性50分～70分，消极不利0分～50分。

当时在操作包钢稀土时，对政策调控的担忧在减弱，政治经济环境无大的利空，预期偏乐观，李华军对此时的宏观政治经济环境评分是70分。

市场情绪：按投资者买股票的意愿以及成交量的变化评分。

2010年8月初，上海和深圳市场总体成交量1200亿股，成交量正常，比低位高40%以上，个股比较活跃，持续上涨的股票不时涌现，有赚钱效应。但经过前期的大幅下跌和近期的反弹，投资者一般比较谨慎，买股票意愿中性偏积极。李华军对市场情绪当时的评分是60分。

市场资金：按资金的宽松度评分。

2010年7月～8月，国内货币资金供应适中，市场不缺资金，属于中性偏好。李华军的评分是60分。

板块强度：当板块能独立于大盘时，评分有很大意义，结合市场认可度和板块基本面变化评分。

国家政策支持预期较好，支持新兴产业的政策不断出现，国家对新兴产业尤其是新能源汽车的产业扶持力度很强。2010年6月，财政部等四部委联合下发《关于开展私人购买新能源汽车补贴试点的通知》，业内千呼万唤的私人购买新能源汽车补贴启动。新能源汽车概念板块中，锂电池的龙头股成飞集成（002190）翻番，已经引起了市场对于新能源汽车概念的强烈关注。对新兴产业，尤其是新能源汽车核心原材料的稀土来说，其产业未来前景非常光明，中短期的空间巨大。李华军对当时的板块强度评分是80分。

通过以上的评分和加权计算，截至2010年8月10日，李华军对包钢稀土

投资适宜度的评分为68分，出现买入时机时，可以用6成～8成仓位积极做多包钢稀土。（表6.7）

表6.7　包钢稀土投资适宜度评分表

项　目	权　重	评分（0分～100分）	加权得分
大盘表现	0.2	60	12
宏观政治经济环境	0.2	70	14
市场情绪	0.2	60	12
市场资金	0.1	60	6
板块强度	0.3	80	24
综合得分		68	

持有和卖出原则

在相对高点买入股票后，必须坚持以下原则：

比关键价位跌7%～8%时，必须止损。止损是为了防止一旦判断错误发生重大损失。强势成长股从关键的突破价位回调的幅度一般不会达到7%～8%，若跌到了这个位置，走出主升浪的概率也就很小了。

10日线是中线持股的重要判断标准。对于走出突破性行情的强势成长股，突破后一般走出一波30%以上的主升浪。未达到目标时，10日线的支撑是非常有力的。否则，上升趋势可能会发生转变。

有效跌破10日线时，要卖出。放量跌破10日线，且后续4个交易日内不能收复10日线即为有效跌破。该指标用于在股票突破后，涨幅不超过30%时效果较好。当股价涨幅超过30%，且在高位震荡或者横盘7个交易日以上时，10日线会钝化。这时如果等到有效跌破10日线再决定卖出时，股价可能已经比高点跌去了10%～20%。在此情况下，采用下述其他指标来决定卖出时机效果会更好。

当股价涨幅超过30%出现以下情况时，要减仓。具体分以下几种情况：

◆放量大涨后第二天出现放量阴线时，减仓，适当止盈防范短线风险。

◆高位出现第二次放量冲高，而次日不能继续维持强势时减仓，此为股价短线走弱信号。

◆股价已高位震荡7个交易日以上，当出现放量跌破5日线时，清仓，此为股价即将调整的强烈信号。

◆从估值看，已经接近或超过最乐观的估值时，也可在高位放量急升时止盈。

掌握卖出原则，需要强调的一点是：不同股票，基本面不同，持有原则也会有所差异，在买入时，就要考虑好在什么条件下卖出。

尾声："小岛"与"牛人"，谁成就了谁？

午夜。繁华的大都市早已沉睡。

此刻，我睡在这个远离都市的小岛渔村的农舍里，辗转反侧。倾听着海边不时传来的浪涛拍击堤岸的声响，我的心绪如潮涌：

"小岛牛人"李华军在投资市场上所取得的成功，固然与其独到的方法和投资模式有关，那么，其中是否也得益于他久居小岛、远离都市的喧嚣呢？小岛让他得以修身养性，在浮躁的投资市场中独立思考，谨慎决策。从这个意义上说，也算是小岛成就了他吧！

张 斌:

> 永远别做交易；除非你确知那样做在财务上是安全的。

他，一个快乐的"背包客"，历经"磨难"之后，总结出一套"逃顶"的护身绝技。多年来，每逢大盘见顶，他都能实现"胜利大逃亡"，在外享受着旅游的欢乐……

投资简历

个人信息

张斌，别名：行者哈哈。男，1974 年 2 月 28 日生，湖南长沙人，大专学历。

入市时间

1998 年。

投资风格

深谙进退之道，善于寻找、捕捉系统性机会（选择好的市场），回避系统性风险。

投资感悟

永远别做交易，除非你确知那样做在财务上是安全的。

第7章

一个"背包客"的"逃顶"绝技

——记长沙市职业投资人张斌的"逃顶"技艺

2009年8月14日。厦门。美丽的鼓浪屿。

清晨，在洒满金色阳光的海边，一位英俊洒脱的青年男子，背着行囊，一边陶醉在迷人的大海风光中，一边哼着小曲："你要问我家在哪里？就在我的背包里……"

突然，他的手机铃响了。"阿斌，你在哪儿？"

"鼓浪屿。有事吗？"

"啊呀，你倒潇洒自在，我可苦了……"

"咋个啰？"

"又跌了。那天，你让我走，我挂单没卖掉。现在跌得这么惨，可咋办呢？……"

"现在才卖是晚了点，但是还要走，因为还没跌到底。所以，我还在外面玩嘛！"

…………

旅游的欢乐和股友被套的痛苦，同时撞击着他的心。

望着眼前那无垠的大海，张斌似乎又看见十多年来股海那"波涛起伏"的走势。

一个个"恶浪"扑来，一座座"浪尖"倒下，入市十余年来，他都一次次幸运地躲过了。每逢大盘中级以上的调整到来时，他都无一例外地在潇洒的旅途中。他何以能如此快乐？又何以能在"顶灾"来临之前神机妙算，提前出局？他"逃顶"的绝招又在哪儿呢？

让我们打开他那尘封的一摞摞实战操作日记，去探求它的秘密……

引子：10年背包客的"逃顶"之旅

在张斌的家里，我住了数天。我和他彻底交流，并翻阅了他屋里书架上的几十本操盘日志。那些实战日记，具体而真实地记录了他入市十余年来的内心感悟。

在我采访过的民间高手中，张斌算得上是一个善于寻找、捕捉系统性机会的"聪明伶俐"的猎手。他1998年初开始炒股，1999年初全力进场STAQ系统（法人股交易平台），投资法人股，开始了职业投资生涯。1999年9月STAQ系统关网，他的账面利润已经翻近两倍（到2001年解冻后再翻数倍）。

1999年9月以后他开始做A股；2001年7月，他到上海转战三板市场，虽利润不大，却回避了A股的大跌；2002年"6·24"行情时在上海圈内一战成名，他被大资金投资者聘请操盘；2003年初，他在熊市中转战H股大牛市；2006年初再回沪深市场享受大牛市，同年9月18日进入B股市场，短期在上海纯B股上获高额利润；2007年4月底，他全军转战B股，再获高额利润；2007年10月，他彻底空仓离场，隐居于某山，回避2008年熊市下跌（仅做超跌反弹）；2009年1月他再入A股，并成功逃顶；他退出股票市场后，重点研究黄金和股指期货……

"10年间，你转战数个战场，抓住了那么多好的投资机遇，感悟最深的是什么呢？"听着他的故事，我问张斌。

"除了逃顶！还是逃顶！"他说。

"操盘之外，你最喜欢做的事是什么呢？"

"背着行囊去旅游！每次逃顶后我都要远离股市走向名山大川，享受生活的快乐！"

张斌一个个"玩"的故事吸引着我。这里，让我回放一下这个背包客那快乐的"逃顶之旅"吧——

遭遇"顶灾"之后

他的父亲将全家人省吃俭用存下来的钱全部投入了股市。然而，漫漫熊途，之前赚到的却没能落袋为安的钱又被市场套了进去。

张斌必须挑起"解救家庭命运"的重担！为此，他被迫潜心研究股票投资，尤其重视回避风险的问题。

张斌的"逃顶之旅"要从3轮熊市的磨难说起。

记得2001年国庆假期，一位与张斌年纪相仿的证券分析师跟他讨论一个问题。分析师说："大盘走坏我也早就看出来了，可就是那一刀不狠，侥幸心理使我损失惨重，亏得连我那慈祥的老妈都开始骂人了（他管理着家人的账户）。你年纪这么轻，为什么逃顶这么果断？"

张斌苦笑："因为我早已饱受过顶灾之苦啊！"喝下一杯啤酒，张斌开始叙述自己入市的经历。

早期，张斌随父亲做国库券和外汇生意。这个钱比较好赚，也让他对金融领域有了兴趣。1992年8月，报纸上刊登了长沙证券公司开业的消息，地址在长沙湘江宾馆旁边，张斌父子俩第一时间就去看热闹。为谨慎行事，此时的他还只是观察学习。直到1993年4月1日，他们才去排队开户。

这天是愚人节，在此之前，股票市场已经跌了很多。张斌父子俩当时笑谈："正好进来赚愚人割肉的钱！"没想到不久后，他自己却变成了更大的愚人，这是后话。入市买股票没几天，果然"赚得比较爽"，好开心啊！张斌的老爸马上决定"追加投资"。以他当时在家族的地位，加之这次成功抄底，在经济问题上更加具有权威性。不费多少口舌，他就把家庭所有成员的积蓄全部拿去买股票。没料想进场才感受了几天的快乐，就开始了磨难！一家人从此不知幸福快乐是何滋味！

一年多的日子里，尽管大家都奋力赚钱，但总体经济状况却仍下降得很厉害，因为股价下跌得太快！张斌父子俩第一次感受到了股市下跌的可怕！由于家庭所有的积蓄都在股市里不断缩水，大家的心情都很沉重，根本没有消费信心，买菜都等太阳落山后去捡便宜的，水果也买"处理品"。一家人在父亲的倡导下，团结一致地遵守着"尽力赚钱、尽少消费、尽量买股"的原则，在大熊市中一起痛苦地煎熬着。大家勒紧裤腰带，将一段时间的血汗钱积蓄起来，又给老爸拿去"抄底"，希望快点打个翻身仗。可股价是越抄越低，钞票是越存越少，生活是越过越紧！

因为在下跌过程中多次补仓抄底，1994年8月～9月的行情使整体投入解套，这让全家稍微透了一口气。张斌吃够了股市的苦头，就建议父亲赶快出来算了，这玩意儿风险太大！父亲刚刚尝到甜头看到希望，哪里肯罢手，说："好戏才开始呢！"谁知这次他们又失算了，不久再次陷入漫漫熊途的煎熬中！这次熊市与上次不同的是，大家不再敢轻易把刚赚来的钱交给他老爸去抄底了。张斌开始思考：为什么一定要让自己长期陷入被动套牢的痛苦之中呢？为什么不在赚钱时落袋，等待跌了很久再进场呢？刚进市场的时候他们就是这样赚钱的啊！

中间几经起伏，他们也有几次补仓，直到1997年4月～5月牛市的后期，才赚到让人心理平衡的账面利润。这一轮牛市已经涨了很多很久，加之1996年年底的暴跌，全家人很受惊吓，都极力建议让钱落袋为安。已经熬了4年多，大家多么盼望过上宽松的日子啊！过去被套了不肯卖还算有理由，现在赚钱了还不赶快跑？

张斌劝老爸出场："你教育我，做股票要在市场疯狂时离场。此时市场已经很疯狂，赶快见好就收算了！"

老爸不是说"我是这么说过，但市场还没到真正的疯狂"，就是回答"再涨一些，我就抛"，或者"是在挂单卖，涨得好就给它。"

实际上价格真的涨起来，他又赶忙撤单，以期卖到更高价。挂单卖出成交后，没几天，稍有差价他又买回来了。张斌百思不得其解：股票这么难卖出去吗？市场要怎样才算真正疯狂啊？

接下来，市场再一次进入漫漫熊途，全家也再次陷入懊恼和埋怨之中。短暂的账面利润只让人欣慰一时，根本没有改善大家的生活。原本幸福祥和的一家，被熊市弄得"精神物质两糟糕"！

父亲变成了永远的"多头"，也成为许多股民的精神领袖。他鼓励被套的股民："没卖就没亏。""长线是金，大不了留给儿子去发财。""利空消化以后就会上涨。"……

居然在熊市中每天都能找出看涨的理由，难怪父亲会有那么多粉丝。也不知道他是真的这么认为还是自欺欺人，但张斌知道这样说能让大家少掉些头发。

"精神胜利法"可以减少"白发和脱发"，却解决不了根本问题！父亲在外"胜似闲庭信步"，在家里却很容易发脾气。尤其是在股价大跌的时候，他更容易大发雷霆，全家人都得"夹着尾巴小心点"！

后来，张斌发现父亲的投资系统中，几乎全是选股和买入的问题，极少涉及卖出。他明白了：父亲永远只能在牛市中赚到账面的利润，然后熊市中又还给市场。不论在熊市中如何对家人信誓旦旦"下次牛市解套一定彻底离场"，到时候一定又有许多理由支持他满仓看涨，然后又是重演熊市的悲剧……

张斌必须挑起"解救家庭命运"的重担！为此，他被迫潜心研究股票投资，尤其重视回避风险的问题！这为后来他的成功投资奠定了很好的基础。不久后，张斌进入STAQ系统做法人股，赚到了第一桶金。

也许是为了迎合大众追求快速致富的心理需求，市场上有关股票的书籍和评论大都是谈如何买股和赚钱的问题，却少见谈论如何保住胜利果实的。但现实是，市场就是下跌时间比上涨时间多，亏钱的人比赚钱的人多。如果不能控制风险，那么利润只是浮云。

所以，在这里，张斌特意不谈论如何获取暴利，专门针对控制风险谈"逃顶"。除了风险，剩下的都是利润，投资者还是应以积极的态度看待投资之路。只要你学会了逃顶，该得的利润不会少！

5次逃顶实录

从2001年至采访时，股市经历了两轮牛熊市的转换，涨涨跌跌，出现过多次顶部，但一次次的"劫难"，他都逃过了。下面，他把他经历的几次大的顶部，当时是如何判断并实施"逃亡"的经历讲一下。

逃离2009年7月的大顶

A股2009年的"双顶"很经典。

早在2009年7月中旬，政府加大了新股融资力度，并停止了进一步宽松的货币政策。这是市场将要衰竭的警示信号，此时就要开始做好寻机出场的心理准备。张斌的战术由"满仓持股"改为"高抛低吸，滚动操作"，于7月16日将许多获利盘卖出以后便低吸或申购新股。（图7.1）

起始日期：2009-7-14		结束日期：2009-7-16		
日期	交易类别	证券代码	证券名称	成交价格
20090714	卖出	000858	五粮液	24.400
20090716	卖出	600019	宝钢股份	8.320
20090716	卖出	600808	马钢股份	5.617
20090716	卖出	600978	宜华木业	6.060

图7.1　张斌成交记录截图1

7月21日，新闻报道：证监会7月26日开始受理创业板发行上市申请；央行称，股市、楼市暴涨不正常；社保基金严禁将资金入股市。此时银行信贷已管得很严，尤其管制信贷资金入股市、楼市。央行货币政策开始收紧，新股发行节奏却在加快，次日超级大盘股中国建筑申购。这是管理层敲响的警钟！

7月22日，大盘开始上演最后的疯狂。细心看盘的人会发现，许多庄家在热闹中出货，而临盘追涨者则会发现，自己"手气转坏了"。此时张斌的战术是跟随主力享受最后的盛宴——"逢高出货"。在当天下午接近日内最高价时，他清空重仓股中海油服，把资金用来申购中国建筑以锁定利润。（图7.2）

起始日期：2009- 7-18		结束日期：2009- 7-23		
日期	交易类别	证券代码	证券名称	成交价格
20090720	买入	601808	中海油服	17.700
20090720	买入	601808	中海油服	17.730
20090720	买入	002157	正邦科技	9.160
20090720	买入	002157	正邦科技	9.160
20090720	买入	002157	正邦科技	9.160
20090720	买入	002157	正邦科技	9.160
20090722	卖出	601808	中海油服	18.388
20090722	买入	790668	申购款	4.180

图7.2　张斌成交记录截图2

7月26日，央行正式公布下半年货币政策微调，由"引导货币信贷合理增长"变为"适度增长"，表示信贷将收缩；光大证券IPO（首次公开募股）获批；证监会开始正式受理创业板发行申请。市场的"抽水机"马力加到最大，进水管龙头却在拧紧，持股者怎能不紧张？有趣的是，这天，重仓看涨者的比例达到了这波行情的最高点！

这是个星期天。张斌给周围几个炒股的亲友提示风险，也顺便做个市场调查。他们全部重仓看多，对当时打新股的无风险利润不屑一顾；对张斌提出的"头部"观点，最多是表示感谢和会注意风险的回复，没有一个人提及具体的卖出行动。他们都沉浸在极度的乐观之中，张斌只是往炙热的火炉上浇了一小调羹水，改变不了他们的多头观点，更别说让他们行动了。但这却加强了张斌对"头部"观点的自信！

星期五的指数虽然是涨的，其实是中国石油（601857）、中国石化（600028）、中国神华（601088）、中国联通（600050）等大盘股在拉指数造成的虚假繁荣现象。盘面大片的主力出货迹象已非常明显。

从技术面上看，自6124点到1664点，大熊市反弹的黄金分割点位正在3380点附近，也显示出这极大可能是一个"反弹顶"。至此，不论是政策面、资金面、技术面、盘面还是心理层面，都预示着顶部的到来。接下来要考虑的是，如何在顶部构筑过程中，以谨慎的态度获取小利，而对市场见顶的判断没有理由再怀疑！（图7.3）

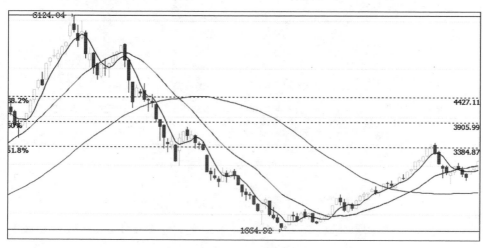

图7.3　上证指数周线走势图1

7月27日和28日，最后的"多头"冲进来，承担了"强弩之末"的关键任务。

7月29日，空方开始反攻。一根巨量大"阴棒"，惊醒了许多发财梦！下午，恐慌盘杀出后有一个短线抢反弹的机会。张斌上午卖掉中签的中国建筑，之后，它就一路下跌。下午，在大众恐慌中，他买进当时的热门股丽江旅游做短线，次日趁反弹彻底空仓。（图7.4、图7.5）

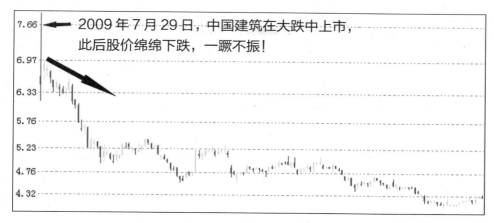

图7.4　中国建筑走势图

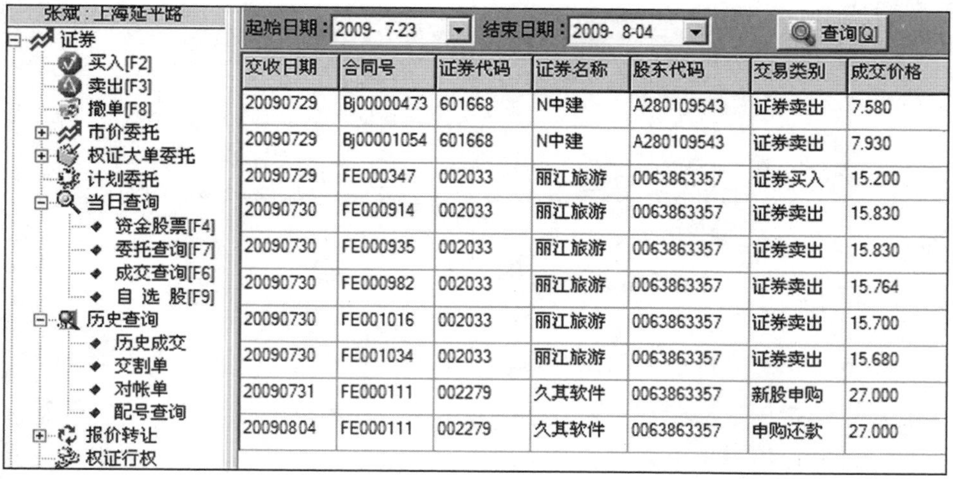

图7.5　张斌成交记录截图3

7月30日到8月11日，是次小顶的构筑过程。这期间每天都可以看到盘面各路庄家的出货表演，而张斌的战术是"以非常谨慎的态度，小仓位做超

短线或做权证T+0"。此间虽然他每天都获小利，却很辛苦和紧张。现在回头想想，当时不做也可以。（图7.6）

交收日期	合同号	证券代码	证券名称	股东代码	交易类别	成交价格
20090807	FE000536	000998	隆平高科	0063863357	证券买入	19.130
20090810	Bj00001871	580024	宝钢CWB1	A280109543	证券卖出	2.062
20090810	Bj00003374	580019	石化CWB1	A280109543	证券买入	1.933
20090810	Bj00003377	580019	石化CWB1	A280109543	证券买入	1.934
20090810	Bj00003513	580019	石化CWB1	A280109543	证券卖出	1.936
20090810	Bj00003931	580024	宝钢CWB1	A280109543	证券买入	2.000
20090810	FE000849	000998	隆平高科	0063863357	证券卖出	19.280
20090810	FE000859	000998	隆平高科	0063863357	证券卖出	19.260
20090811	Bj00000457	580024	宝钢CWB1	A280109543	证券卖出	2.047
20090811	Bj00000518	580024	宝钢CWB1	A280109543	证券卖出	2.043
20090811	Bj00000666	580026	江铜CWB1	A280109543	证券买入	6.158
20090811	Bj00000756	580026	江铜CWB1	A280109543	证券卖出	6.161
20090811	Bj00000892	580026	江铜CWB1	A280109543	证券买入	6.100
20090811	Bj00001107	580026	江铜CWB1	A280109543	证券卖出	6.117
20090811	Bj00001492	580019	石化CWB1	A280109543	证券买入	1.962
20090811	Bj00001654	580019	石化CWB1	A280109543	证券卖出	1.970
20090811	Bj00002092	580026	江铜CWB1	A280109543	证券买入	6.053
20090811	Bj00002099	580026	江铜CWB1	A280109543	证券买入	6.055
20090811	Bj00002143	580026	江铜CWB1	A280109543	证券卖出	6.113
20090811	Bj00002574	580026	江铜CWB1	A280109543	证券买入	6.053

图7.6 张斌成交记录截图4

2009年8月12日，大盘低开低走，宣告头部确立，下跌开始！此时RSI（相对强弱指标）已严重背离，标准的M头已经形成，盘面已呈"多杀多"之势，没有任何理由不离场了。正好这天有两只新股申购，张斌便将所有资金申购新股，中午就背上早已准备好的行囊，踏上了去福建的旅程。此时，他的战术是"空仓去旅行"。（图7.7、图7.8）

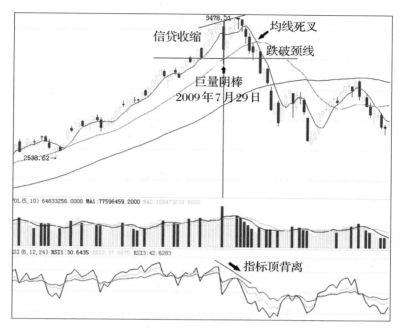

图7.7 上证指数走势图1

交收日期	合同号	证券代码	证券名称	股东代码	交易类别	成交价格
20090811	Bj00000666	580026	江铜CWB1	A280109543	证券买入	6.158
20090811	Bj00000756	580026	江铜CWB1	A280109543	证券卖出	6.161
20090811	Bj00000892	580026	江铜CWB1	A280109543	证券买入	6.100
20090811	Bj00001107	580026	江铜CWB1	A280109543	证券卖出	6.117
20090811	Bj00001492	580019	石化CWB1	A280109543	证券买入	1.970
20090811	Bj00001654	580019	石化CWB1	A280109543	证券卖出	1.962
20090811	Bj00002092	580026	江铜CWB1	A280109543	证券买入	6.053
20090811	Bj00002099	580026	江铜CWB1	A280109543	证券买入	6.055
20090811	Bj00002143	580026	江铜CWB1	A280109543	证券卖出	6.112
20090811	Bj00002574	580026	江铜CWB1	A280109543	证券买入	6.053
20090811	Bj00002646	580026	江铜CWB1	A280109543	证券卖出	6.113
20090812	FE001764	002283	天润曲轴	0063863357	新股申购	14.000
20090812	FE001792	002282	博深工具	0063863357	新股申购	11.500
20090814	FE001764	002283	天润曲轴	0063863357	申购还款	14.000
20090814	FE001792	002282	博深工具	0063863357	申购还款	11.500
20090817	FE001151	002285	世联地产	0063863357	新股申购	19.680
20090817	FE001165	002284	亚太股份	0063863357	新股申购	18.800
20090819	FE001151	002285	世联地产	0063863357	申购还款	19.680
20090819	FE001165	002284	亚太股份	0063863357	申购还款	18.800

图7.8 张斌成交记录截图5

躲过"飘在山腰的一片云"

2008年4月份的反弹顶,像"飘在山腰的一片云"。从形态分析,当年要到6月10日的跳空低开低走才算"岛形头部"确认。可是如果等到这个时候再卖,是不是损失大了点呢?

张斌估计在4月24日降印花税的利好出台后才进场的投资者,等到破位后可能就会亏得割不下手了。但这时不砍手,后来胳膊就都没了!唉,割肉太痛苦了!他还是谈谈快乐的逃顶方法吧。

话从2008年4月23日说起。

这天,不少股票符合张斌的进场要求,他便将资金划到证券公司,买进了锌业股份(000751)和石油济柴(000617)。本来只是按熊市的超跌反弹做的,没想到晚上出了印花税从3‰降到1‰的大利好,这显然会增加他持股的利润。但张斌选股的思路得有所调整。

这次行情与2002年的"6·24"行情极为类似,都是在大熊市背景下出大利好,而且利好出台之前的盘面预兆都很相似。于是,张斌利用分析软件和过去的笔记将"6·24"行情的整个演绎过程回顾了一遍,再将两次反弹进行了全面的比较。

此时,张斌便做出"利好出台5个交易日内见顶"的预判,并确立了新的选股思路。在这里,张斌主要谈"逃顶","抄底"和"选股"等问题暂不细谈。4月24日,张斌将能调动的资金全部转入证券公司,满仓持股,并根据他当年"6·24"的经验,利用盘中高低点调整了持股结构。(图7.9、图7.10)

其实逃这个顶真的很容易,尤其对老股民来说。一句话,就是:"2002年的'6·24'行情将重演一遍。"为什么张斌当时会确定"5个交易日内出场"的计划呢?

张斌：上海延平路

起始日期：2008- 4-15　结束日期：2008- 6-14　　查询[Q]

交收日期	合同号	证券代码	证券名称	股东代码	交易类别	成交价格
20080423					银行转证券	.000
20080423	FE000638	000751	锌业股份	0063863357	证券买入	6.960
20080423	FE001269	000751	锌业股份	0063863357	证券买入	7.280
20080423	FE001307	000617	石油济柴	0063863357	证券买入	15.520
20080423	FE001369	000617	石油济柴	0063863357	证券买入	15.540
20080424					银行转证券	.000
20080424					银行转证券	.000
20080424	Bj00005228	600531	豫光金铅	A280109543	证券买入	18.260
20080424	Bj00006090	580010	马钢CWB1	A280109543	证券买入	4.080
20080424	FE000010	000060	中金岭南	0063863357	证券买入	25.170
20080424	FE000370	000751	锌业股份	0063863357	证券卖出	7.930
20080424	FE000419	000617	石油济柴	0063863357	证券卖出	16.850
20080425	Bj00000428	580010	马钢CWB1	A280109543	证券买入	4.000
20080425	Bj00001795	600531	豫光金铅	A280109543	证券卖出	19.280
20080425	FE000682	000060	中金岭南	0063863357	证券卖出	27.190
20080428	Bj00004750	580013	武钢CWB1	A280109543	证券买入	6.315
20080428	Bj00004805	580013	武钢CWB1	A280109543	证券买入	6.325
20080428	FE001169	000751	锌业股份	0063863357	证券买入	8.190
20080428	FE001211	000751	锌业股份	0063863357	证券买入	8.171
20080428	FE001248	000751	锌业股份	0063863357	证券买入	8.160

图7.9　张斌成交记录截图6

张斌：上海延平路

起始日期：2008- 4-29　结束日期：2008- 6-14　　查询[Q]

交收日期	合同号	证券代码	证券名称	股东代码	交易类别	成交价格
20080429					证券转银行	.000
20080429	Bj00000452	580013	武钢CWB1	A280109543	证券买入	6.444
20080429	Bj00001190	580013	武钢CWB1	A280109543	证券卖出	6.520
20080429	FE000302	000751	锌业股份	0063863357	证券卖出	8.240
20080429	FE000349	000751	锌业股份	0063863357	证券卖出	8.240
20080429	FE000456	000751	锌业股份	0063863357	证券卖出	8.110
20080430					证券转银行	.000
20080506					银行转证券	.000
20080506	FE000420	002233	塔牌集团	0063863357	新股申购	10.030
20080508	FE000420	002233	塔牌集团	0063863357	申购还款	10.030
20080512					银行转证券	.000
20080512	FE001199	002238	天威视讯	0063863357	新股申购	6.980
20080514	FE001199	002238	天威视讯	0063863357	申购还款	6.980

图7.10　张斌成交记录截图7

◆第一，这是个大熊市，这种利好根本改变不了趋势。在熊市里做反弹，本来就应该逢高主动卖出，宁愿卖早不要卖晚。

◆第二，几天反弹的幅度，足以达到熊市中中级反弹的正常幅度。

◆第三，这次行情与2002年的"6·24"行情的背景、性质极为相似，连主力前期的运作过程都一样。

关于第三点，具体而言就是：6月6日，金融股虚晃一招，将虎视眈眈的场外短线资金"骗"到金融板块；6月21日的真反弹才现出真正的龙头板块是深圳本地股。多数被"骗"到金融股中的资金不会及时换到新的热点中来，多数高手赚了指数却赚不到很多钱，而绝大多数的股民套在里面动弹不得。

既然行情的前半节如此相似，张斌就相信后半节也会相似。

后来不但大盘的走势证明了这个预期的正确，连新的明星股也未出他所料！2002年"6·24"行情后期的热点是以中海发展（600026）为龙头的次新股板块，这次行情的后期次新股金钼股份（601958）也涨幅可观。

呵呵，经历了2002年"6·24"行情却没有逃出2008年"山腰一片云"的投资者，读到这里时是不是很懊恼：自己为什么在2008年4月就没有去回顾一下历史啊？不要气，不要急，"历史往往会重演"，以后还会有各种重演！只要把本事学好，就会"不尽钞票滚滚来"。

难道这个顶只有经验老到的高手可以逃吗？

不是。

有了初步的预计之后，张斌一边观察市场的发展是否如自己所料，同时也运用了其他方法进行分析印证：

第一，2008年4月24日放出天量。

第二，随后反弹接近一个重要的筹码密集区，并且盘面出现较大抛压。

第三，减印花税并不能改变市场的供求关系，也就扭转不了熊市的性质。

第四，反弹幅度到达熊市正常反弹幅度。

第五，均线系统出现死叉。（图7.11）

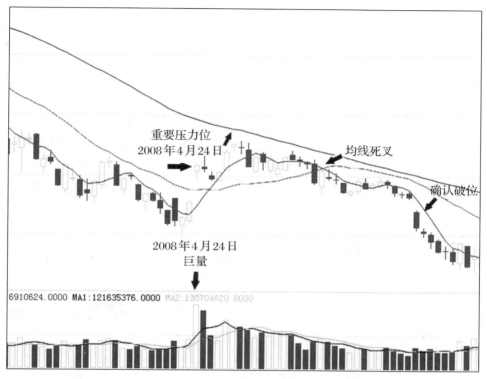

图7.11　上证指数走势图2

在黄山之巅观"5·30"暴跌

2007年"5·30"的"大顶"，相信大家印象一定非常深刻。这个顶张斌逃得最过瘾，但过程与多数投资者不同。

4月底，张斌看到B股的巨大机会已经来临，在4月30日和5月8日将A股清仓，全部换成美元做B股，并于5月18日全部清仓（由于B股结算制度不同，图片上日期显示比实际日期延迟一个交易日。——作者注），获取暴利，B股此后未再随大盘创新高（图7.12、图7.13）。

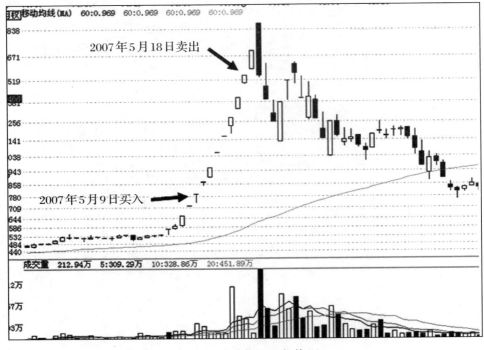

图7.12　耀皮B股走势图

无股一身轻，张斌便去杭州、黄山等地游玩。当张斌置身黄山之巅，玩得正开心时，听说出了大利空，股市连日暴跌。

张斌逃过此劫可能有点运气成分，但在"5·30"大跌前，确实还是有预兆的。

政策面： 2007年5月14日，证监会发布《关于进一步加强投资者教育，强化市场监管有关工作的通知》，提出"买者自负"的原则。5月21日，央行出台调控组合拳，提高利率和准备金率。政府的调控意图已很明显，可是股价仍然继续上涨。那段时间的狂热至今张斌都记忆犹新，连上海静安公园扫地的大叔都在眉飞色舞地谈论他炒股赚钱的甜头。

张斌：上海延平路				
起始日期：2007- 5-14 ▼ 结束日期：2007- 5-21 ▼				
日期	交易类别	证券代码	证券名称	成交价格
20070514	卖出	900906	*ST中纺B	.573
20070514	卖出	900908	氯碱B股	.670
20070514	买入	900902	二纺B股	.671
20070514	买入	900902	二纺B股	.679
20070514	卖出	900909	轮胎B股	.916
20070514	卖出	900951	大化B股	.630
20070514	买入	900956	东贝B股	.954
20070514	买入	900956	东贝B股	.971
20070516	买入	900930	沪普天B	1.197
20070517	买入	900930	沪普天B	1.298
20070521	卖出	900930	沪普天B	1.277
20070521	卖出	900902	二纺B股	1.071
20070521	卖出	900902	二纺B股	1.090
20070521	卖出	900918	耀皮B股	1.448
20070521	卖出	900902	二纺B股	1.091
20070521	卖出	900956	东贝B股	1.490
20070521	卖出	900956	东贝B股	1.517
20070521	卖出	900956	东贝B股	1.520
20070521	卖出	900918	耀皮B股	1.435

图7.13 张斌成交记录截图8

技术面：市场连续放出历史天量，盘面很多股票已经涨不动了。B股的奋起填平了市场最后一个"价值洼地"，此时大盘的KDJ、RSI等技术指标已发出强烈的顶部信号！（图7.14）

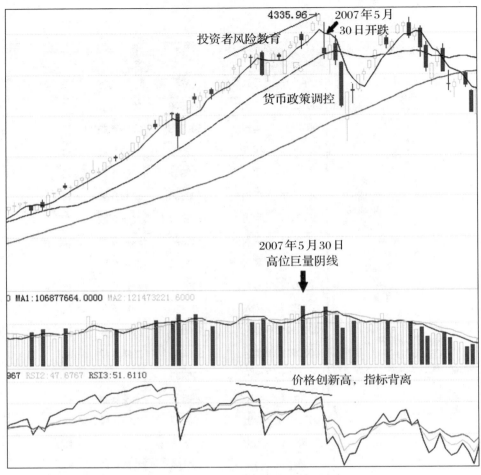

图7.14 上证指数走势图3

锁定利润，避开调整

2006年上证指数涨幅130%，是股民大丰收的一年！年内仅有一次在5月15日至6月7日的中级调整，这次调整的顶，张斌逃得很开心，因为之前的利润来得很快，随后的快跌又让他做到了较大的价差。（图7.15～图7.17）

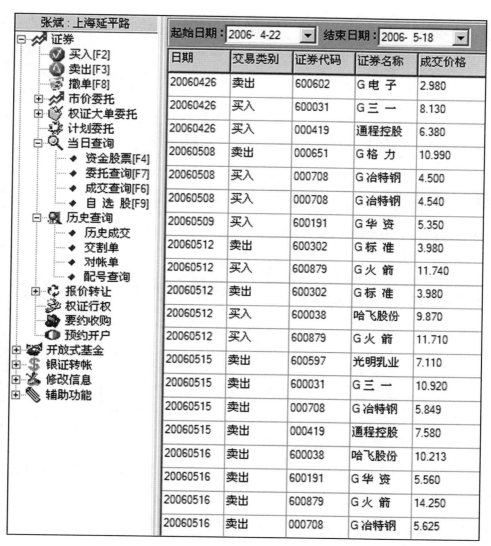

图 7.15　张斌成交记录截图9

这次的判断主要用的是抛压逃顶法、价量逃顶法和指标逃顶法。

◆这是一个非常重要的压力位，上轮熊市中3次反弹都在这一线附近见顶。不做充分的蓄势，是不可能突破此压力位的。

图 7.16　三一重工走势图

图 7.17　大冶特钢走势图

◆市场连续涨幅已很大，有强烈的获利回吐需求。

◆放出天量，是回调的前兆。

◆一些指标出现顶部信号，如KDJ。

◆盘面许多股票抛压很大，手中的持股也有短期头部特征。

（图7.18）

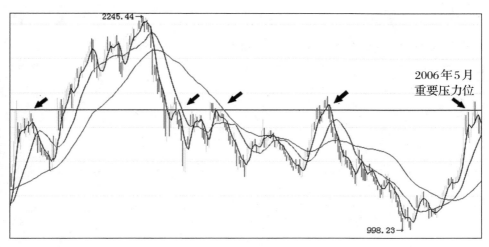

图7.18　上证指数周线走势图2

逃离2001年6月政策大顶

2001年的大顶是中国资本市场的一个重要转折点，意义重大。

张斌当时绝大部分资金在已关闭的STAQ系统中，等待三板市场开出来后才逐个以高额利润解冻。因此，他仅有海南航空（600221）和南京中商（600280）两股在主板登陆，解冻的资金用于炒A股。虽然资金量不算大，但他每天全身心投入，功课做得挺细致。现将他当时的一些记录"晒"出来，应该对读者，尤其是阅历不深的投资者有些帮助。

大约是由于资金面的原因，以往春节以后股市总是涨的。而2001年春节后的2月5日，开盘就大跌。证券大厅内人们排着长队来存钱（当时买股票的钱都必须存在证券公司），都是见股票大跌，进来抄底的。

一队伍中的哥们儿开玩笑说："跌出血了吧？我们就是排队进来'喝血'的。"呵呵，好像法律规定股票一定得涨上去似的。当时，这种排长队之景观还上了电视新闻。

春节假期后开盘就跳水，这是一个不同寻常的征兆；大量存款入市，股价却仍然不见上涨，进一步提示市场发生了变化。尽管后来上证指数创出新高，平均股价却没有创新高。这是由于增速发行新股及拉指标股带动指数的上扬，是典型的虚假繁荣。这段时间人们赚了指数却赔了钱。（图7.19）

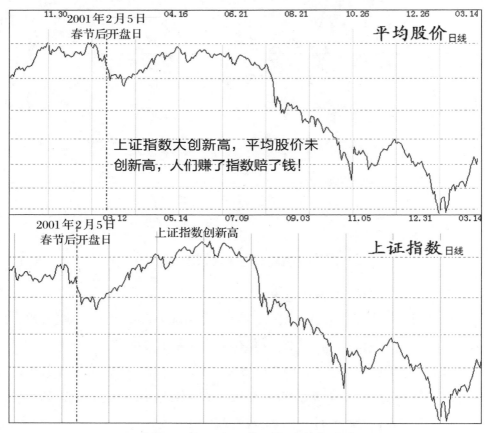

图7.19 平均股价和上证指数走势对比图

2001年6月12日，国务院正式发布《减持国有股筹集社会保障资金管理暂行办法》，宣布国有控股公司发行流通股时，国有股减持10%以充实社保基金。6月14日，上证指数上摸2245点后一路下行、破位，一周后又被无形之手强行拉回，三连阳热点不断切换，又不能根本放量，露出多方心虚的马脚。

那段时间，张斌每天看着诸如银广夏（000557，现名：＊ST广夏）、四川双马（000935）这样的庄股在自弹自唱。他们看到稍大点的接盘就赶忙砸货，然后继续以小单维持股价。此时庄家高位出货是那样困难！

熊市的序幕已经拉开，这次创不出新高的反弹，只是大跌前的回光返照，随后连日阴跌。7月13日，星期五，中国申奥成功。星期一股指跳空高开，北京板块领涨，但都冲高回落，当日K线呈上影放量阴线。3天后一个无力的小反弹，被20日均线有效压制，从此漫漫熊途加速到来……（图7.20）

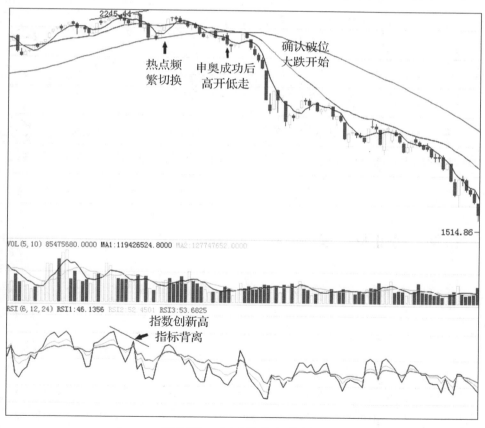

图7.20　上证指数走势图4

这个大顶的构筑过程比较长，预兆非常多，用各种分析方法都能判断出这是一个顶部。看那均线系统，是标准的黏合以后向下发散；看技术指标，KDJ、RSI高位背离。尤其是平均股价走势，更是明显地一波比一波衰竭，逐步发展到熊市，7月初就是标准的空头了。（图7.21）

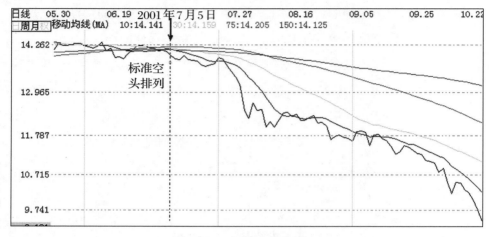

图7.21　平均股价走势图

　　尽管后来的熊市谁也不知道会跌多深、多久，但至少回避主跌段，是大家可以也应该做到的。逃顶的意义就是回避风险，有了风险意识，逃顶并不困难。

"顶部"特征及"逃顶"技艺

　　杰西·利物莫说："在熊市来到之前，早就不是牛市了。"所以判断顶部并不难，但是要战胜自己的贪婪，在危险来临之时毫不留恋地出场，却是一件不容易的事情！

　　判断大盘顶部的方法有很多，真正的顶部和底部，用多种方法分析都能得出相同的结论。也就是说，将任何一种分析方法用好了，都能做到"逃顶"和

"抄底"。如果能同时用几种方法得出结论进行相互印证，那胜算就更高了。尤其是那些长线意义的大顶，预兆非常多。借用杰西·利物莫的一句话："在熊市来到之前，早就不是牛市了。"所以判断顶部并不难，但是要战胜自己的贪婪，在危险来临之时毫不留恋地出场，却是一件不容易的事情！

关键是要行动，而不是要分析方法多。在这里，张斌仅选择性介绍几种常用方法，供大家分享。判断个股与判断大盘的原理相同，而且绝大多数个股都跟着大盘走，所以下面主要以指数为例，介绍张斌的5种"逃顶"方法。

政策逃顶法

大的牛熊转换，都是由于市场的供需关系发生了很大变化，这种供需基本情势的改变，又都跟大的政策变化有关。所以许多人说"炒股要跟着政策走"，意思就是要关注政策的变化。举例如下：

2001年2月19日证监会宣布B股向境内投资者开放，随后，上证B股指数从2月23日的83点上涨到5月31日的最高241点。（图7.22）

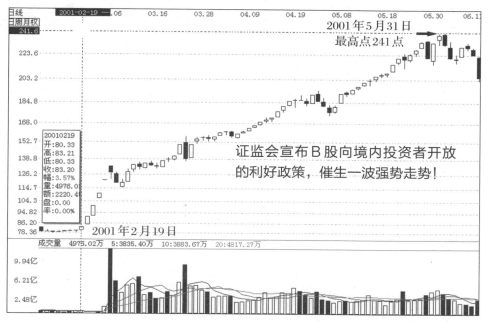

图7.22　上证B股指数走势图

2001年6月12日，国务院正式发布《减持国有股筹集社会保障资金管理暂行办法》，宣布国有控股公司发行流通股时，国有股减持10％充实社保基金。随后是4年多的大熊市，上证指数从2245点跌到998点。（图7.23）

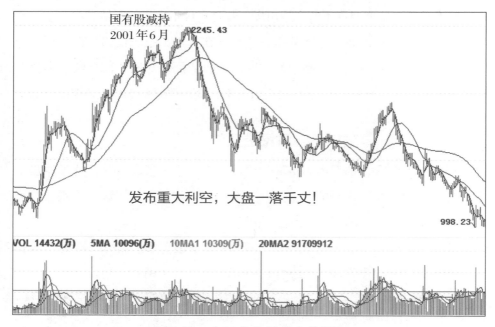

图7.23　上证指数周线走势图3

2007年8月20日，国家外汇管理局宣布开通港股直通车业务，允许境内股民购买港股，并拿天津做试点。本来可能已经见顶的港股从此又展开一轮波澜壮阔的上涨。H股指数从前一天收盘的11002点涨到20609点。（图7.24）

2007年10月13日（星期六）晚，国务院召开会议，时任国务院总理温家宝在会上宣布：决定暂停港股直通车业务。消息公开后，港股就到顶了。

2007年11月13日，CPI快速上涨，10月CPI是6.5％，创1996年以来最高。11月27日，中共中央政治局会议提出：防过热，防通胀，大熊市接着展开。

2008年11月11日，我国政府宣布4万亿元投资计划，大熊市从此确认见底，上证指数从1664点强劲上涨到3478点。

2009年7月26日，央行正式公布下半年货币政策由"引导货币信贷合理

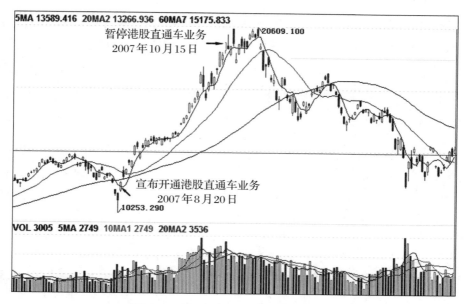

图 7.24 恒生中国企业指数走势图

增长"变为"适度增长",表示信贷将收缩;光大证券IPO获批;证监会开始
正式受理创业板发行申请。随后,行情见顶。(图7.25)

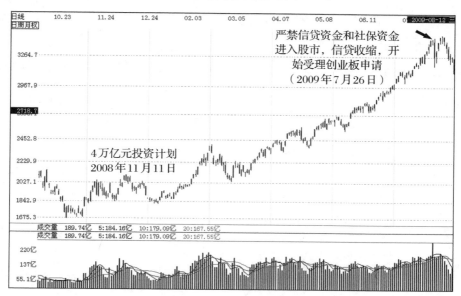

图 7.25 上证指数走势图 5

之所以把"政策逃顶法"放在第一位，是因为大的政策变化决定的是中长期的市场走势。这里仅以决定牛熊的大政策为例，因为这是大方向的问题。政策实际上还包括财政政策、货币政策、对外经济政策等，其实也就是从基本面分析。如果取名为"基本面逃顶法"，读者容易狭义地理解为根据上市公司基本面的变化逃顶。

当然，这也是一种可行的方法，但是普通投资者不可能及时了解上市公司的基本面变化。实际上股票市场的扩容和货币的供应量都是由政策决定的，而且资金是否入股市也由政策主导。因此，顺从政策做就是顺大势，是盈利的基础。其他所有方法，都是为了确保顺从大势或进一步锦上添花的技巧。

比如，市场直接融资的量，投资者都很容易了解，关注就行；观察资金面的变化较为实用，但需要一定的宏观经济基础知识，不适合普通股民。这里仅介绍适合广大普通投资者的简单实用的方法。后面介绍的4种逃顶法，判断的有可能只是一个中短期的顶，投资者可能要做低位回补的准备。

反向逃顶法

这是"相反理论"在实际中的运用。在牛市疯狂的时候，人人情绪高涨，分析师和股民的看涨比例达到一个极端的高位，包括张斌自己在盘中也很有高位追涨的冲动。这就是大跌前的预兆。做股票投资有时很别扭，因为交易的方向有时必须与自己情绪的方向相反。在盘外冷静分析时，能够看到市场风险的到来，到了市场中却总是受热闹的盘面和沸腾的市场气氛的影响，大有满仓做多之冲动。这时，一定要控制自己的情绪，做出与市场气氛相反的事情："卖出离场"！

价量逃顶法

价量逃顶法其实就是价量分析法在顶部的运用，简单说主要有两种：

一种是高位巨量见顶，即所谓"天量之后见天价"。当个股或大盘放出异乎寻常的巨大成交量时，是即将见顶的信号。（图7.26）

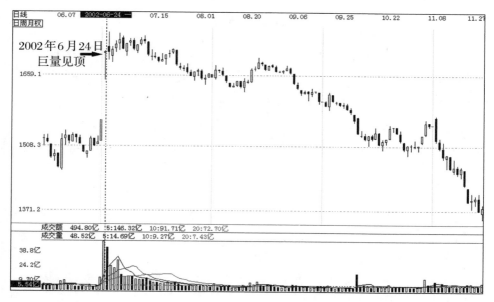

图7.26　上证指数走势图6

　　另一种是冲高无力。价格在冲击前期顶部或创新高后量能不济，往往是多头力量衰竭的表现，这也是见顶的信号。（图7.27）

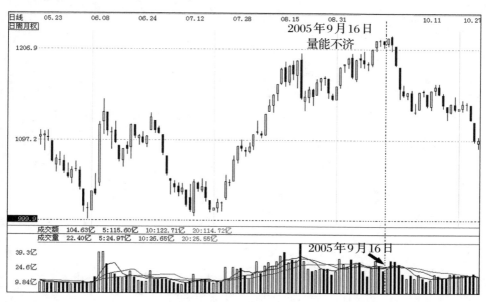

图7.27　上证指数走势图7

指标逃顶法

技术高手可以运用甚至自创多种逃顶技术指标。这里只重点介绍一种，是初学者用一般软件都能做到的。它就是最简单实用的"RSI背离法"。

当RSI处于高位，并形成一峰比一峰低的两个峰时，股价对应的却是一峰比一峰高，这叫"顶背离"。与这种情况相反的是"底背离"。（图7.28）

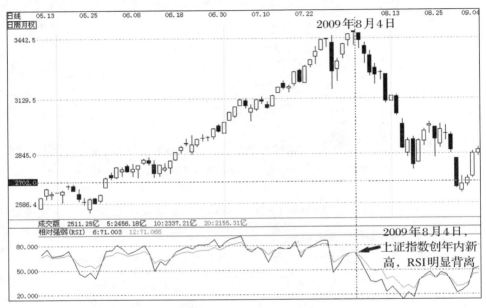

图7.28　上证指数走势图8

这种方法为什么简单实用呢？在此，将其原理做进一步的解释你就会明白。

RSI的计算公式如下：

假设A为N日内收盘价的正数之和，B为N日内收盘价的负数之和乘以-1。这样，A和B均为正，将A、B代入RSI计算公式，则：

$$RSI = A \div (A + B) \times 100$$

假设RS（相对强度）=N日内收盘价涨数和之均值÷N日内收盘价跌数

和之均值，则：

$$RSI = 100 - 100 \div (1 + RS)$$

这两个公式虽然有些不同，但计算的结果一样。

RSI的计算公式实际上反映了某一阶段价格上涨所产生的波动占总的波动的百分比。百分比越大，强势越明显；百分比越小，弱势越明显。RSI的取值为0～100。在计算出某一日的RSI值以后，再采用平滑运算法计算以后的RSI值，根据RSI值在坐标图上连成的曲线，即为RSI线。采用的周期日数短的RSI线反应比较敏感；日数较长的反应迟钝。平时我们在软件上看到的RSI金叉或死叉，就是几根不同周期的RSI线形成的金叉或死叉。

庄家为了出货，拉高动作往往很迅速，出货动作则会延续较长的时间和空间。这种多次快速拉高，逐步出货的动作，就会造成"RSI顶背离"的现象。所以历史上那些重要的"双顶"或"多重顶"，大都能用这个方法识别。

常用又实用的技术指标还有KDJ（随机指数）、BIAS（乖离率）、MACD（指数平滑异同平均线）、布林线、主力进出、均线系统等，可以根据情况选择性地用作辅助工具。

"好用不需多"，普通投资者的目的是"赚钱"，而不是"做学术研究"，大家不必苦苦追寻太多玄奥的技术指标，关键是在"识顶"之后要"付诸行动"。

抛压逃顶法

我们没必要等到头部形态确认以后才卖出，那时的价格已经不太理想。当从走势图预计有较大抛压出现又没有基本面支撑大盘或个股继续大涨的情况下，或从盘面发现有较大抛压而下行又有较大空间时，可用"抛压逃顶法"卖出。注意，并不是看到盘面有抛压就"逃顶"，更重要的是看大势的情况和风险利润比。卖出后可以在较低的价位买回来，也可以去捕捉其他的机会。

下面几种情况很可能会出现较大抛压：

筹码密集区。大盘或个股在越过筹码密集区之前，几乎不可避免地要经过充分的蓄势，所以当价格冲到这个位置的时候，发现不对劲要先果断出场，而不要固执地以为价格会不需调整地向上冲。（图7.29）

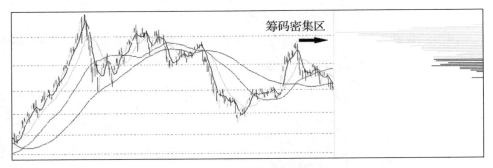

图7.29　上证指数走势图9

重要形态压力位。如果都是自然的走势，反弹经常会在重要形态压力位附近拐头。但在强烈的趋势行情中，过去的形态压力位可能只能带来短期的抛压，消化抛压以后，价格还会继续上行，投资者需要灵活运用。（图7.30）

图7.30　上证指数走势图10

达到一定比例涨幅，会有较大获利回吐抛压。牛市中的调整，是由于短期涨幅太大引起；熊市中的反弹，是由于短期跌幅太大引起。这是人类心理层面的规律造成的，所以有人以乖离率（价格相对于均线的偏离程度）作为买卖的重要依据，是有道理的。（图7.31）

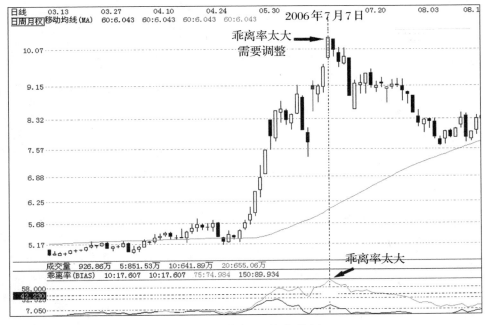

图7.31　中视股份走势图

熊市反弹到重要长期均线或下降趋势线。这就是均线和趋势线的助涨助跌功能，相信投资者都知道。（图7.32）

也许你在了解了这些方法之后欣喜若狂，那得先给你降降温："识顶"不等于"逃顶"，要做到知行合一是件非常不容易的事情，要小心谨慎。也许你因为这些方法并不玄奥而漠然视之，那当为你鼓掌：能将这些方法用好了，"逃顶"就是件顺理成章的事。

判断顶部的方法远不止以上5种，还有K线分析法、波浪分析法、均线分析法、资金流向分析法等，都是判断顶和底的有效方法，能综合使用当然最好。不过，若能将这5种方法用好，逃顶已不成问题了。

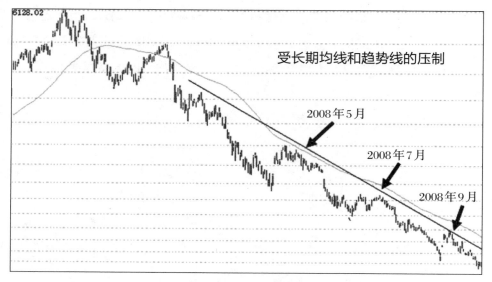

受长期均线和趋势线的压制

2008年5月

2008年7月

2008年9月

6128.02

图7.32 上证指数走势图11

张斌将以上介绍的逃顶5法编了个口诀："正反两指压"（政策、反向、价量、指标、抛压）（为方便记住"五字口诀"，故把"政"和"量"写成了谐音"正"和"两"。——作者注）。经常念叨下口诀，就不会错过顶部了。

尾声：快乐投资，享受生活

投资行业很辛苦，很费脑子，平时必须"如履薄冰"地看护自己的账户，才能真正地回避风险，否则一不小心，就会"后果很严重"！君不见一轮熊市下来，许多"帅哥变成秃顶鹜，绅士变成糟老头，大嫂可怜白发生"！

正因为平时压力大，投资者非常需要适时放松一下自己。平日里应该安排些活动或运动以缓解压力，调节心情。特别是在逃顶以后，更应该离场去好好享受生活。这么做，一来回避了下跌的痛苦，二来享受了生活的快乐，这样的日子多美好啊！一轮下跌之后回到市场，"帅哥又是气宇轩昂，绅士更是雄姿英发，大嫂笑得像个小姑娘"！

人生只有一次，在追求梦想的同时，也要享受生活。在学会了逃顶技法之后，投资生活就可以"有张有弛"。在市场下跌，尤其是快跌的那段时间，是明显的风险大于机会，待在市场里还怕"手痒"，我们不如彻底离场去享受生活的快乐。世界上美好的事情有很多，"宅"类投资者可以去看电影，去跳舞，去唱歌，去搞摄影，去做美食家……世界上美丽的地方很多，"漂"类投资者可以去黄山，去丽江，去拉萨，去威尼斯，去肯尼亚……

有本书叫《人生必去的50个地方》，可供旅游爱好者参考。这跟投资似乎没有直接联系，实际上某些时段外出旅行可以避免不必要的损失，还可保持良好心态，以备下一次机会来临时能更好地把握。算起账来，这段时间那些待在市场里的人亏掉的钱，一定多于你逃顶后外出旅行花掉的钱。既然如此，何不去享受一下生活呢？

美好的人生有待我们慢慢品尝，祝大家投资成功，生活快乐！

…………

听着张斌"逃顶之旅"的故事，看着他周游各地的照片及那个伴随他走遍名川大山的背包，我感触颇深。我问面前这个帅气十足的"背包客"："每次逃完顶，都一定要去旅游吗？"

"是。"他说，"当顶部的风险来临，我必须这样做。这是在强制自己远离市场。人有许多弱点，不这样，整天待在市场里，会手痒，有时很难控制自己。"

的确，张斌是个严于律己的人。在他的电脑上，我看他贴着"如履薄冰"几个大字；躺在他的床上，我一抬头，见高高的天花板上也贴着一张白纸，上面写着两个大字："起床"。我直觉得好笑，那么高，真不知他怎么贴上去的。

张斌是个阳光的投资人，是个快乐的"背包客"。从他胜利逃亡的故事中，我们可以真切地领悟他的那份谨慎、那份快乐，也更要记住他总结的逃顶"正反两指压"口诀和他最喜爱的那句格言："永远别做交易，除非你确知那样做在财务上是安全的！"

李永强：

> 冷静，忍耐，渐进，善待。
> 在这个市场中能'活着'是最重要的。

他从"毁灭"的悬崖边缘浴火重生，在人生的最低谷崛起，以正确的交易理念和娴熟的交易技巧，4年间连夺7次实盘大赛冠军，并创造了3个月盈利高达940.63%的惊人战绩，在中国的期坛上树立了一个标杆！

投资简历

个人信息

李永强，别名：慎思笃行。男，1969 年 11 月 30 日生，大学文化。

入市时间

1996 年。

投资风格

敏锐捕捉短线交易机会。静若处子，动若脱兔。

投资感悟

做投资永远铭记"否极泰来，乐极生悲"；好人不一定能做好投资，但做好投资的，一定是好人；做投资不是比谁的方法好，而是比谁犯的错误少。

第8章
△

冠军，从"崖"边走来

——中国期货奇才李永强凤凰涅槃夺得7次实盘大赛冠军的传奇

2011年。8月20日。下午二时。北京国际会议中心大厅。

在这里，"全国十大民间股市高手2011年投资报告会"正在隆重地举行。

上千名投资者把偌大的会议大厅挤得满满当当。有的人在新浪网上看到消息，专程从各地提前赴京，等待股票期货投资高手们这一难得的"传经送宝"的机会。

"中原股神"李旭东、超级短线王"东莞小文"、"股市农民"黄志伟……一个个顶尖高手的报告，精彩纷呈，令人震撼，深深吸引着在场的每位听众。

引子：雷鸣掌声，在北京国际会议中心响起……

下午五点半，当"压轴者"全国期货冠军李永强走上讲台时，会议大厅再次爆发起一阵雷鸣般的掌声。

李永强是全国投资者敬慕已久的一位民间投资高手。在《期货日报》举办的"2008年交通银行杯"全国期货实盘交易大赛中，他3个月内曾以高达940.63%的收益率勇夺全国冠军。同时，他还在2008年第一届"海通杯"全国期货操盘手大奖赛中荣获收益率第一名和短线交易奖第一名，并在4年间连夺7次实盘大赛冠军。在中国期坛上，至此次采访时，这一纪录仍无人打破。

他的报告有力地牵动着每一位在投资市场上渴望成功者的心。当时会场上出现了一个一个小插曲，这样的小插曲，多少年都不曾发生过了。虽然过去许久了，我仍然忘却不了——

当时，李永强的报告已持续了一个小时，早已过了人们吃晚饭的时间了。李永强看了一下时间，表示不愿耽误大家的就餐时间，想尽快结束报告。可没想到，听众们却坚决不答应。顿时，席间竟出现一阵骚动，响起一片呼声：

"李老师，您讲，我们不饿！"

"李老师，您讲详细点！您讲的经验实在，对我们有用！"

…………

报告会继续进行。为答谢大家的一片热诚，李永强可谓倾囊相授。他讲技术，讲夺冠绝技，画图表，讲要点，详释实例，还把他如何从毁灭的涯边走向辉煌的历程，真实地呈现给了在场的听众们。

他的传奇，他的故事，令人震撼，耐人寻味……

梦断奇山

从盈利100万元到亏损400万元，在痛不欲生的"绝望"之际，他泪洒大奇山，做出人生的重要抉择……

"毁灭"中的生死抉择

采访一开始，当我请李永强谈谈他如何取得骄人战绩时，他首先讲的不是"辉煌"，而是他凤凰涅槃浴火重生的故事。

那是一段不堪回首的往事，也是一段沾满泪水的记忆。

"几年前，我如果没有在这个市场上'死过一回'的经历，就不会有今天的成功！"李永强说。

他痛苦的回忆，把我带向了几年前那让他做出生死抉择的大奇山悬崖边——

那是几年前3月的一个周末。李永强在绵绵春雨中，来到他攀登过多次的浙江桐庐大奇山。

"奇山美景，天下无双"，往日是那么吸引着他，可这天，李永强登山的脚步，却像灌了铅一样沉重。

上午10点，他在一处绝壁边坐下。风在刮，雨在下，他没有打伞，任风吹雨打。此时的他，望着天空那片片乌云和山下在风雨中摇曳的婆娑树影，他的人生之路和他在博弈市场艰难奋斗了9年的历程，又一幕幕闪现在眼前。

李永强出生在河南省上蔡县的一个贫苦农民家中。上初中时，因家境贫苦，他曾辍学近3年。1991年，他被浙江省一所高校录取，从此开始了他人生新的起点。

在学校的几年时间，浙江优越的人文环境对李永强冲击很大，他决心扎根在这片沃土上。毕业后，他应聘到浙江省燃料总公司工作。随后，他被分配到了山西太原的分公司负责煤炭调运并兼任会计。

1996年，李永强开始涉足股市。他清楚地记得，当时，他买的第一只股票是山西焦化（600740），是拿现金申购按比例分配的130多股，那是他在投资市场上第一次赚钱。

此后的4年间，他在股票市场顺风顺水，在牛市和科技网络浪潮的行情中，他先后操作了深发展（000001）、四川长虹（600839）、东大阿派（600718，现名：东软集团）、漳泽电力（000767）、清华同方（600100，现名：同方股份）等市场热点飙涨股，资金很快赚到了100万元。

然而，随着网络泡沫的破灭，李永强赚到手的钱开始大幅亏损。到2002年，经历了两年熊市的"洗礼"，他的账户资金亏得仅剩下25万元。

在惨淡的行情中，李永强只能眼睁睁地看着市值一天天缩水。股票只有单边上涨才能赚钱的现状，让他很无奈。

这时，李永强在网络上无意中接触到了商品期货。当时，他看到伦敦铜

（LME）的价格只有1400美元/吨，处于历史底部，他感到应该是跌无可跌了。对于期货，他并不陌生。在大学时，他曾选修过股票期货投资课程。他知道，期货实行的是保证金交易，这一杠杆，可用较少的资金博取更大的利润，具有很大的诱惑力。

李永强揣摩着：在股票市场，如果用25万元再做回到100万元，需赚3倍才能扳回原来的市值，这在下跌的势头中，几乎是不可能实现的事。但要是把25万元投入期货市场的话，如果伦敦铜能涨到30年的震荡区间上沿即3300美元/吨，也就是每吨涨2000美元，那么，就会有170%的上涨空间。按照1：10保证金交易制度满仓买入多单，即使中途不加仓，他的25万元本金也会增长17倍。到时，不光75万元亏损会很快捞回来，还能额外再赚300多万元呢。

这一算，算得他热血沸腾。

果然，后来的行情走势，确实验证了李永强的判断：伦敦铜的价格一路上涨到了3000美元/吨。但遗憾的是，李永强并没有像自己"设计"的那样盈利17倍，到后来反而是亏了钱。

究其原因，是在上涨的过程中，李永强太过主观。看到伦敦铜涨了一段时间后，他感到该"回调"了，他不仅想做"涨势"（买多），还想把"回调"（放空）的行情也给做了。他用过去做股票的方法去做期货，用掌握的一些波浪理论知识去主观地测顶底以及调整的幅度。因此，他在涨势中的一定高位，全凭自己的主观判断去进行反向操作，即"放空"。

结果，市场没有按他的"意愿"前行，铜价也没有"规规矩矩"地回调，仍旧一路高歌猛进持续上涨。

越错越急，越急越错。刚刚涉足期货市场，对其规律尚认识不足的李永强，在焦虑的心态驱使下，开始追涨杀跌，往往是买在最高点，"空"在最低点。

在不停地止损中，他的本金慢慢少了。但倔强的李永强不承认失败，硬挺着。很快，本金亏光了，他开始向亲戚朋友借钱。

此时，急于在市场中尽快把损失扳回来的李永强开始"破釜沉舟"，以赌徒的心态进行交易，总是满仓杀进杀出。在投资市场中满仓操作，无疑是把风险放到最大，尤其是在期货投资上。有时哪怕是看对了行情，做对了方向，但因为是满仓操作，一旦有"风吹草动"，就不能够坚定持仓的信念，往往在清仓以后，却发现自己是过早地"下车"。

这种被动无序的交易状态，一直持续了许久。李永强不停地亏钱，不停地爆仓（亏光），陷入了走不出的"魔圈"。

最后，李永强孤注一掷，瞒着家人不断在外借钱，拆东墙补西墙地"填窟窿"。结果窟窿是越填越大，到2005年3月，他累积的亏损已达400万元！

李永强无法向家人交代，无法向亲朋好友交代，他陷入了绝望。他夜夜失眠，茶不思，饭不进，头发大把大把地掉。

他在心里痛苦地呜咽：黑夜，究竟何时是个头……

天色渐渐晚了，风还在刮，雨还在下，大奇山娇艳的身影笼罩在蒙蒙春雨之中。然而此刻，在山顶呆坐了大半天的李永强眼里，大奇山往日的美丽，已不复存在，他的面前一片迷离。

他那双多日无眠充满血丝的眼中，溢满了痛苦的泪水。面对失败，他的精神彻底崩溃了。

李永强想到了死！他痛苦地走向了悬崖峭壁的边缘，想了断人生，了断一切烦恼。"让亏损永远地离我而去吧……"但就当他想纵身一跳之际，他好似听到自己的老母在远方呼唤着他，相敬如宾的妻子和才只有5岁的天真女儿在看着他。

生命如尘埃，跳下去，自己是解脱了，一切皆可烟消云散了，可400万元的巨额债务由谁还？疼爱自己的年迈父母、相濡以沫的妻子和可爱的女儿，将经受多大的打击？！

在生死抉择的一瞬间，李永强犹豫了。他停下了移动的身影。他坐在崖边，重新审视自己。

悬崖边的沉思

那一天，那一刻，是李永强一生都无法忘却的。

他坐在大奇山的山崖边，静静地思考着：以往的亏损，究竟错在哪儿？是市场错了，没有给自己机会，还是自己错了？市场中不乏稳定赚钱的，自己也曾经赚过钱，脑子也不比别人笨，为什么却一而再，再而三地赔钱呢？

猛然，他的脑海中浮现出朋友亲自泼墨书写并赠予他"神州双管李"的8个大字——"冷静，忍耐，渐进，善待"，他似乎顿悟了。

李永强认真反省着自己连续亏损的原因：是自己对市场的认识不够，缺乏正确的投资理念和正确的交易方法。满仓和频繁操作，其根源还是在于"浮躁的心"。急于扳回损失，就去满仓和进行频繁操作，哪有不赔钱的呢？

既然自己也明白问题出在自己身上，并非市场的错，那么他所要做的就是认清并克服之前的交易错误，制订完善的交易计划，不折不扣地坚决执行。只要假以时日，他相信自己一定会摆脱困境，离成功越来越近。想到这里，李永强的心绪舒展开来，决意凤凰涅槃，在浴火中求得重生。

浴火重生

他从失败中崛起，改变自己，仿若"脱胎换骨"。用正确的理念和方法，不断打"翻身仗"，并在数千人参加的擂台赛中初露锋芒。

制定策略，改变"恶习"

一个人要改变自己是不容易的。李永强自从在绝望中做出生死抉择之后，便痛下决心，从改变自己过去操作上的"恶习"做起。

过去，他老想，只有拼命频繁地交易，才能尽快扳回原来的损失。现在，他给自己制定了三大交易原则：

一是坚持半仓交易，不满仓操作；二是降低交易频率，减少无谓失误；三是正确的头寸坚持留，错误的头寸挥刀砍。

当时，李永强借来的资金已不足30万元，要想把亏损的钱赚回来，得盈利10倍以上。在几个月或一年之内要想达到这个目标，是不可能的，那么用3到5年呢？他决定把盈利的目标降低，节奏放缓，因为在失利的重挫中，他深切地体会到了"欲速则不达"这一道理。

"我想，把目标定在一年翻一番，这样，3年就是8倍，那么，3年多时间就可以把以前的损失补回来了。"采访中，李永强对我说，"节奏放慢，准确率会高一些。"

"这种目标的实现有把握吗？"我问。

"对于当时的交易水平，年收益率达到100%是完全可以做到的。然后，我再把任务分解到每个月。"李永强回答。

"具体怎么分解的？"

"我把一年翻一番的目标，再除以12，每个月只挣8%就行。这是可能做到的。之前，一个月我的交易就出现过翻一倍，甚至两倍。"他说，"把目标分解开，看起来慢，实际上是快，做起来也有信心。就好比我经常举的一个例子：把12万元钱放在12楼的楼顶，让一个人去拿。恐怕他爬到9楼或者10楼就爬不动了，甚至还会选择放弃。如果每层楼放1万元，那么，我相信他爬到20层楼都不会觉得累。这就是任务分解带来的奇效。从以后操作的事实看，我每月都会超额完成8%的月度目标。"

"我看到你收盘后都在看一幅曲线图，我想知道这是什么图。"

"哦，这是我为了监控自己的操盘情绪特意制作的一幅资金收益曲线图，也是一幅'警示图'。当收益曲线上涨形态比较陡峭时，人往往容易被胜利冲昏头脑，搁在以前，我会积极加仓。而有了这个图，我就告诉自己，资金暴涨的同时等待自己的也会是暴跌，这样一来，操作中我便会主动减少头寸，让钱落袋为安，这样也就可以避免资金的大起大落。如果在一段时间发现资金曲线横向徘徊不前，甚至有下降趋势时，说明要么市场没行情，要么自己不在状态，这时就主动选择远离市场，不做交易。"

"你远离市场的时候难道不怕错过机会吗？"

"市场永远不缺机会。"李永强回答，"其实，最聪明的投资者是选择恰当的时点离开市场。有谁见过每天去赌场的人最后是赚钱的呢？远离市场并不是不关注市场，而是远远地看着，静静地等待机会。这就像猎豹躲在草丛中，等候猎物出现，一旦目标进入攻击范围，它会闪电出击，一击而中。所以说，机会往往是等来的，而不是找来的。"

实盘检验，初战告捷

实盘是检验理念和方法是否正确的最好试金石。李永强自从制定了自己的交易规则后，便严格执行，一路扬帆起航。

他扭转亏损的第一个"翻身仗"，便是"橡胶之战"。

那是2005年6月22日，静静等待机会的李永强发现橡胶突破了前期高点，他敏锐地察觉并判断0509橡胶是在向上实施有效突破。当时价格是14200元/吨。他果断地在此价位开仓建立多单，资金使用比例为50%，并设定好止损位，即一旦跌破14000整数关，就认亏出局。

后来该品种的价格只是稍作调整，并没有跌到李永强设定的止损位，之后便一路上扬。他一直持仓不动。直到7月29日橡胶价格再次涨到17000元/吨以上时，他全部平仓离场。

此役仅用了一个月的时间，就让他的本金翻了一番（图8.1）（期货为保证金交易，杠杆比例一般为1∶10，价格只是变动了20%，所用资金A的收益就是：A×20%×10。他半仓动用资金15万元，按此公式算，最后收益是15万元×20%×10＝30万元——作者注）。

这笔交易是李永强进入期货市场以后持仓时间最长的一次。正是这一成功的交易，让他明白了在突破时半仓操作，果断出击，并坚定持有正确的头寸，才会给自己带来丰厚的利润。

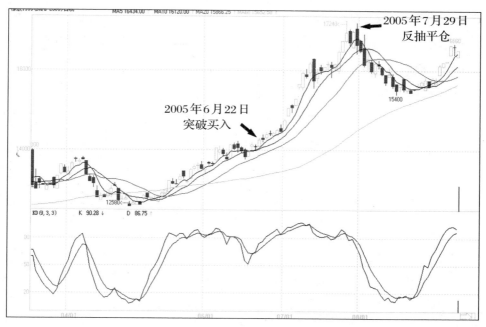

图8.1　橡胶指数走势图

同时，在这次战役中，他找回了久违的自信，心态也变得越来越好。

没隔几天，正好《都市快报》举办的第6期期货实盘擂台赛（每3个月1期）开幕在即。李永强想通过实盘擂台赛进一步检验自己的交易能力，就找到大赛指定交易商开户参赛，投入比赛资金10万元。

比赛一开始，他就坚持已经让他尝到甜头的交易方法和理念，稳扎稳打，收益也是稳步上升。一个月后，他就在报纸上看到了自己的名字（报社每天只公布收益率前5名）。此后的一个月，他也曾几次跌出前5名。

到了9月19日报纸公布比赛成绩的前一天，他的收益率为98.5%，排到了第二名，第一名和第三名的收益率分别为107.7%和34.6%。当天正好是星期一，离比赛结束仅剩两周时间，而他的战绩与第一名非常接近，他想最后搏一下。

在求胜心的驱动下，他违背了自己的交易原则，于当日满仓空铜，并留了隔夜仓。谁知，当晚伦敦铜出现暴涨，涨幅达到3.84%。星期二一开盘，即高开高走，上涨幅度一度达到4%。这使做反了方向的李永强乱了阵脚，他慌乱地斩仓出局，把仓位全部平掉后资金仅剩11万元不到，收益率从前一天的98.5%骤然降至4.62%。一直到9月30日擂台赛结束，他都未再做交易。最后，他得了第3名。（图8.2）

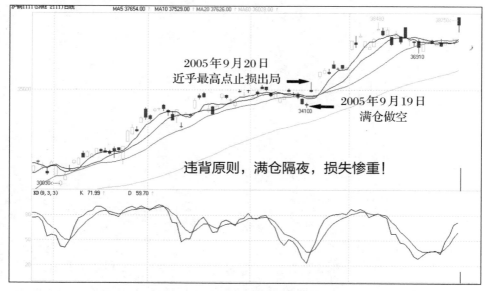

图8.2　沪铜指数走势图

　　"虽然我第一次参加实盘擂台赛就进入了'前三名'，但在'收官'的较量中却败下阵来，这给我留下些许的遗憾和沉痛的教训。"李永强回忆这第一次"出征"，仍耿耿于怀。

擂主风采

　　行情跌宕，高手林立。在激烈的角逐中，他一波三折，过关斩将，勇夺5届实盘擂台赛冠军，充分展现出了擂主的风采。

夺得人生第一个冠军

几乎所有的高手都有一种执着追求的精神，李永强也不例外。在第6期擂台赛中留下遗憾后，他并没有放弃自己的追求。10天后，他报名参加了《都市快报》于10月10日至12月31日举办的第7期实盘擂台赛。

有了上期参赛的教训，李永强从一开赛就坚持自己的交易计划和交易理念，不急不躁。他采取"短线交易，轻仓过夜"的操作手法，稳扎稳打。他的主要交易品种仍为他比较熟悉的橡胶。

但是，在这期比赛中，橡胶的走势并不如意。在此期间，它没有单边行情，呈现于面前的，只是一个缓缓的"V"形震荡行情，要想取得好的成绩难度很大。

然而，由于李永强选时准，入点好，不恐惧，不贪婪，成绩很稳定。最后，他以64.08%的收益率在数千名参赛选手中胜出，夺得了他人生中的第一个实盘交易冠军并获奖金1万元。接下来，在2006年1月4日至4月28日的第8期实盘擂台赛中，他乘胜前进，愈战愈勇，以55.95%的收益率再次夺魁，蝉联冠军。

自信心爆棚，遭遇"滑铁卢"

连续两次打擂成功，李永强在浙江期货界名声大振。这让他春风得意，好不兴奋。

接下来，他信心爆棚地参加了于2006年5月1日至7月31日举办的第9期实盘擂台赛。而这期比赛，正赶上大宗商品见顶回落。虽然李永强几经努力也曾上榜，但由于此时的他过于自信，且依旧保持做多的思路，没能准确地把握市场的转势，遭受了比较大的损失，最终他的账户亏损30%，没有取得名次。

"遭遇这次滑铁卢，你感悟了些什么？"采访中，我问李永强。

"它给予我的教训太深了。自信心爆棚，是这次操作失利的主要原因。"李永强说，"连续两次夺冠后，我有点自满，分析判断行情也有点主观臆断，总想着行情会顺着自己的意愿去走。其实，自信过头就是自负。它是失败的种子，这也正是我还不够成熟的表现，还需要更长的时间来磨砺自己。"

这之后，为使自己冷静下来，李永强放弃了此后第10期、第11期的实盘擂台赛，沉下心来"闭关修炼"。他要让自己浮躁的心安静下来，用更多的时间去研判行情，锤炼自我。

再次出山，夺取"三连冠"

2007年年初，李永强重整旗鼓，再次报名参加第12期实盘擂台赛（2007年2月1日～5月31日）。风格鲜明的他，短线交易也非常了得。本期比赛的中段，受外盘行情波幅巨大的影响，他的隔夜头寸遭受到严重损失，收益率一度由正转负，远远落后于前几名参赛选手。

但他的投资心态并未受一时的失败所影响。他重新在低位起步，在有限的时间里，依靠每天一笔一笔的短线交易，将亏损全部填平，并重新冲进领先者的行列。在本期比赛的最后4个交易日，他来了个"旱地拔葱"，最终以58.56%的收益率排名第二。

李永强重新找回了自信。短线、中线交易相结合的方法，他运用得十分娴熟，交易理念日臻成熟，发挥也越来越出色。在以后的第14～16期实盘比赛中，他更是扬长避短、拔足狂奔，一举夺得"三连冠"，在浙江期货圈掀起了一股旋风。他三期夺冠的收益率分别为276.02%、519.63%、203.77%。其中第15期打破了前14期中373.1%的最高纪录，创造了新的擂台赛纪录。为此，擂台赛举办方专门额外奖励他人民币5000元。

此"三连冠"的比赛周期是2007年9月4日～2008年6月30日，历时10个月，他复权后的收益率达到了令人咋舌的1000%。收益曲线图8.3～图8.6分别为第14期、第15期、第16期比赛权益图以及此3期复权权益图。

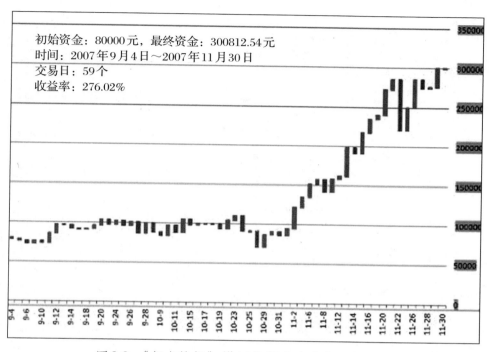

初始资金：80000元，最终资金：300812.54元
时间：2007年9月4日～2007年11月30日
交易日：59个
收益率：276.02%

图8.3 《都市快报》第14期擂台赛李永强权益图

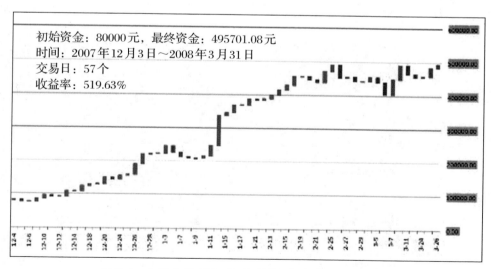

初始资金：80000元，最终资金：495701.08元
时间：2007年12月3日～2008年3月31日
交易日：57个
收益率：519.63%

图8.4 《都市快报》第15期擂台赛李永强权益图

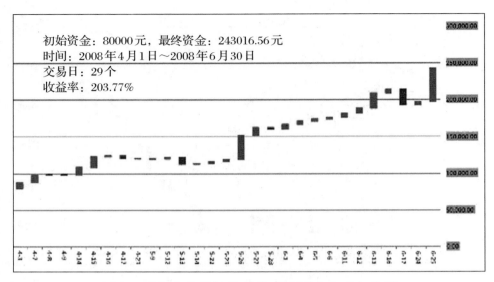

初始资金：80000元，最终资金：243016.56元
时间：2008年4月1日～2008年6月30日
交易日：29个
收益率：203.77%

图8.5 《都市快报》第16期擂台赛李永强权益图

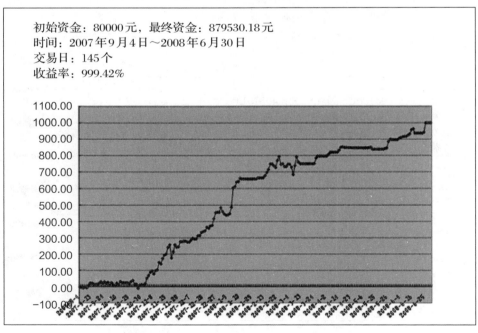

初始资金：80000元，最终资金：879530.18元
时间：2007年9月4日～2008年6月30日
交易日：145个
收益率：999.42%

图8.6 《都市快报》第14～16期擂台赛李永强复权权益图

铸就辉煌

短短3个月时间，他以940.63%的收益率获得全国期货实盘大赛冠军，这个纪录至采访时一直没有人能打破。有人说，这简直有如神助！看到他堪称绝美的交易历程，你会洞察和感悟些什么？

2008年4月25日，由《期货日报》主办的"交通银行杯"第2届全国期货实盘交易大赛拉开帷幕。在浙江这块期货热土上崭露头角的李永强跃跃欲试，想通过参加全国性的实盘交易大赛来检验自己的交易水平，并向其他期货高手学习。他在海通期货杭州营业部开通了比赛账户，比赛初始资金为10万元。

经过3个月的激烈角逐，李永强像一位期货斗士，一马当先突出重围，以傲视群雄的成绩夺魁，拿到了令人艳羡的全国期货冠军，并以940.63%的收益率打破了大赛的历史纪录。这次比赛全面展示了他的交易风格、交易手法、交易理念，更向投资者展示了期货市场的魅力。

近距离接触李永强，我发现他做事沉稳，思维活跃。谈及2008年的那次全国实盘大赛，他表示，他参加比赛的初衷也只是想到全国性的实盘大赛中锻炼一下，没承想最后还拿到了第一名。

"你能在短短的3个月时间里创造如此高的收益率，绝对不是你所说的仅仅锻炼一下就可以取得的，一定有不同于其他人的交易技巧或者交易绝招。你能不能讲一下此次大赛的精彩过程，以及让你记忆犹新的实战案例？"我很希望李永强能讲出江湖传说的"小李飞刀"的一招一式，于是开门见山问他。

"其实做任何事情都不是一帆风顺的。只要你坚持正确的方向，把复杂的问题简单化，简单的动作重复做，最后就会给你带来惊喜！"李永强顿了顿说道，"我想接下去把这次比赛的大致过程、交易手法、精彩案例做一个回顾，也算是给自己一个激励！"

从2008年4月29日开始第一笔交易，到5月8日账户还是处于微亏状态，李永强做单比较谨慎，大多时候都是用小单子试单，没有好的机会不贸然出击。第一次比较好的机会出现在5月9日。当天收盘前5分钟，他看到0809大豆日线已经是第二天有效突破三角形整理的次高点，于是果断进场做多建立隔夜单18手（每手10吨），仓位比例为85%。

当天是星期五，晚上美国CBOT黄豆大幅上涨，涨幅达到3.92%。星期一开盘，0809大豆就高开高走。他首先采取的是获利减仓的办法，在上涨的过程中每次平仓2手，最后的几手几乎平在了日内最高点，最后尾市只是轻仓留了2手棕榈油的隔夜多单。正是这次成功的交易让他"浮出水面"，一跃上榜。当天李永强盈利34900元，收益率达到35%。

总结这次交易，李永强主要运用了形态分析：三角形突破。形态突破胜算比较高，一旦突破某一个点，所用仓位就可以大一点，不要犹犹豫豫，要坚定必胜信念，果断出击。资金大幅上涨以后，要采取迅速降低仓位的方法规避账户权益的大幅回落。5月12日隔夜单他仅仅用了不到20%的仓位，就是为了规避风险，收放自如。（图8.7、图8.8）

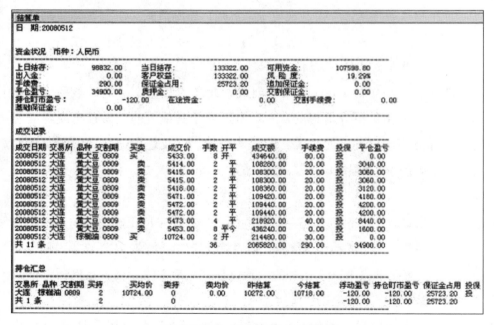

图8.7　李永强结算单截图1

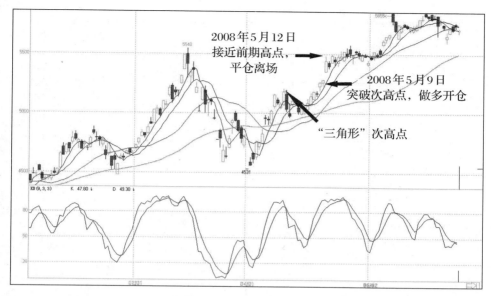

图8.8　大豆指数走势图

第二笔印象比较深的交易是李永强对橡胶的操作。0809橡胶于5月29日大幅跳空高开形成突破，随后几天从高位迅速回落，回落到前期高点及20天线附近时，开始止跌回升。在6月10日收盘后价格重新站上所有均线，强势再现。他清楚地意识到这次橡胶的冲高回落应该是大涨后对前期高点的回抽确认，不是假突破。

6月10日晚上，李永强就定好了交易计划：第二天开盘只要不大幅高开，就坚决买入多单。6月11日，0809橡胶却是小幅低开，这给了他绝好的买入机会。他果断在前一天的收盘价附近建立了多单30手（每手5吨），开仓价格：25300元/吨，仓位比例80%。当天收盘较前一天大涨850元/吨，涨幅3.36%，当日李永强盈利达到12.5万元。前一天他没有持仓，资金权益还是33万多元，收盘前全部平仓，账户权益一下子暴涨到将近46万元。（图8.9）

在这笔交易中，李永强主要运用的是技术分析：回抽确认。只要回抽不是连续3天跌破前期高点，一般就不是假突破。既然是真突破，只是回抽确

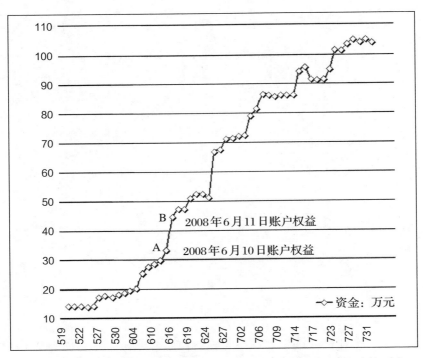

图8.9 第2届全国期货实盘交易大赛李永强资金收益图（橡胶）

认，那么行情一定会沿着原来的方向继续发展，并且一定会突破回抽前的高点。向下突破也是这个道理。（图8.10）

6月24日对0901白糖的日内波段交易，至今仍让李永强历历在目。6月23日持仓0809橡胶多单16手，保证金占用比例30%，仓位不重。6月24日开盘不久，他就平掉了橡胶多单，盈利46925元。当日开盘不到半小时，他就发现了0901白糖存在较好的交易机会，于是在9∶25（期货市场交易时间是上午9:00至11:30，下午1:30至3:00。——作者注）进场开仓做空40手（每手10吨），开仓价格3900元/吨。

做进去以后，他发现方向是对的，就一直持有。在上午收盘前，他又分别在3871元、3866元开仓20手、40手，合计持有0901白糖空单100手。下午开盘后，0809橡胶继续下跌，随后出现暴跌，一度跌停。李永强看到这笔单子盈利超过了10万元，于是马上在跌停板附近全部获利平仓。之后，他又轻

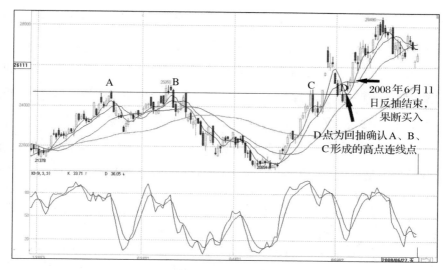

图8.10　橡胶指数走势图

仓交易了塑料和豆油。当天他总共盈利160955元，与前一天相比，资金权益
又暴涨了32%。（图8.11）

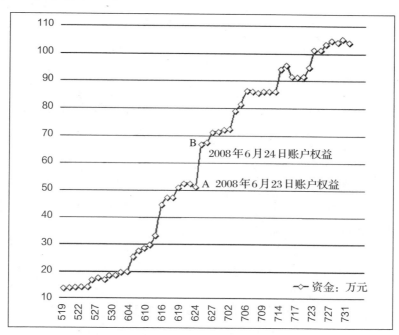

图8.11　第2届全国期货实盘交易大赛李永强资金收益图（白糖）

李永强总结，他之所以成功交易 0901 白糖，主要运用了短线交易、日内波段等方法。0901 白糖在 6 月 24 日一开盘就突破了前期的上升趋势支撑，从日线看是下跌趋势，从日内分时图看持续增仓打压，空头来势汹汹。当时，他想到白糖日内一定会出现波段交易机会，一开始的 40 手空单只是试试看，之后的行情发展完全符合他的判断，于是就有了后面的加仓动作。日内波段交易的机会不是天天有，一段时间内总会有一两个品种符合条件。日内波段交易的好处就是可以大仓位交易，风险相对可控。（图 8.12、图 8.13）

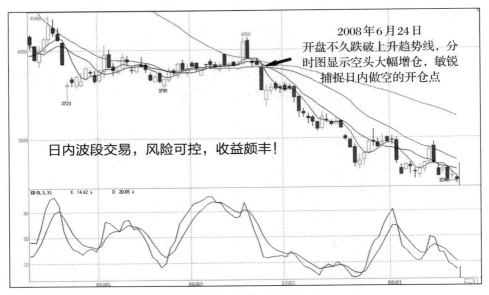

图 8.12　白糖指数走势图

以上只是回顾了李永强 3 次比较典型的交易，比赛过程中，他还灵活运用了其他一些交易方法和交易技巧。比如 5 分钟 K 线交易法则、美女图形、回马一枪等，这里就不一一细述了。

操盘感悟

　　先做盘前工作，不贸然入市，交易要有根有据，不随性交易。
　　交易心态要好，心理素质过硬，不被假象迷惑，错就砍，对就留。

结算单
平仓盈亏:	160955.00	质押金:	0.00	交割保证金:	0.00
持仓盯市盈亏:	0.00	在途资金:	0.00	交割手续费:	0.00
可提资金:	669248.00	基础保证金:	0.00		
总盈亏:	160955.00				

成交记录

成交日期	交易所	品种	交割期	买卖	成交价	手数	开平	成交额	手续费	投保	平仓盈亏
20080624	上海	橡胶	0809	买	27680.00	6	开	830400.00	90.00	投	0.00
20080624	上海	橡胶	0809	买	27690.00	8	开	1107600.00	120.00	投	0.00
20080624	上海	橡胶	0809	买	27825.00	1	开	139125.00	15.00	投	0.00
20080624	上海	橡胶	0809	买	27830.00	7	开	974050.00	105.00	投	0.00
20080624	上海	橡胶	0809	买	27985.00	10	开	1399250.00	150.00	投	0.00
20080624	上海	橡胶	0809	买	28005.00	10	开	1400250.00	150.00	投	0.00
20080624	上海	橡胶	0809	卖	27705.00	10	平	1385250.00	150.00	投	17000.00
20080624	上海	橡胶	0809	卖	27795.00	6	平今	833850.00	90.00	投	12900.00
20080624	上海	橡胶	0809	卖	27730.00	6	平今	831900.00	0.00	投	1500.00
20080624	上海	橡胶	0809	卖	27790.00	4	平今	555800.00	0.00	投	2000.00
20080624	上海	橡胶	0809	卖	27795.00	4	平今	555900.00	0.00	投	2100.00
20080624	上海	橡胶	0809	卖	28020.00	10	平今	1401000.00	0.00	投	1750.00
20080624	上海	橡胶	0809	卖	28030.00	10	平今	1401500.00	0.00	投	1250.00
20080624	上海	橡胶	0809	卖	28040.00	8	平今	1121600.00	0.00	投	8425.00
20080624	大连	聚乙烯	0809	买	14925.00	10	开	746250.00	160.00	投	0.00
20080624	大连	聚乙烯	0809	卖	14970.00	10	平今	748500.00	0.00	投	2250.00
20080624	大连	豆油	0901	买	11482.00	34	平今	3903880.00	0.00	投	1360.00
20080624	大连	豆油	0901	买	11484.00	1	平今	114840.00	0.00	投	20.00
20080624	大连	豆油	0901	买	11486.00	5	平今	574300.00	0.00	投	0.00
20080624	大连	豆油	0901	买	11488.00	40	平今	4595200.00	0.00	投	8800.00
20080624	大连	豆油	0901	卖	11486.00	40	开	4594400.00	600.00	投	0.00
20080624	大连	豆油	0901	卖	11510.00	40	开	4604000.00	600.00	投	0.00
20080624	郑州	白砂糖	0901	买	3779.00	100	平今	3779000.00	0.00	投	101600.00
20080624	郑州	白砂糖	0901	卖	3866.00	40	开	1546400.00	480.00	投	0.00
20080624	郑州	白砂糖	0901	卖	3871.00	20	开	774200.00	240.00	投	0.00
20080624	郑州	白砂糖	0901	卖	3900.00	40	开	1560000.00	480.00	投	0.00
共26条						480		41478445.00	3430.00		160955.00

图8.13　李永强结算单截图2

做自己熟悉的品种，不朝三暮四，不要萝卜白菜都捡。

学会等待机会，不要多空频繁交易，机会是等来的不是找来的。

多做突破行情，把握大势再入场，切忌逆势交易、满仓赌隔夜。

资金大幅上涨或下跌时，学会休息，远离市场，休养生息。

成功秘诀

成功自有成功道。那令人瞠目结舌的战绩背后，他有太多的操盘技艺和太多的人生感悟，这是他通向成功的秘诀与基石。

有一天，一群来自北京、上海等地的李永强的铁杆粉丝，趁来杭州参加期货资产管理大会之际，约仰慕已久的"偶像"李永强相聚以向他取经，同时，我也获邀参加了他们的晚餐聚会。

这些粉丝也大都是各路精英，他们对李永强的"研究"比李永强自己还深入、仔细。杭州有一个期货界老手小潘，爆出他曾把李永强的大赛成功感言的录像看了200多遍，每句话他都耳熟能详，这令在座的粉丝同样赞叹；还有的粉丝把李永强几年来取得期货实盘大赛"七冠王"的每笔交易，都做了详细的"解剖"和"点评"，并配有每天交易的买卖点、收益账单等详细图表。

聚会间，在各路高手的"激发"下，李永强也毫不保留地袒露出不少自己的操盘绝招和期市感悟，简直和他即时表演的魔术一样精彩，让大家听得入迷。饭桌上，时不时就掌声四起。

这让我感叹和感动。李永强的成功，是期货界共同的财富。他的存在，似乎也在证实，真正的高手，是深藏在民间的。

而让我感触颇深的是，李永强似乎对自己以往取得的骄人战绩，并不那么在意；更让我有点"失望"的是，连7次夺冠，尤其是3个月取得940.63%这种罕见收益的"珍贵"资料，他都没有保留。

"那都是过去的事了，没有什么好炫耀的。比赛只是一个结果，并不代表将来。"在成功面前十分低调的李永强，淡然地对我说。

无奈之下，对战场上像"狼"，生活中像"羊"般温厚谦虚的李永强，我只好采取了采访中的"极端措施"，把他封闭在宾馆里，关掉手机，让他专心"回顾"与"总结"，逼他道出"上帝之手操盘"的秘诀。一逼，倒也逼他倒出了一串串"珍珠"。

心一定要沉下去

李永强在浙江3年连拿5个实盘比赛冠军，尤其是2008年夺得全国实盘大赛冠军后，似乎就"销声匿迹"了。这几年大赛还在进行，人们却发现不见了他的身影。那么，他在干什么呢？

李永强解释说，他是2008年参加比赛的，最后很幸运，拿了第一。因为在此之前，他连续参加了浙江省《都市快报》举办的几期比赛，拿了5次冠军。所以，当时有这个全国的比赛，他想去参加看看，看在全国范围内，他能拿第几名。比赛结束后，他想也是到了一定的高度，就换掉了联系方式，不想更多的人找到自己。

他认为，人到了一定的高度之后，一定要沉下去。前面几年他一直在比赛，纯粹是以收益率取胜。一年几十倍他觉得都是不值得学习的。参加这种比赛并拿了好名次，不是说风凉话，也只是展示了一种可以赚钱的机会，并不代表能够稳定地长时间地赚钱。这就好像刘翔，他能够跑进13秒，但是他平时走路，不可能也按照这个速度去跑一样的。因为比赛的时候，他必须是拼尽全力。比赛只是一个结果，并不代表将来。

所以，当时李永强给自己定的目标是沉下来，全年定50%的收益，只要达到50%就满足了。后面他就把50%分解，每个月赚4%～5%，当然有比较好的机会也不会放过。就像当时，他已经把全年的任务完成了，这和以前绝对是两样的。

走迷宫的启示：慢就是快

许多人看到李永强短期内获得如此高的收益，都想从中找到获取高额利润的捷径与绝招。

对此，李永强认为收益率并不重要。他当时暂时保持着大陆期货实盘比赛最高收益率纪录，以后肯定会有人超过他，他的收益率只是一个点而已。他的意思是，不要老是去盯高收益率，要看能不能持续稳定地赚钱。

为了说明这一点，李永强举了一个走迷宫的例子：

假设有个迷宫，大家一起去走。在大家都不知道秘诀的情况下，他相信他肯定是第一个走出来的。走迷宫就像做期货一样，它给大家很多岔口，要么做空，要么做多。那么，怎样找到一条捷径，以便能很快找到迷宫的出口？大多数人不知道这个诀窍，李永强的诀窍是摸索出来的。他知道，迷宫的进口和出口的墙一定是相连的，一进门的时候，要么左手，要么右手，一直摸着墙走就可以了。他一定会找到这个出口，说白了，就这么简单。

大家都想找捷径，都想快点找到出口，就像他短时间想赚很多钱是一样的。但是大家会发现，越想快，却越慢，老找不到出口，老是在走冤枉路，这就是俗话说的"欲速则不达"。

他的方法很笨，就是摸着墙走。一开始可能还看不出他这个"笨办法"的优势所在，显得很慢很蠢，最后的结果却是比较"慢"的他，首先找到了出口。

走迷宫这个事情告诉大家一个投资道理：想一夜暴富的都在走弯路，是在浪费生命、浪费金钱。追求稳健的人只要方法对头，哪怕起步比较慢，但坚持做，就是最后的赢家。慢就是快，道理就在这里。

采访中，我问李永强："据说2007年年初到2008年8月，你曾把一个2万元的账户做到248万元，而现在只追求每个月盈利5%～10%，对你来说，这样的目标是不是太低了？"

李永强回答："用小资金做，负担小，没有太把它当回事，盈亏不在意时心态好，该拿的单子拿得住，就好比模拟比赛一样，容易创造财富传奇。资金大的时候，进出场相对没那么容易，最关键的还是心态和预期收益，大资金本身就没想追求太高的收益。"

他接着说："搁在以前，几十万元资金在做，每月盈利5%～10%这一目标好像是低了点，但是我现在管理的资金规模要求我必须降低收益预期。实际上，每月5%～10%的盈利已经是很高的了。按这样的目标，年收益率可以达到60%以上。哪怕每年50%的收益，复利10年以后就是57倍。等到那时再回头看，绝对是个投资奇迹。"

我"乘胜追击"："如果一个月内你的收益达到了10%，你会停下来，还是会继续做下去呢？"

李永强说："如果在一个月内收益超过10%，我会减少操作，或者拿盈利10%里面的30%资金去做激进投资，这样做能保住盈利目标。"

盈利减仓，控制风险：活着才是最重要的

在采访中，我问李永强："在交易中什么最重要？"

李永强回答："对一个期货交易者来说，活着才是第一位的。"

他认为，在这个市场中，活着最重要。只要不死，就有机会。这也是他昔日被逼到绝境时，体会最深刻的一点。在投资市场上，严格控制风险是对每一位交易员的基本要求，谁做得更好谁就容易成功。做单子时，李永强尽可能将一笔单子的亏损控制在总资金的1%~3%。"对就留，错就砍"是他最简单的操作要诀。

他认为，如果方向做错要立刻认错，在买入（卖出）价位上几个点设置止损。因为突破后的回落往往是缓慢的，给了交易者足够的止损时间。止盈有时候比止损更重要。有不少人在做对单子后，本着"让盈利扩大"的原则，坚持持有；价格反方向运行后，他们又希望价格再次回到原来高位（低位），最终让原本获利的单子止损出局。他给自己设定的止盈位置是K线的MA10日均线，一旦价格突破MA10，立即平仓出局，即使是假突破也绝不后悔。他从来不想自己能平到最高点或者最低点。

大多数投资人喜欢用"盈利加仓"的手法，而李永强却好像更乐于用"盈利减仓"的手法。他认为，盈利加仓的不足之处在于抬高或降低了持仓成本，行情的反复幅度稍大点就会接近成本区，甚至会变成亏损，这样就会影响持仓心态。有时一动摇，平仓出来后就错失了良机。反正对错概率是50%，那么在设好止损点的前提下，他常常干脆把自己想好的头寸一次性完成。一旦行情沿着开仓的方向运行，甚至加速时，减仓兑现利润是最好的选择。

李永强意识到，很多时候，大多数人不是不会赚钱，而是守不住赚来的钱。所以，他一直坚持"盈利减仓"理论：在判断行情将上涨时，半仓买入，判断错误立即砍仓。如果判断正确，随着价格的不断走高，则不断平

仓，在价格到达高位时只留较少的仓位。这点与传统的"小仓试单，盈利后逐步加仓"的理论背道而驰。他认为，控制贪婪，获利后落袋为安，用小仓位博取更高的收益，是他多年来得以获取稳定收益的主要原因之一。

经常纠错，比谁犯的错少

在期货投资中，有没有规律可循？怎么才能少犯错多赚钱？

李永强相信，世界万物皆有规律，做交易也是一样的。在这个市场，不是说你一进来就能赚钱。一进来就赚钱的人是有，但是他不可能活得很长久。他说他的秘诀就是善于总结。以前读书考试时，人家把书从头到尾都看一遍，他不干这种事情。他所要做的，就是把平时的纠错本拿出来看看就可以了。因为人往往就是这样，对的还是会做对，错的还是会错下去。所以在考试之前，只要看看纠错本就可以了。这样效率更高。

没有人会永远不亏损。成功的交易员在成长的过程中学会了如何控制自己的情绪，学会了何时停下来休息，更懂得了冷静对待人生中的荣耀与痛苦。期货市场不同于赌博市场，最大的原因就在这里。因为赌博是个概率事件，而期货市场是有规律的。所以，李永强平时常说，做期货不是比谁的方法好，而是比谁犯的错误少。

日内短线：盈利的主要手段

李永强擅长做短线，被媒体称为"小李飞刀"，从他实盘大赛的交易记录中也可以看到这一点。他一直都沿用这种短线吗？在操作中，他看不看基本面呢？

李永强说，他是纯技术派，一般是不看基本面的。他认为做日内交易根本没有必要关注基本面，更多的是技术和盘感。而做趋势交易就必须关注宏观经济以及商品本身的供需基本面。实际上，技术面、K线等都是商品基本面的直观具体反映。

这些年，李永强最喜欢做的就是日内短线。大部分时候，他都是当天做日内波段，无论盈亏都当天结算，这样至少可以睡个好觉。这样做还有个好处，就是可以避免隔夜跳空（第二天与你留仓的方向相反，大幅高开或大幅低开）的巨大风险。

在短线操作中，李永强基本以看5分钟K线为主。如果K线突破连续两个高点或低点连成的平台，他就马上进去。如果发现到了止损位，他就马上止损，有时还会买进反手单。以他的经验来看，顺势而为是最安全的，跟随突破之势买入或者卖出，顺势且助势，是在期货市场获利的不二法门。

尾声："期"市如水，锤炼一副好心态

期货市场风风雨雨这么多年，经历了多次的起起落落，李永强深切感受到，对期货交易者来说，重要的不是交易方法和技巧，而是理念。老子的一句"上善若水，水利万物而不争"让他悟出了许多期货与水相联系的人生道理：

水能载舟，亦能覆舟。 期货市场是以小博大的风险市场，资金和利润放大的同时风险也在放大，人性的弱点在这个市场中会暴露无遗，甚至会被放大成致命的错误。水能载舟，亦能覆舟，期货市场带给投资者利润的同时，稍有不慎它也会给我们带来灾难，因此做好资金管理至为重要。贪婪永远是人性的弱点，如果投资者的资金管理水平只相当于骑单车，就千万不要冒险去开汽车，做期货交易一定要控制好自己的资金和风险。

静若处子，动若脱兔。 这句话是李永强的座右铭，他也一直把它用来指导自己的期货交易。期货市场永远不缺机会，缺少的是盈利的技巧。因此，没有机会的时候，要静静等待。开盘前半个小时他一般不做交易，而是静观内盘对外盘及基本面的反应。此时多空争夺很激烈，机会很难把握，风险也很大。一旦其后盘面出现放量增仓和其他符合自己交易标准的机会时，他就会毫不犹豫地冲进去。

李永强觉得观察盘面多空争斗就如看两个人的争斗：开始宜远远地观看，在局势明了之时再加入强势一方，这样才能有较大的胜算。生活中的许多事物对期货交易都有启迪，比如从《动物世界》中，可以从猎豹身上学到许多交易技巧。在电视画面中，人们几乎看不到猎豹主动奔跑寻找食物。它们通常都是在静静地等待机会，一旦猎物出现就闪电出击，扼其咽喉坚决不放。

大禹治水，因势利导。同样是治水，但禹和父亲鲧却采取了不同的方法：一个是"疏"和"导"，一个是"围"和"堵"，其效果自然大相径庭。

用在期货市场上，鲧的做法可以理解为庄家自恃资金了得，可以左右市场，可以吃掉多头或空头，可以围歼别人，但结果却如鲧治水一样。人们要学习禹，应该顺应水流的方向，疏浚并使之流向自己的田里滋润禾苗。

禹的做法，用在期货交易中就是：做期货要顺势而为，顺势即使错了，止损也较容易。如果逆势，则很容易让自己陷入不利的境地。

期货市场上什么情况都有可能发生，比如前几年的铜市场行情，从每吨1万多元涨到4万多元用了三四年时间，但从每吨4万多元涨到8万多元只用了1个多月。如果当时基于铜价过高而去做空恐怕要遭受灭顶之灾。

再如2008年的白糖行情，自年初以来做多资金倒下的不计其数，而其做多的理由不外乎期价跌破现货价、成本价。其实，在交易中，要顺势则不要只看价格，不能因为价格低而做多，也不能因为价格高而做空。

兵无常势，水无常形。孙子在《孙子兵法·虚实篇》中曾说："水因地而制流，兵因敌而制胜。故兵无常势，水无常形。能因敌变化而取胜者，谓之神。"市场永远是正确的，也是变化的，但人性总会在贪婪与恐惧之间徘徊。人们刚入市交易，可能会出于恐惧心理而谨小慎微，然而，一些投资者在小单量操作一次次盈利后，就会醺醺然，贪婪心理开始膨胀，风险意识开始淡薄，最终酿成大错。

细水长流，跬步千里。荀子在《劝学》篇中曾说："不积跬步，无以至千里；不积小流，无以成江海。"用在期货市场上，主要是讲交易目标怎么达成。在期货市场中赚钱并不难，难的是怎样守住自己赚的钱。因此，制定的目标要适合自己，不能有暴富心理。期货交易不是抢钱行为，要追求稳健的收益。我们可以借鉴巴菲特的投资原理，利用时间的复利价值，耐心持有，耐心等待。巴菲特的伟大之处就在于，他忠实地实践着这一原则。在很年轻的时候，他就明白了这一点，然后用一生的时间去证明这一点。

上善若水，大爱无疆。老子说"上善若水"。他认为"上善"的人，就应该像水一样。水造福万物，滋养万物，却不与万物争高下，这才是最为谦虚的美德。我们要效法水的谦逊、宽容、无争。

期货市场是考验人性的最佳场所，好人不一定能做好期货，但能做好期货并能在这个市场长期、稳定地活下去的，一定是好人，肯定有人性光辉的一面。比尔·盖茨当年创办微软公司的时候，并没有想到要成为世界首富。他当时说过一句话："就是想让每个人的办公桌上都有一台装有微软的电脑"。当时，他的这一想法被认为是疯了，可就是这个一心只想着做好电脑的人，"一不小心"就做成了世界首富。做期货也是做人。做好事，多做好事，思想境界达到一定高度的时候，再做期货一定是盈利的。这就是入市动机、态度决定一切。

附 录

做投资需把握三要点
——李永强在"十大民间股市高手2011年投资报告会"上的演讲报告（摘要）

开始讲之前，我想问个问题，在座的，做过期货的举手我看一下有多少。

我看了一下，可能十分之一还不到，剩下的就是做股票的，约有百分之九十。我想问一下在座的各位，无论是做股票还是做期货，从你开始做投资到现在，是赚钱的举手。

还是少之又少。说明在投资市场，就是少数人赚钱。我看到刚才有人举手，大概估算一下，不超过十分之一。

投资市场的客观事实是少数人赚钱，特别是在期货市场，还不到百分之十，可以说是百分之九十五以上亏钱，百分之三左右打平手，百分之一到百分之二是赚钱的。证券市场也是一样，比例可能比做期货的高一点。我1996年做股票，做到2002年转战期货。为什么？因为我觉得股票赚钱太慢。我亏钱了，亏掉的钱我觉得在股票市场很难再赚回来，所以我转到期货市场。它有杠杆。谈到杠杆，期货市场提供的就是一种交易工具。像一把菜刀，磨得很锋利放在桌面上，如果歹徒拿去肯定是杀人越货；如果是一个厨师，他拿去会给你做出美味佳肴。

也就是说，无论是股票还是期货，它只是给你提供交易工具。既然是工具，你怎么样使用？骑自行车和开汽车，你觉得哪个安全？很多人说骑自行车安全，如果骑自行车是刚学会的，开汽车是开了好几年的老手，他们一起上路，其实骑自行车的风险会更大。他一上去逆行，马上被车撞了，而开汽车的遵守交通规则一般不会出事情。这说明，不是说快就有问题，也不是说慢就不会有问题。

我想阐述的是，无论是哪一个投资市场都是少数人赚钱的。大多数人亏钱，原因在哪你有没有总结过？我曾经也是亏钱，我相对幸运一点，因为我喜欢琢磨。我拿第一份工资投入去做股票。可能我这个人比较懒，不喜欢干体力活。我觉得做股票、做投资钱来得快，键盘敲敲钱就来了，可以赚钱去旅游，让家人过更幸福的生活，多好啊。

我是1996年进入市场的。当时正是牛市，基本买高送配的就能赚钱。到2000年，我做到了100多万元。之后行情一直跌，我买进热点股票不涨就割，然后再追热点，不涨就继续割。我不怕割肉，割到2002年几乎没有了，账户里就剩二三十万元。我这人把曾经到了自己账户里的钱认为就是自己的。我想到期货市场博一把，结果很惨。最惨的时候到处借钱，骗家人朋友，没办法，没有子弹怎么打仗？最困难的时候差点儿跳崖，最后没有跳，因为我知道跳崖不会解决问题。还有就是为了期货市场的声誉，我也不能跳，当然，这是一句玩笑话。

贪婪恐惧总是在不停地循环往复，我们这代人身上存在的贪婪恐惧，难道我们的儿子孙子就没有了？不可能。只要人类存在，它就存在。这个市场总是有机会的，市场给什么样的人机会？善于总结的人。买股票总是问什么股票好，到处打听消息，肯定是有多少钱都不够亏的。怎么样才能提高自己的交易水平呢？

大家都知道自然界是有规律的，那么我们这个市场也一定有内在规律存在。我们需要寻找把握这个市场的一些规律。我这个人很傻很笨，用笨方法找市场的规律。我相信市场一定有规律。在十几年的投资过程中，我写了很多本交易日记。在一段时间，我把认为适合的记录下来，把不适合的剔除，不停地筛选优化，留下的这些方法和技巧成功率可以达到百分之七八十。复杂的问题简单化，简单的方法重复做。不需要很聪明，不需要打听消息。打听来打听去，累死了还不知道谁说得对。

我要跟大家谈的，就是你一定要总结属于自己的方法。我总结出这些方法和技巧就是要跟大家分享的。不是说我用这个方法告诉大家之后就不能赚钱了，不可能。不论主力资金多么狡猾还是会留下蛛丝马迹，资金进出是有规律的。我们按自己的方法上了车，不管怎么晃就是不下车。晕了也不下车，吃晕车药也不下车，谁拿你也没办法。我不谈基本面，因为我是技术派。要想让这个股票涨起来，我想一定有资金进出，资金进出一定有迹象，只要总结出资金进出的一些规律性的东西，那么每次看到，每次都是准确的，准确率非常高，我等会儿告诉大家。

我首先讲几句投资理念方面的东西。我讲的理念跟别人稍微有点区别。我们做股票，我想问一下，你来做投资你是找快乐的还是找痛苦的？肯定是找快乐的是吧？但是我最后发现，大家都不快乐。"痛并快乐着"是白岩松说的。

实际上我们做股票，本来是想追求一种快乐，因为赚钱了你当然会快乐，看别人赚钱了你也想来做，上班一个月才挣几千，一只股票买进去，很快就能赚很多钱，想想这个多轻松啊。实际真的进来，就不是这么回事了。比如买股票，你会发现很多时候很痛苦。

假如你看对行情了没买，还拼命地涨，痛苦不痛苦？痛苦。看对了，也买了，买了以后没涨，还跌了，痛苦不痛苦？痛苦。好，买了以后假如它涨了，涨了以后你应该高兴吧？你发现，你买的股票没有别人涨得多，痛苦不痛苦？照样痛苦。假如你买的股票确实比人家的股票涨得要多，几个涨停板之后你卖了，可是调整之后又涨了很多，这时候你痛苦不痛苦？还是痛苦！你做了投资后就会发现，这种心态永远很纠结。我自己总结一句话，"人之所以不快乐，是因为你要比别人快乐；人之所以不幸福，是因为你要比别人幸福"。

做投资要纵向比，不要横向比，要跟自己比。在投资市场不是比谁的方法好，而是比谁犯的错误少。因为人生下来以后，成年以后，可以说你身上的缺点相对固定了。而接下来，是如何让你的缺点越来越少。通过证券市场、期货市场，特别是期货市场可以让一个人更加完善，可以减少你的缺点。你的缺点越来越少，你就越来越完美；你越来越完美，你就越来越赚钱；你越赚钱，你就越快乐。幸福往往就是这样来的！

还有一个，我想谈一下行情，上涨往往是曲折的。你会发现行情上涨的时候非常缓慢，它是不停地震荡，大多时间在震荡。如果你没有认清这个形势，一直震荡操作，那么行情震荡会把你变成"脑震荡"。你"脑震荡"了还能赚钱吗？一定要保持清醒的头脑。

行情上涨的时候慢，下跌的时候快。一只股票赚钱，很多的时候，是你要做什么？卖出然后离场，哪怕它后面有几个涨停，跟你没关系。做投资一定要有目标，没有目标就是无头苍蝇在那乱转。想问大家，你来做投资你有没有年度目标？有没有？没有。大多数人没有，你都没有目标，你会赚钱吗？我们一个企业或一个单位，还会给每个部门下发年度计划、年度任务啥的，是不是？你如果是部门负责人，领导会给你任务，第二年要完成多少利润。

你自己给自己规划一下，假如2011年你准备赚多少钱，要有目标规划。我想问大家有没有做过资金曲线？从做股票开始，你就应该把你的账户资金变化做一个曲线，它能代表你的投资心态，告诉你什么时候该停下来。假如你的资金增长非常快的时候，你的股票连续涨停板，资金曲线像股票走势一样很陡峭，这时候应该是减仓或者离场，别人贪婪而你要恐惧。这个时候要用资金曲线来监控投资情绪就显得特别重要。

机会很多是等来的，不是你找来的。怎么理解？是不是在座的各位有很多三点钟收盘之后就懊恼：怎么又收盘了？最好星期六、星期天也交易。闲着没事太难受了，天天想找机会。如果有这种心态，一定是亏钱的，因为只有亏钱才老想找机会翻本。像赌钱搓麻将一样，拼命地找机会想交易。想交易说明你急躁。但机会是等来的，不是找来的。

还有一个，买股票不要追高，它哪怕翻个两倍、三倍，如果高了可以不买，不买没关系，你不会亏钱。做股票我喜欢什么样的？我喜欢大盘急跌，阴跌我不买。大家都买，我不买。大盘急跌的时候你不要慌，是别人慌了。连续三天急跌你买好了，一定有反弹。

我总结了一下大盘，基本上每年有三到四次上涨，每次上涨幅度在20%左右。要是做得好，每年能翻倍，坚持5年呢？是多少倍？32倍啊！你比巴菲特还厉害。一年翻一番不是问题，再熊市都有机会，熊市的时候等急跌。后来我的投资理念就是这样，我不跟别人比，就跟自己比，设定好目标，今年挣多少，实现就可以了。慢就是快。不要看现在慢，过几年你发现曾经比你赚钱快、收益高的都被市场淘汰了，或者被你远远地甩在了后边，难以望你项背！

我自己有句投资格言：否极泰来，乐极生悲。只要记牢这两个成语，投资就不会太悲惨。

刚才安农讲的期货多一些，他是专职做期货的。我是股票、期货都能做。我是做股票的里面期货做得最好的；做期货里面，我是做股票做得最好的。哈哈，开个玩笑，实际上都不怎么样。主持人介绍的那些成绩和光环，只是属于过去，有一定的运气成分。但是，有人说，你的运气也太好了，几年拿了这么多冠军，也许还是有一定的规律。

上涨的时候慢，下跌的时候快。像爬楼梯，从1楼到20楼，是不是很累？如果你打开20楼的窗户往下跳，累不累？不累。几秒钟就到地面摔死了。做投资也符合身边的物理原理。如果你在操作的时候，稍有不慎也会像跳楼一样。你的资金一定不要损失超过30%，这是我的经验。如果在20%之内是良性的，超过30%已经是红线了。为什么？假如100万元初始资金亏损超过30%，亏损达到35万元就剩65万元，从65万元再做到100万元要翻倍才到本金，你说难不难？赚50%都没有那么容易，更何况要翻番！首先要保证本金不亏，不要轻易下单子。每个人来这个市场都是想赚钱的，谁要说来这个市场是专门送钱的，那肯定是从精神病院出来的。不要情绪化冲动下单，更不能道听途说胡乱买进，别人说能买你就买。

既然选择了做投资，一定要有自己的思想，凭什么入场？入场依据是什么？是道听途说还是一时兴起？一定要有自己的方法，入场的时候多问为什么，如果错了怎么办，等等，而不是说一进去就光想着赚钱，最好天天涨停板。你是做梦，每个人都这样想，可能吗？不可能。你进场一定要想好，什么点位进去，什么点位出来，万一错了止损位在哪，千万不能炒股票变成"熬"股票、"炖"股票了。有人说，如果我买进不涨就等，跌了补仓，再跌再补，后来一直补，补到没钱了还在跌，最后生气了说，要留给儿子，留给孙子了。哈，这哪叫投资？

买之前要问自己为什么要买，买了之后会怎么样，对自己不利会怎么样。先考虑自己的损失，先不要考虑怎么样赚钱。谁都想做梦娶媳妇，光想好事不行。

做投资有三点：

第一点，判断方向。 在投资过程中，判断方向的对与错，与投资成功与否的关联度并不是很高。就好比做期货，要么涨，要么跌，50%的概率。我们可以做多也可以做空。如果你有两个小孩，一个男孩一个女孩。你问儿子："明天会涨会跌？"儿子说"涨"。你再问女儿："明天涨还是跌？"女儿说"跌"。你听你女儿的买了空单，结果第二天真的下跌你赚钱了，难道你女儿是投资专家吗？不是。判断对错并不是很重要，只占投资成功10%的重要性。

第二点，资金管理。什么时候是少量进去，什么时候半仓，什么时候满仓，最大仓位多少……这些都属于资金管理范畴。

第三点，入场时机。有没有考虑过这个问题？有就对了。亏多了能够认识到为什么亏，那才叫成长。光会亏，每次都在那儿跌倒，下次还在那儿跌倒，你说你是不是有点傻啊？

入场时机就是选择在临界点的时候进场。不参与震荡，进去就要赚钱。如何才能有这个本事？总结啊！假设这次错了，会亏多少，亏损不要超过5%，否则的话走人。入场时机在股票、期货里面是通用的，在期货里面特别重要。看对行情，不一定就赚钱。

我当年做期货的其中一个动因，就是看到伦敦铜价格是底部区域，当时想着要是做多买进坚持持有，到达目标价格能挣好几百万元，结果不但没赚还亏了好几百万元。因为没有把握好较好的入场时机。还有，就是太相信自己所学的波浪理论。波浪理论有用吗？最后发现没啥用。所谓的数浪高手，都是事后诸葛亮。这个修正了，那个延伸了……修正来修正去的真是没用。如果管用，大家看这个都赚钱了，可能吗？

也不要相信某个人的什么什么系统，绝对不可能靠那些系统赚钱。我更不会告诉你，我有什么什么系统，那是不可能的。你一定要找到适合自己的方法，你的方法不一定适合别人。但是有些东西还是有共性的，总结共性的东西就可以了。投资市场是有规律的，有规律就可以赚钱。

我们有一句话，"一招鲜吃遍天"。一年用两三次就够了，更多的时候拿赚到的钱旅游去，享受人生。当别人拼命工作的时候，你游历在祖国的美丽河山之间。

我们要观察高点被突破的时候，如果这里是放量突破，阴线是回抽，止损在这个高点突破阳K线最低点就可以了。赚钱就持有，持有要有自己的目标位。假设这波你准备赚20%，可能两个涨停板就到了，如果是涨停板不要动。如果它又上涨超过30%，满仓的话建议你减掉一半，再涨再减。盈利要减仓而不是加。有些人想滚雪球，赚更多，不停盈利加仓，一旦有个反复这波行情就没得赚了。最后就变成"盈利加仓，利润泡汤"。

下面这个图形大家要记牢。（图8.14）

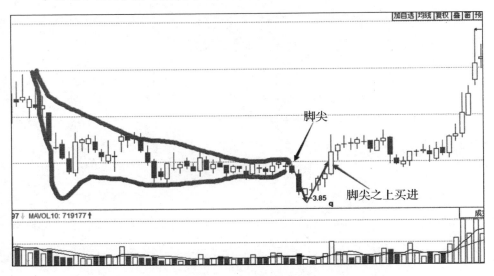

图8.14　三角形态图

这张图像一只脚，当股价跌破脚尖，突然间下去，这里不要买，这里下跌不要买，什么时候买？这里是不是脚尖？这里开始破位了。一旦回到这个点之上，大胆买，一买一个准。

这个图相当于三角形突然间下来了，脚尖这个地方没有破。这里故意弄了一个假象，突然间杀得很猛，你的买点在水平线这里。你没有止损过，坚持持有就行了。后面幅度都是很可观的。

还有一种形态，左边是一直往上涨，涨了一段时间以后，第一波回调，如果是牛市，调整是ABC，这是第一浪。刚才说数浪没有用，不是完全否定波浪理论，而是不要沉迷某种理论。他山之石可以攻玉，你要吸取精华。调整是ABC，上涨是ABCDE，这个管用。下来，然后上，这是调整的一波，差不多是三角形，水平线跌破下来，完成了ABC，这里不要急着买。一定要等到这个跌破的时候，等到这个尖破的时候上来再买。第一波冲击，然后有一个水平的调整，当这个线出来的时候，到临界点的时候，这里是增仓放量，一突破就买。止损设在这天的低点就行了，买进以后就赚了。买进以后，假设错了，你亏钱是有限的，一定要坚决地止损；如果对了，就持有，这种方法你用好了就挺赚钱。

为什么你认为股票赚钱难？难在你天天在赌场。你有没有见过天天去赌场的人是赚钱的？没有。做股票最难的是把A股票卖了以后，还没有一个小时，又买进了B股票，怎么这么忙？能不能歇一歇？你纵向比，目标是不是每年翻番？你做三次，每次做30%就可以了，一年肯定会有三次机会。没有这么难的，投资哪有这么难？站的高度不一样的时候，居高临下再看这个市场觉得简单了很多。之所以觉得难是因为你离市场太近，天天在里面折腾，不亏钱才怪。杀进杀出，有没有见过天天找人打架的人，最后成为武林高手的？没有。

再给大家看看"三度背离"。（图8.15）

什么叫"三度背离"？这个点是从上面下来，创了新低。然后这是低点，这里是又出了一个低点，三次连续创新低，指标一次比一次高，一旦突破下降趋势线就是最佳买入点。跌到后来，基本上量都很小了。这一段一定是放量的，一放量就进，到这里已经是突破了下降趋势线，你买，止损在这个线的低点，创新低就卖掉，不要怕亏钱，亏得要有道理。不是说张三让你买，你就熬了，没有自己的东西肯定不行。

有些图是期货上的截图，我们做股票也可以拿去用，反正K线都一样，投资市场没有太大区别。期货难就难在它是放大风险的，很多人驾驭不了，本来骑自行车很好，非要开火箭，那不行。

图8.15　三度背离图

逃顶怎么逃？把一些见底的K线图形颠倒过来就行了。一旦破位一定要跑。什么叫"破位"？顶部倒过来，这个就是破位了，这个是很好的买入点。图形中的"脚"很长，突然间破位，马上拉回脚指头上面，这时候要毫不犹豫进场。期货涨30%就相当于所用资金翻三倍，期货财富的积累真的很快，绝不是蛮干。我可以把2万元用一年多的时间做到200多万元。因为2万元就像是做实验的，没有把它当钱，心态特别好。大资金是做稳健的投资，准确性高、把握性大的时候才进场，追求准确性才能做到稳定收益。

这个也差不多，下来以后马上就横，在这儿横，如果老是不破脚指头这里，你放心，等。如果你有耐心，这个肯定是涨的图形，横的时候越长，机会越大。这个股票最后是翻了好几倍。

用的方法不需要很多，只要实用，有两三种方法即可。经过验证以后，每次都对，干吗不坚持用？不要天天想着赚钱，一年做3～5次足矣。

这个也是突然间的破位，按这个图形来说，三个低点被破掉以后，本来要加速下跌的时候，盘整了几天又下来了，这时候是最好的买入点。做过期货的人会知道，这是最佳的买入点。我们做期货会把这个图形倒过来，也是成立的。

　　找到符合买入条件的图形就做，没有就等。不要管别人赚多少，别人赚钱是别人的事情，你要抓住一次赚一次。抓住的机会多了，明年在这里讲课的就是你了。

　　我平时用的方法基本上就是这些图形，谢谢大家！

此报告演讲时间为 2011 年 8 月 20 日，地点在北京。另外，此稿在出版前，作者请李永强对其再次做了认真审改。为了保护被访者的知识产权，有些图形在此不方便公开，敬请谅解！

后
记

　　历时半年多采写的《民间股神》第7集终于付梓了。可以说，推出这本书的过程是很艰辛的。

　　本来，当《民间股神》第6集出版后，我就想歇歇疲惫的身心。春节前，我还特意买了张游泳年卡，想锻炼锻炼，彻底放松一下。没想到，湖北和湖南的朋友及读者多次盛情邀请我前去采访，并向我推荐了当地的几位民间高手。华中地区是我多年来采访的一个空白，我也想弥补一下这种缺憾。于是，年没过完，泳也没游几次就放弃了。刚过了正月初五，我就踏上了前往华中地区寻访民间高手的征程。一"上马"，就收不住了。

　　在一种责任感和使命感的驱使下，我常常通宵达旦。由于过度疲劳，我在武汉住进了医院。那段时间，我上午做治疗，下午坚持采访，晚上，"偷偷地"趴在病床上写稿。病好后，回到家还没歇几天，就又飞抵广州、郑州和杭州继续"征战"，直至最后出版，已有好几个月没有归家了。

　　图啥？已近古稀的人了，还不在家享享清福？住院时，有不少医生和前来看我的战友朋友都劝慰我。

　　"散户太难，股民太苦。寻访一些高手，能多为他们在艰难的博弈中提供一些借鉴，这是我在证券一线12年坚持笔耕不辍的主要原因。这些年，全国广大读者对《民间股神》的那种挚爱及对我的信任，也一直激励着我想尽自己的一点微薄力量，为中小投资者多做一点事。"这是我的一点真实想法。

因此，当历时近7个月、经过艰苦采访终于完稿出版之际，我感到一种莫大的欣慰。最终能顺利地完成这本书的采访，首先要感谢书中接受我采访的9位高手，是他们无私奉献出的自己多年来走向成功的投资理念、绝招和智慧，铸就了这本书丰富且极具价值的内涵。

　　当然，我更要感谢我的夫人严竹兰女士和远方的儿女，连他们的生日我都因在外忙于采访而没能相聚，这让我感到愧疚。可以说，没有他们的理解与支持，我不可能完成这本书的采写。

　　谢谢你们！

民间股神(典藏版)

第1集 股林传奇 谁与争锋

白青山 著

深圳出版社
装帧:软精装
定价: 78.00元

内容简介

鲜花与泪水相伴的股海,暗潮涌动,跌宕起伏,险恶重重,迅速而无情地改变着在这个市场上博弈的每一个人的命运。如何才能走出失败的麦城?怎样才能摸准市场的脉搏,擒到耀眼飙涨的"黑马"?本集10多位股林高手奉献的智慧,是用金钱都难以买到的财富。

职业投资人施伟的操盘绝技与成功之路 ◎
股林高手冯毅在熊市中创造业绩翻番奇迹的传奇故事 ◎
证券投资英杰王笑在弱市中靠智慧赢钱的传奇故事 ◎
机构操盘手薛枫捕捉"黑马"绝技 ◎
机构操盘手刘鸿制胜股海的成功之钥 ◎
民间高手马春弟在股海博弈中精准破译主力"底牌"的绝活 ◎
"黑马王子"杜军凭借六大绝技创造年平均收益100%的传奇 ◎
职业投资经理吴海斌以独特视角透析投资成败与种种误区 ◎
股市"规律派"创始人高竹楼探索股市规律的传奇故事 ◎
民间高手聂明晖股海博弈的制胜密码 ◎
民间高手邓一伟稳健盈利的十大操盘绝招 ◎
股林短线高手邹刚龙叱咤股海的速胜秘诀 ◎
陈维钢破释股市疑云、稳操胜券的秘密武器 ◎
"短线快枪手"海洋赚快钱的操盘绝技 ◎

民间股神（典藏版）

第2集　博弈密码　跟庄神器

内容简介

火红的股市，涌现出众多鲜为人知的证券英雄：叱咤国际股坛数十载的"台湾黑马王"，道破主力做盘玄机的机构操盘手，神秘的中华股坛"小女孩"刘颖，多次荣获"全国选股冠军"的静远……他们奉献的赢钱秘技，招招实用，引你走向辉煌"钱途"。

白青山 著

深圳出版社
装帧：软精装
定价：78.00元

◎国际投资大师郑焜今的股市艺术

◎民间高手阳春阳独到的投资视角与操盘绝技

◎私募基金高手江汉擒拿黑马的独门绝技

◎深圳职业投资人杨帆的操盘技艺

◎机构操盘手刘颖的股市传奇

◎"桌球老板"束伟平的操盘绝技

◎深圳专业投资者蒋政制胜股海的秘诀

◎"全国选股冠军"静远相"飙马"的创新经典战法

民间股神（典藏版）

第3集　擒牛绝技　招招制胜

白青山 著

深圳出版社
装帧：软精装
定价：78.00元

内容简介

"得一金受惠一时，得掘金术获益一生！"中国股神林园的独特选股秘诀，"黄金K线大师"李丰的神奇制胜法，"躲"在乡下捉"飙马"的"田园股神"，"涨停王"组合的绝杀技，顺手黑马赢在股市的法宝……众多高手的百般神器，定能助你获利不断，笑傲股林。

林园从8000元起家到掌管300多亿元基金市值的股市传奇 ◎
"黄金K线大师"李丰的操盘秘诀 ◎
职业投资人刘磊、俞斌杰捕捉涨停板九大绝招 ◎
私募资金操盘手王伟半年狂赚300%的传奇 ◎
民间高手何谦益在短兵相接激战中的18种短线绝技 ◎
职业投资人王雷的操盘八大神技 ◎
民间高手"顺手黑马"彭乃顺捕捉市场主流板块龙头流程纪实 ◎

民间股神（典藏版）

第4集 赢家技艺 操盘必备

内容简介

坎坷征途，熊气漫漫。在罕见的"暴风雪"肆虐下，路在哪里？博弈在"狼的世界"里的制胜法则，"山城股侠"的70倍传奇及从千元到亿万富豪的神话故事，在这本书里，全部为你揭秘。

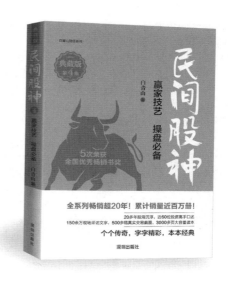

白青山 著

深圳出版社
装帧：软精装
定价： 78.00元

◎ "猎庄大鳄"钟麟的股市传奇

◎ 羊城"小黎飞刀"股市生存赚钱的六大法则九大绝招

◎ 重庆职业投资人徐蓓22个月狂赚7000%的股市传奇

◎ "深圳推手"、私募基金经理王先春的操盘绝技

◎ 著名投资家安妮的投资哲学及制胜之道

◎ "股市神算"赵中胜的"价格DNA"神奇预测术

民间股神（典藏版）

第5集　顶尖高手　熊市翻倍

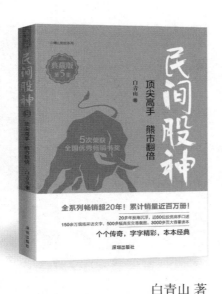

白青山 著

深圳出版社

装帧：软精装

定价：78.00元

内容简介

如果说，在牛市中赚到大钱的人是高手，那么，这些不仅在牛市中赚到大钱，而且在熊市中同样赚到大钱的人，才是真正的顶尖高手，是名副其实的股市英豪！

落升：熊气弥漫，抓住市场热点，业绩何止翻倍⊗

东莞小文：采用"麻雀啄食"的策略，熊市屡创佳绩⊗

阿杜：狙击飙涨牛股，在熊市实现利润翻番的佳绩⊗

翻倍黑马：4年间夺得12次炒股大赛冠军⊗

麦挺之：在熊步沉沉的年份创造了收益翻倍的奇迹⊗

君山居士：准确预测熊市"大顶"，吹响"集结号"，成功抄底⊗

民间股神（典藏版）

第6集　股市奇人　鉴股密码

内容简介

5位民间高手，从创业板中淘金，在期指战场上以小博大，在守望价值中拥抱低价股，在炒"新"中赚取快钱。

白青山 著

深圳出版社

装帧：软精装

定价：78.00元

◎彭大帅：价值投资和趋势投资相结合，"新股天地"硕果累累

◎李扬：专注于香港恒指期货的交易，利剑鏖战期指

◎张卫东：理学博士设计投资公式，探寻"股市基因"

◎何学忠：以巴菲特式的价值投资理念，挖掘被严重低估的小盘股

◎安阳：准确判断指数趋势，揭示新股炒作的九大秘诀

民间股神（典藏版）

第7集　草根英杰　惊世奇迹

内容简介

他们都是风险控制的高手，尤其深深地懂得，"把钱留住"对于"活着"是何等重要；他们勤奋、执着，都拥有一套适合自己的操作方法和"独门暗器"。

白青山 著

深圳出版社
装帧：软精装
定价：78.00元

李旭东："中原股神"6年创造翻倍奇迹的神奇密码 ◎

黄志伟：从1.8万元"滚"到500万元的传奇故事 ◎

安农："股市农民"滚雪球，从10万元到千万元的投资故事 ◎

冯刚、邹刚：江城"草根双杰"的超短线技艺 ◎

硝烟："军工黑马专业户"的传奇 ◎

李华军：躲在渔村中净捕"大鱼"，身处弱市资产翻番 ◎

张斌：快乐"背包客"，屡次预测"大顶"，"胜利大逃亡" ◎

李永强：身怀绝技的"期市奇人"3个月盈利940.63% ◎

民间股神（典藏版）

第8集　寒夜亮剑　砥砺辉煌

内容简介

他们在股市里都曾赔得一塌糊涂，穷困潦倒、妻离家散，甚至沦为"天桥乞丐"。然而，他们最终却都不屈地站立了起来，业绩翻了千倍甚至万倍之多！

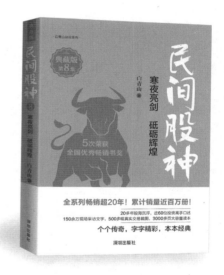

白青山 著

深圳出版社
装帧：软精装
定价：　78.00元

◎练就"成长股千里眼"的丘建棠跻身亿万富豪行列的传奇故事

◎杭州杰出的"交易天才"添博从2万元到3亿元的股市传奇人生

◎"价值投机"高手杨济源在"股灾"中连拉"光头大阳"的传奇故事

◎股市奇才田建宁创造从3万元到1亿元的财富裂变传奇

◎技术心理学盈利模式创始人程万青，10年创造千倍业绩的传奇